Esslinger-Hinz / Sliwka · Schulpädagogik

Die Reihe BACHELOR | MASTER wird herausgegeben von

Prof. Dr. Sabine Andresen, Universität Bielefeld
Prof. Dr. Klaus Hurrelmann, Hertie School of Governance Berlin
Prof. Dr. Christian Palentien, Universität Bremen
Prof. Dr. Wolfgang Schröer, Universität Hildesheim

Ilona Esslinger-Hinz / Anne Sliwka

BACHELOR | MASTER

Schulpädagogik

BELTZ

Prof. Dr. Ilona Esslinger-Hinz leitet die Abteilung für Schulpädagogik an der Pädagogischen Hochschule Heidelberg.

Prof. Dr. Anne Sliwka lehrt Bildungswissenschaft an der Pädagogischen Hochschule Heidelberg.

Lektorat: Cornelia Matz

© 2011 Beltz Verlag • Weinheim und Basel
www.beltz.de
Herstellung: Lore Amann
Layout: Angela May, Grafikdesign & Buchgestaltung, Mettmann
Druck: Beltz Druckpartner GmbH & Co. KG, Hemsbach
Umschlaggestaltung: glas ag, Seeheim-Jugenheim
Umschlagabbildung: Fotolia, New York/USA
Printed in Germany

ISBN 978-3-407-34203-4

Inhaltsverzeichnis

1. Einführung – Was ist Schulpädagogik?

1.1 Gegenstands- und Theoriefelder der Schulpädagogik

Die Schulpädagogik stellt eine Teildisziplin der Erziehungswissenschaft dar und bildet die Bezugswissenschaft für die Lehrerbildung in Deutschland. Ihr Gegenstandsfeld sind Erziehungs- und Bildungsprozesse innerhalb von Schule und Unterricht. Die systematische und vergleichende Beschreibung der Schule als Institution und ihre Begründung (Schultheorie) bilden ein Teilgebiet der Schulpädagogik. Weiterhin richtet sich die Aufmerksamkeit der Disziplin auf die Inhalte des Lernens und die Begründungen für die Auswahl von Lerninhalten (Curriculumtheorie; Lehrplantheorie). Im Hinblick auf den Unterricht widmet sich die Schulpädagogik den Lehr-Lern-Prozessen bzw. der Vermittlungsaufgabe (Unterrichtstheorie), aber auch einer Gesamtbeschreibung von Lehr-Lern-Prozessen (Allgemeine Didaktik). Die Schulpädagogik beschäftigt sich mit der Profession, der Professionalität und der Professionalisierung im Lehrerberuf (Professionstheorie), mit der Weiterentwicklung der Einzelschule (Schulentwicklungstheorie) sowie mit dem Aufbau von Schulsystemen und Steuerungsfragen im Schulsystem (Schulsystemtheorie). Sie thematisiert in allen genannten Bereichen die Mängel im schulischen Erziehungs- und Bildungssystem (Schul- und Unterrichtskritik). Zusammenfassend kann festgehalten werden, dass das Gegenstandsfeld der Schulpädagogik durch theoretische, empirische und praktische Ergebnisse und Konzepte abgesteckt ist, deren Referenzpunkt die Schule darstellt. In der Schulpädagogik werden europäische und internationale Entwicklungen vergleichend aufgegriffen, Schule und Unterricht systematisch und historisch betrachtet.

Diese bereichsbezogene Beschreibung der Schulpädagogik wird gelegentlich problematisiert: Die Konsistenz der Disziplin wird angezweifelt, da die Beiträge anderer Sozialwissenschaften (z. B. Pädagogische Psychologie, Soziologie) sich ebenfalls auf Schule und Unterricht beziehen, jedoch nicht der Schulpädagogik zuzuordnen sind. Zum anderen werden die Grenzen zwischen den Themenfeldern im Hinblick auf die Systematik unterschiedlich gezogen, in etwa indem die Schulkritik als Element der Schultheorie betrachtet wird oder indem Hierarchien zwischen den genannten Bereichen gebildet werden (z. B. Unterrichtstheorie als Element der Schultheorie) oder indem Komplementärverhältnisse angenommen werden (Lehrplantheorie als Pendant zur Schultheorie).

1.2 Die Schulpädagogik als akademische Disziplin heute

Die Schulpädagogik zählt zu den Sozialwissenschaften. Schulpädagogische Forschung stellt heute empirische Forschung mit den Methoden der empirischen Sozialforschung dar. Der Weg dahin war weit, weil Schulpädagogik zum einen in einer geisteswissenschaftlichen Tradition verankert war und weil sie ihre Theorien und Modelle zunächst über die benachbarten Sozialwissenschaften bezog (z. B. Rollentheorie, Psychoanalyse). Die Schulpädagogik ist heute als empirische Wissenschaft, als hermeneutische Wissenschaft und als kritische Wissenschaft zu beschreiben. Der Wissenschaftsstatus der Schulpädagogik wird aufgrund dieser dreifachen Ausrichtung, Aussagen über die schulische Wirklichkeit empirisch zu sichern, normative Aussagen treffen zu müssen und Schule und Unterricht verbessern zu wollen, auf der Grundlage eines Wissenschaftsverständnisses, das ausschließlich empirisch fundiert ist, kritisch bewertet. Die genannten Entwicklungsstränge können aber auch als Chance und Vorteil der Disziplin gesehen werden. Im Zuge der internationalen Vergleichsuntersuchung lässt sich eine »Empirisierung« der Disziplin verzeichnen. Die Anerkennung als Sozialwissenschaft hat zugenommen. Zugleich werden die Grenzen ausschließlich empirischer Zugänge deutlich und die Bedeutung der Interpretation von Ergebnissen, ihre Praxisrelevanz sowie Implementation in Praxiszusammenhänge stärker in den Blick genommen.

Der Empirieschub der Schulpädagogik hat den Status der Disziplin als Wissenschaft gesteigert. Die Forderungen, Forschungsergebnisse an die Praxis rückzubinden, sind eher spärlich, werden aber im Zuge von Schulevaluationen/Diagnosearbeiten thematisiert, da hier Untersuchungen mit dem Ziel einer verbesserten Praxis vorgenommen werden. Vor diesem Hintergrund einer veränderten Selbstdefinition der Schulpädagogik ist das Verhältnis zur systematischen Erziehungswissenschaft neu zu bestimmen. Aktuell werden im schulpädagogischen Diskurs verstärkt soziologische und psychologische Ansätze rezipiert. Korrespondierend sind wissenschaftstheoretische Entwicklungslinien, insbesondere systemtheoretische sowie konstruktivistische Ansätze, neu hinzugekommen und haben die geisteswissenschaftliche Theorietradition abgelöst.

Forschungsmethodisch sind in der Schulpädagogik qualitative, quantitative sowie kombinierte Zugänge (Triangulation/Mixed Method Research) üblich. Der empirischen Forschung kommt derzeit ein großes Gewicht zu (Wellenreuther 2009). Aktuell besteht die Tendenz, die Sozialwissenschaften unter dem Dach der empirischen Schul- und Bildungsforschung zu vereinen. Diese empirische Ausrichtung hat auch programmatischen Charakter, da die Orientierung an marktwirtschaftlichen Prinzipien stattfindet und daher kritisiert wird (Casale et al. 2010).

1.3   Theorie-Praxis-Verhältnis

Zum Theorie-Praxis-Verhältnis lassen sich heterogene Positionen feststellen. Zum einen gibt es Stimmen, die von einem nahtlosen Zusammenhang ausgehen. Demnach ergänzen sich theoretisches und in Praxissituationen erworbenes Wissen. Sie wird durch die angloamerikanische Experten-Novizen-Forschung gestützt, die zeigt, dass Lehrerinnen und Lehrer Integrationsleistungen erfüllen.

Daneben gibt es Positionen, die die Differenz zwischen wissenschaftlichem Wissen und Praxiswissen hervorheben und die die Verzahnung problematisieren. Sie akzentuieren, dass wissenschaftliches Wissen aus den Handlungszusammenhängen herausgenommen ist, mittels bestimmter Methoden erhoben wird und die Ergebnisse in einer Fachsprache präsentiert werden. Da die Logik der Genese wissenschaftlichen Wissens gänzlich anders verlaufe als das über Praxen erworbene Wissen, sei eine einfache Verzahnung von Theorie und Praxis nicht möglich. Der korrespondierende Befund, dass Theoriestudien kaum Praxisrelevanz zeitigen, ist ernüchternd und wird regelmäßig repliziert: Lehrerinnen und Lehrer orientieren sich in ihrer Praxis nur wenig an Theorien, die im Studium erworben wurden. Diese Differenzhypothese bietet eine Argumentationsgrundlage, um eine universitäre Verselbstständigung von Theorie jenseits der Praxis zu forcieren.

Geht man von einer Integration aus (Nölle 2002), so wird hochschuldidaktisch die Verzahnung von Theorie und Praxis besonders bedeutsam und muss auch strukturell (z. B. Verzahnung von Praxisphasen und Lehr-Lern-Formaten im Studium) vorgesehen sein. Die Ergebnisse der Wissensverwendungsforschung zeigen, dass das Lernen in Praxissituationen besonders nachhaltig ist; hierzu zählt auch der Befund, dass Studierende konventioneller Studiengänge (hoher Theorieanteil) theoretisch weniger strukturierend über Unterricht sprechen können als Studierende mit höheren Praxisanteilen und geringeren Theorieanteilen während des Studiums (Czerwenka/Nölle 2001). Die Verzahnung von Theorie- und Praxisanteilen im Studium stellt hochschuldidaktisch eine Herausforderung dar. Das forschende Lernen bietet hier eine konzeptionelle Grundlage.

Weiterführende Literatur

Roters, B./Schneider, R./ Koch-Priewe, B./Thiele, J./ Wildt, J. (Hrsg.) (2009): Forschendes Lernen im Lehramtsstudium. Hochschuldidaktik – Professionalisierung – Kompetenzentwicklung. Bad Heilbrunn: Klinkhardt.

1.4   Historische Entwicklungslinien

Die Schulpädagogik bildete sich mit der Einführung des Schulwesens bzw. mit der Ausbildung der Profession des Lehrers heraus. Der Begriff selbst wurde erstmals von Georg Simmel verwendet, der im Wintersemester 1915/16 an der Universität Straßburg eine Vorlesung unter diesem Titel hielt. Die Mehrzahl der ersten Publikationen zu schulpädagogischen Fragen (ohne den Begriff »Schulpädagogik« zu verwenden) lagen bereits im 19. Jahrhundert vor; sie waren praxisorientiert und doch durchwirkt von ersten systematischen Überlegungen (z. B. Diesterweg 1835). Prägend für die sich ausbildende Schulpädagogik waren die Schriften von Herbart (1746–1841). Diese wurden intensiv rezipiert und interpretiert. Die sogenannten Herbartianer entwickelten Unterrichtslehren, die den Kritik- und Ansatzpunkt für die reformpädagogische Bewegung in den 1920er-Jahren bildeten. Sie war wiederum ein zentraler Impulsgeber für die Herausbildung der Schulpädagogik als wissenschaftliche Disziplin. Nach 1945 brauchte es in Westdeutschland etwa 15 Jahre, um zu einer Neuorientierung zu gelangen, weil man sich rückorientierte und zunächst an die Pädagogik der Weimarer Zeit angeknüpft wurde. Dreh- und Angelpunkt der damaligen Unterrichtslehre bzw. praktischen Pädagogik waren der Unterricht und seine Gestaltung. Lehrerinnen und Lehrer wurden im 19. Jahrhundert sowie in der ersten Hälfte des 20. Jahrhunderts in Lehrerseminaren ausgebildet. Erst in den 1960er- und 1970er-Jahren blühte der schulpädagogische Diskurs auf; die Schulpädagogik schälte sich als Teildisziplin der Erziehungswissenschaft heraus. Diese Entwicklung ist an die Akademisierung der Lehrerbildung geknüpft. Einen weiteren Motor bildete der intensive wissenschaftstheoretische Diskurs dieser Jahre (Roth 1963a) und die Neujustierung der Schulpädagogik in Richtung empirische Forschung.

>  **Weiterführende Literatur**
>
> Herrlitz, H.-G./Hopf, W./ Titze, H. (52008): Deutsche Schulgeschichte von 1800 bis zur Gegenwart: Eine Einführung. Weinheim: Juventa.

1.5 Aktuelle Herausforderungen

Besonders hervorstechend im aktuellen internationalen Diskurs ist das Thema der Qualitätsentwicklung von Schule und Unterricht. Die Idee des Messens und des Vergleichens trifft derzeit im internationalen Kontext sowie in vielen Lebensbereichen (Wirtschaft, Wissenschaft, Recht, Bildung) auf große Akzeptanz. Das gilt auch für die Schulpädagogik im deutschsprachigen Raum. Internationale Schulvergleichsuntersuchungen (z. B. PISA) attestierten dem deutschen Schulsystem eine zu geringe Leistungsfähigkeit und führten im deutschsprachigen Raum zu einer Festlegung (Standardisierung) von Kompetenzen, deren Einlösung auf Schülerseite mittels verschiedener Formen der Evaluation kontrolliert wird. Diese Entwicklung geht mit einer an Kompetenzen orientierten Idee von Bildung sowie einer sogenannten »Outputorientierung« einher und nimmt Abschied von einem Bildungskanon. Damit ist eine Antwort auf die gesellschaftliche Herausforderung zunehmender Globalisierung gefunden, zugleich ist der intensive kritische Diskurs aufgrund der Institutionalisierung des Gesamtkonzepts, das sich mit den Stichwörtern »Standards, Kompetenzen, Evaluation« benennen lässt, geschmälert. Die allgemeine Didaktik erfährt eine Marginalisierung bis hin zu Stimmen, die ihre Abschaffung fordern.

Pendelbewegungen zwischen Messen/Evaluieren einerseits und Schülerorientierung/Erziehung andererseits lassen sich historisch rekonstruieren: 1964 diagnostizierte Picht »die deutsche Bildungskatastrophe«. In der Folgezeit

wurden Konzepte zur Lernzielorientierung, zur Operationalisierung, Kategorisierung, Dimensionierung und Evaluation entwickelt. In dieser Zeit der Curriculumstheorie wurde der Bildungsbegriff hintangestellt. In der Folgezeit lässt sich eine Pendelbewegung feststellen: In den 1980er-Jahren wurden Bildungstheorie und erziehender Unterricht wieder neu entdeckt. Derzeit flacht die am Messen orientierte Sicht auf Schule und Unterricht zwar noch nicht ab; erste Befunde zur mangelnden Wirksamkeit von Evaluation im Hinblick auf die Qualitätsverbesserung von Schule und Unterricht liegen jedoch vor, und die Ideologisierung und die Programmatik von Evaluation werden kritisch diskutiert (Nichols/Berliner 2007). Zeichnet man diese Pendelbewegung zwischen Festschreibung von Zielperspektiven und deren Messung einerseits und der Orientierung an Erziehungs- und Bildungsbegriffen andererseits weiter, so dürfte eine Neuorientierung in Richtung Bildung anstehen. Der aktuelle Diskurs zum Thema »Inklusion«, Heterogenität, Altersmischung sowie die Bedeutung sozialer Kompetenzen könnte hierbei ein Ansatzpunkt sein. Zugleich muss gesehen werden, dass es sich derzeit um einen globalen Prozess handelt, da das Bildungswesen insgesamt global zu regulieren versucht wird. »Effizienz« und »Steuerung« sind daher Hochwertwörter, die zu einem Transformationsprozess gehören, der über das deutsche Schulwesen hinausgeht und innerhalb des deutschen Schulwesens institutionell und somit rechtlich (Verwaltungsvorschriften, Reform von Studiengängen, Prüfungsordnungen) verankert ist.

Die rückläufige demografische Entwicklung der deutschen Bevölkerung, das steigende Anforderungsprofil der Arbeitsplätze, die zunehmende Technologisierung sowie die Globalisierung machen das Thema »Bildung« zur bedeutsamsten Ressource, um die Herausforderungen der Postmoderne zu bestehen. Ein Schwerpunkt der Schul- und Unterrichtsforschung liegt daher aktuell in den Themenfeldern, die den Kompetenzerwerb steigern (Diagnostik und Förderung, Inklusion, altersgemischtes Lernen) und die Qualitätsentwicklung sichern (Implementationsforschung; Schul- und Unterrichtsqualitätsforschung). Hochschuldidaktisch werden Formen der Integration von Theorie und Praxis diskutiert und erprobt.

1.6 Mit diesem Buch arbeiten: Orientierungshilfen

Mit dieser Einführung greifen wir die zentralen Fragestellungen der Schulpädagogik auf, beschreiben Theorieansätze, empirische Ergebnisse und Diskussionsprozesse innerhalb der Disziplin.

Jedes Kapitel kann separat gelesen bzw. erarbeitet werden. Zu Beginn wird jeweils in die Fragestellung eingeführt. Am Ende jedes Kapitels finden Sie Aufgaben zur Vertiefung sowie Lektürevorschläge, die wir empfehlen, wenn Sie sich in die Thematik des jeweiligen Kapitels vertiefen wollen. Weiterhin sind immer wieder Verweise auf Download-Dateien eingebracht. Sie können ergänzende Texte und Materialien hier kennwortgeschützt herunterladen (Kennwort: 34203).

Wir wünschen Ihnen, dass Sie dieses Buch anregt, sich in das eine oder andere Themenfeld der Schulpädagogik zu vertiefen, und dass sich Ihnen Aspekte von Schule und Unterricht neu erschließen.

Heidelberg, im Sommer 2011   *Ilona Esslinger-Hinz und Anne Sliwka*

 Vertiefung

Die Kästen mit der Überschrift »Vertiefung« sind in allen Kapiteln zu finden. Sie verweisen auf zusätzliche Materialien zum Download im Internet unter www.beltz.de/material, Kennwort: 34203.

2 Schultheorie: Wozu ist die Schule da?

2.1 Fragestellung

Abb. 1: Jan und Moritz

Das sind Jan und Moritz. Beide sind neun Jahre alt und besuchen eine Grundschule in einem Vorort einer größeren Kreisstadt. Warum müssen die beiden zur Schule gehen? Warum müssen die beiden jeden Morgen um 7 Uhr aufstehen, um dann von 7.25 Uhr bis 12.10 Uhr die Schule zu besuchen? Warum gibt der Staat derzeit 4,4 Prozent des Bruttoinlandsprodukts (Jahr 2010) für die Schulen aus? Für das Jahr 2011 sind Ausgaben in Höhe von 11,6 Milliarden Euro für Bildung vorgesehen. Pro Schüler/in werden je nach Bundesland 4 500 bis 6 000 Euro im Schuljahr finanziert. Diese Ausgaben kann kein Schüler einfach ablehnen! Wir haben in Deutschland eine Schulpflicht. Laut Art. 7 Abs. 1 des Grundgesetzes steht das gesamte Schulwesen unter der Aufsicht des Staates. Auf dieser Grundlage bestimmen die einzelnen Bundesländer über Landesgesetze die Schulpflicht. Die Investitionen sowie die Verbindlichkeit deuten bereits an, dass die Schule und der Unterricht für die Gesellschaft von zentraler Bedeutung sind.

Reflexion/Übung

Moritz fragt: »Warum muss ich eigentlich zur Schule gehen?«
Was antworten Sie ihm?

Dieses Kapitel nimmt drei Argumentationslinien zur Begründung und Beschreibung von Schule und Unterricht in den Blick: Zum einen die *historische Perspektive*. Hier steht die Frage im Mittelpunkt, wann und weshalb Schulen überhaupt eingerichtet wurden. Zum Zweiten die *pädagogische Perspektive*. Im Mittelpunkt steht die Frage, was die Schule zur Bildung von Kindern und Jugendlichen beitragen kann. Und schließlich die *soziologische Perspektive*. Sie rückt die Funktion von Schule als Vermittlungsinstanz von Kultur in den Blickpunkt. Das gesamte Kapitel widmet sich der Begründung und Beschreibung von Schule und Unterricht: dem Kernthema der Schultheorie.

Definition: Schultheorie

Die Schultheorie beschreibt und begründet die Aufgaben von Schule und Unterricht sowie ihre Ausgestaltung, indem sie deren Bedeutung für und zwischen den Generationen in den Blick nimmt. Hierbei wird einerseits die gesellschaftliche Funktion von Schule als Institution in einem Gesellschaftssystem beschrieben und theoretisch beleuchtet. Andererseits wird die Bedeutung der Schule und des Unterrichts für die Gegenwart und Zukunft des Einzelnen beschrieben. Die Beschreibung wird je nach wissenschaftstheoretischem Ansatz vorgenommen (vgl. Kapitel 15).

2.2 Historische Entwicklungslinien: Wann und weshalb wurden Schulen eingerichtet?

Warum man Schulen braucht, lässt sich zunächst beantworten, wenn man überlegt, dass es Zeiten ohne Schulen gab. Was hat sich im Vergleich zu diesen Zeiten geändert, woraufhin sich das schulische Lernen entwickelt hat? Wie lernten Menschen, bevor es Schulen gab, und wodurch wurde die Einrichtungen von Schulen motiviert?

Schulen wurden in der Breite der Bevölkerung eingerichtet, seit es nicht mehr genügte, dass über die Beobachtung und das Mittun und Mitarbeiten Kinder automatisch unterwiesen wurden. Kinder lernten über die Arbeit, sie besuchten eine Art Lebensschule. Sie wurden in der Arbeit unterwiesen und in diese Arbeit hineingeboren. Der Sohn des Schuhmachers wurde Schuhmacher, der Sohn des Tischlers nahm das Handwerk des Vaters auf und der Sohn des Bergmanns arbeitete unter Tage. Mädchen wurden in die Hausarbeit eingeführt, arbeiteten als Bedienstete. Bürgerliche Kinder waren Arbeitskräfte und Rentenversicherung zugleich für ihre Eltern. Das Hineinwachsen in die elterliche Arbeit setzte schon sehr früh ein. Bürgerliche Kinder erlernten die Arbeitsverrichtungen durch Nachahmung und Mittun. Adelige Kinder wurden hingegen durch Hauslehrer unterrichtet. Bildung war Privatsache und Privileg. Kindheit, verstanden als Schonraum, in dem kindgemäß im Sinne von »entwicklungsgemäß« Angebote an Kinder gemacht wurden, gab es nicht. Anhand von Bildern und Dokumenten lässt sich rekonstruieren, dass Kindheit als Vorstufe zum Erwachsensein gesehen wurde. Kindheit als Bündel von Alleinstellungsmerkmalen in einer bestimmten Lebensphase ist eine Sicht, die sich seit dem späten Mittelalter herausgebildet hat.

Die Sicht des Kindes als eines »unfertigen«, »vorläufigen« Erwachsenen wird beispielsweise an der Kleidung deutlich. Kinder waren wie junge Erwachsene gekleidet. Es gab keine Möbel für Kinder, wenig Spielzeug und in unserem heutigen Verständnis keine Differenz zwischen Arbeitszeit und Freizeit. Die

Abb. 2: Bild des Kindes als »unfertiger« Erwachsener

neuen Medien und der Gestaltungsdruck hinsichtlich der eigenen Lebensbiografie generieren heute eine neue »alte« Herausforderung: das Verschmelzen von Kindheit, Jugend und Erwachsenenalter.

Solange das tradierte Wissen ausreichte, reproduzierte jeder Berufsstand seinen Nachwuchs über die eigenen Kinder. Damit war aber auch durch die Geburt festgelegt, welcher Beruf ergriffen werden konnte. Die Ständegesellschaft basierte auf dieser Form der Reproduktion. Die Familie, in die man hineingeboren wurde, entschied darüber, welchen Platz man im Leben einnahm. Dadurch waren keine Möglichkeiten gegeben, dass Personen sich innerhalb der Gesellschaft »bewegten«, einen anderen Stand einnahmen als ihre Eltern, vollkommen unabhängig von ihren Fähigkeiten. Die Geburt entschied über die Bildung, den Stand und damit über Einfluss und Mittel. Schulen waren zunächst Orte der Bildung für Mitglieder der sozialen Oberschichten und standen bis auf wenige Ausnahmen (z. B. Ordensfrauen) nur der männlichen Oberschicht offen.

Warum blieb es nicht so? Zum einen brauchte der Klerus Schulen, um Wissen zu tradieren. Die Weitergabe des Wissens war innerhalb des Klerus nun anders, denn es galt, eine Lese- und Schriftkultur zu etablieren. Hierzu waren Schulen notwendig, d. h. dass Lerninhalte ausgewählt und Lernprozesse gesteuert wurden. Es wurden Stifts- und Domschulen gegründet, in denen neben den Kulturtechniken auch schöngeistige sowie wissenschaftliche Literatur rezipiert wurde. Fortgeführt wurde diese Entwicklung, als Martin Luther (1483–1546) Lesekompetenz forderte. Die Erfindung des Buchdrucks leistete hier Vorschub.

Die »Frühform« unserer heutigen Globalisierung, der stärkere Warenverkehr, führte dazu, dass das Rechnen an Bedeutung gewann. In großen Handelsstädten entstanden im 13. Jahrhundert Rechenschulen. Auch in den Lateinschulen wurde Mathematik gelehrt. Die Ritterakademien pflegten schöngeistige Ausdrucksformen (musische und literarische Bildung).

Die Verkehrswege wurden ausgebaut, die Menschen reisten mehr. Auch die Erfindung der Eisenbahn trug dazu bei. Den ersten systematischen Beitrag zum Lehren und Lernen in schulischen Zusammenhängen und über das Leben hinweg sowie die ersten methodisch-systematischen Überlegungen stammen von Johann Amos Comenius (1592–1670).

Abbildung 4 gibt die Einleitung zur »Großen Didaktik« (Didactica magna) wieder:

Abb. 3: Johann Amos Comenius

GROSSE DIDAKTIK

DIE VOLLSTÄNDIGE KUNST, ALLE MENSCHEN ALLES ZU LEHREN

oder

Sichere und vorzügliche Art und Weise, in allen Gemeinden, Städten und Dörfern eines jeden christlichen Landes Schulen zu errichten, in denen die gesamte Jugend beiderlei Geschlechts ohne jede Ausnahme

RASCH, ANGENEHM UND GRÜNDLICH

in den Wissenschaften gebildet, zu guten Sitten geführt, mit Frömmigkeit erfüllt und auf diese Weise in den Jugendjahren zu allem, was für dieses und das künftige Leben nötig ist, angeleitet werden kann; worin vor allem, wozu wir raten

die GRUNDLAGE in der Natur der Sache selbst gezeigt,

die WAHRHEIT durch Vergleichsbeispiele aus den mechanischen Künsten dargetan,

die REIHENFOLGE nach Jahren, Monaten, Tagen und Stunden festgelegt und schließlich

der WEG gewiesen wird, auf dem sich alles leicht und mit Sicherheit erreichen läßt.

ERSTES UND LETZTES ZIEL UNSERER DIDAKTIK SOLL ES SEIN, die Unterrichtsweise aufzuspüren und zu erkunden, bei welcher die Lehrer weniger zu lehren brauchen, die Schüler dennoch mehr lernen; in den Schulen weniger Lärm, Überdruß und unnütze Mühe herrsche, dafür mehr Freiheit, Vergnügen und wahrhafter Fortschritt; in der Christenheit weniger Finsternis, Verwirrung und Streit, dafür mehr Licht, Ordnung, Friede und Ruhe.

Abb. 4: Einleitung der »Didactica magna«

Die Didactica magna wurde 1657 erstmals veröffentlicht. Comenius forderte hier bereits eine allgemeine Bildung für alle, unabhängig vom Stand und Geschlecht:

»DIE GESAMTE JUGEND BEIDERLEI GESCHLECHTS MUSS DEN SCHULEN ANVERTRAUT WERDEN

Die Schulen müssen alle Kinder aufnehmen (1), denn alle sollen dem Bilde Gottes ähnlich werden (2), alle für ihren künftigen Beruf vorbereitet sein (3), und alle, gerade auch die Trägen und Schwachen, bedürfen der Hilfe (4). Auch das schwache Geschlecht soll Zugang zu den Wissenschaften haben (5), wenngleich dabei Vorsicht nötig ist (6). Widerlegung von Einwänden dagegen (7/8).
Nicht nur die Kinder der Reichen und Vornehmen sollen zum Schulbesuch angehalten werden, sondern alle in gleicher Weise, Adlige und Nichtadlige, Reiche und Arme, Knaben und Mädchen aus allen Städten, Flecken, Dörfern und Gehöften. Das wird im folgenden deutlich.«

Aus: Johann Amos Comenius: Große Didaktik. Die vollständige Kunst, alle Menschen alles zu lehren. Übersetzt und hrsg. von Andreas Flitner. Nachwort von Klaus Scholler. Klett-Cotta, Stuttgart 1954, S. 55.

Gedanken der Aufklärung fassten Fuß. In der Konsequenz wurde Bildung für alle gefordert. In dieser Tradition der Aufklärung stehend, schrieb Jean-Jaques Rousseau 1762 den Erziehungsroman »Émile«. Eine Strömung im deutschen Sprachraum bildeten die Philantrophen (Salzmann, Basedow, Campe), die etliche Schulen gründeten.

Die *industriellen Entwicklungen* führten zur Etablierung von Real- und Industrieschulen einerseits, aber auch zu einer Verschärfung der sozialen Benachteiligung von Kindern. Die im 19. Jahrhundert statisch gewordene Regulierung von Schule und Unterricht führte zu der Forderung nach einer Reform, die mit der reformpädagogischen Bewegung beantwortet wurde (vgl. Kapitel 9.3.2).

Insgesamt lässt sich festhalten, dass die Gesellschaft sich zunehmend ausdifferenzierte. Gesellschaftliche Teilbereiche wurden eigenständig (Wirtschafts-, Rechts-, Politik- und eben auch das Erziehungssystem). Die Differenzierung schreitet auch heutzutage beständig voran. Sie zeigt sich im Leben jedes Einzelnen; jeder Lebensbereich ist spezialisiert: Für die Frisur ist der Friseur zuständig, für bestimmte Krankheiten jeweils spezialisierte Ärzte. Man kann sich bei Spezialisten schulen lassen, angefangen von Qigong, Rückenschulung, bis hin zu vielfältigen hochspezialisierten Computer und IT-Kenntnissen.

Betrachtet man die wöchentlichen Termine von Kindern und Jugendlichen, so gibt es für unterschiedliche Lebensbereiche verschiedene Personen (Spezialisten), die zuständig sind. Zu Hause die Familie, in der Pflichtschule die Lehrpersonen, daneben der Sportlehrer im Sportverein, Musiklehrer, Ergotherapeut, Logopäde, Nachhilfeinstitute und anderes mehr. Die gesellschaftliche

Differenzierung schreitet kontinuierlich voran. Wir leben in einer *funktional-differenzierten Informationsgesellschaft*. Das folgende Zonenmodell von Dieter Baacke in Anlehnung an das ökosystemische Modell des Entwicklungspsychologen Urie Bronfenbrenner (1917–2005) unterscheidet vier Zonen, die sich das Kind sukzessiv erschließt und deren Übergänge und Vereinbarkeit für die Entwicklung bedeutsam sind.

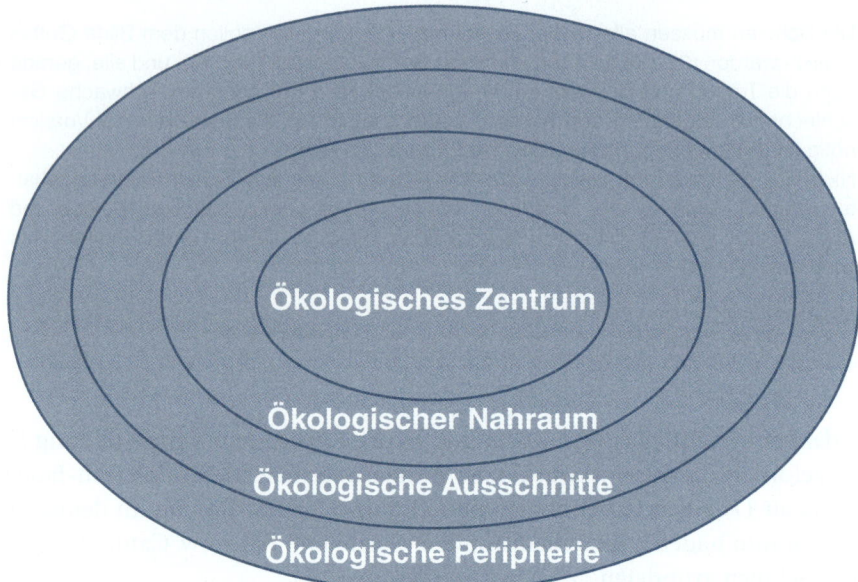

Abb. 5: Das Zonenmodell von Dieter Baacke in Anlehnung an Urie Bronfenbrenner (Quelle: Baacke, D. ([10]2009): Die 13- bis 18-Jährigen. Einführung in die Probleme des Jugendalters. Überarbeitung: Ralf Vollbrecht. Weinheim und Basel: Beltz, S. 92.

Das Zentrum (1) bildet der Bereich, den Heranwachsende als Zuhause bezeichnen; in der Regel die Familie; die Beziehungen dort, die universalistisch und von einem ganzheitlichen Interesse am Menschen gekennzeichnet sind, differenzieren sich aus. Der Nahraum meint die unmittelbare Umgebung, die Nachbarschaft (2). Kinder und Jugendliche erleben zunehmend partikularistische Beziehungen: Von Interesse sind in erster Linie die Fähigkeiten und Fertigkeiten, das Können und Vermögen, das auf den Teilbereich der Interaktion bezogen ist. Der Musiklehrer interessiert sich beispielsweise vor allem für die musische Begabung, für Interessen sowie für Einstellungen, Fähigkeiten und Fertigkeiten, die das Lernen eines Instruments befördern. Im Modell Baackes bzw. Bronfenbrenners betrifft dies die Zone 3 (ökologische Ausschnitte), in denen funktionsspezifische Aufgaben an das Kind bzw. den Jugendlichen herangetragen werden. Und schließlich sind Aufenthalte an Orten, die selten oder einmalig sind (z. B. Urlaube) mit der ökologischen Peripherie bezeichnet.

Betrachtet man die genannten Entwicklungslinien, so wird deutlich, dass die Schule nicht aus pädagogischen Überlegungen heraus entstanden ist (wiewohl auch die vorlagen), sondern dass hinter dem tatsächlichen Ausbau des Schulwesens gesellschaftliche Anforderungen standen, die der jeweiligen ökonomischen Situation Rechnung trugen. Schulen entstanden da, wo die bloße Teilnahme am gesellschaftlichen Leben der Familie und der Sippe nicht mehr genügte, um all das zu lernen, was zur jeweiligen historischen Reproduktion der Gesellschaft erforderlich ist. Anders gesagt: Wenn das Erforderliche im familiären Kontext gelernt werden könnte, brauchten wir keine Schulen. Die Auslagerung des Lernens in Institutionen wurde im Laufe des letzten Jahrhunderts intensiviert und ausdifferenziert, sodass sie im beschriebenen Zonenmodell nicht dem ökologischen Zentrum zugeordnet werden. Diese Möglichkeit ist in Deutschland durch die Einführung der Schulpflicht nicht gegeben, andere Länder (z. B. Frankreich, Dänemark, Australien, USA) bieten die Möglichkeit der Unterrichtspflicht, sodass Schule auch im familiären Kontext stattfinden kann.

Pädagogik im heutigen Sinne spielte bei der Einrichtung von Schulen eine untergeordnete Rolle. Die Profession des Lehrers war noch nicht ausgebildet. In den Schulen wurden Personen angestellt, die aus dem Handwerk oder dem Klerus kamen, sogar Armeeangehörige wurden mit der Aufgabe des Schulehaltens betraut. Der Verdienst des Lehrers war so gering, dass er zumeist noch anderen Tätigkeiten nachgehen musste.

Mit den gesellschaftlichen und historischen Entwicklungen kristallisierte sich heraus, dass vonseiten des Staates dafür gesorgt werden musste, dass Kinder in der Schule die Kulturtechniken erlernten. Ein großer Schritt in diese Richtung bestand darin, die Schulpflicht einzuführen. Die Idee selbst war alt, und wie bei den meisten Ideen brauchte es einige Zeit, bis sie umgesetzt wurde. Bereits 1619 wurde sie erstmals formuliert; in der ersten Hälfte des 18. Jahrhunderts mussten aufgrund eines Ediktes des Königs Friedrich Wilhelm II. von Preußen die Kinder, sofern Schulen vorhanden waren, zur Schule gehen. 1794 wurde die Schulpflicht in Preußen verschärft und 1920 schließlich wurde mit dem Reichsgrundschulgesetz verbindlich festgelegt, dass alle Kinder zwischen sechs und zehn Jahren eine vierjährige Grundschule als Grundstufe der achtjährigen Volksschule besuchen müssen. Die Grundschulpflicht war ein Ausgangspunkt für die Demokratisierung, weil sie mit dem Anspruch eingeführt wurde, eine gemeinsame Beschulung für alle Kinder, unabhängig von Stand, Religion oder Konfession zu bieten. Die Schule wird planmäßig organisiert, verwaltet, amtlich dirigiert und kontrolliert. Von der Idee bis zur flächendeckenden Durchsetzung vergingen letztlich 300 Jahre.

Nun ist es bis heute nicht so, dass die Möglichkeiten von Schule und Unterricht von allen gesellschaftlichen Teilen (Schichten) in gleichem Maße genutzt werden. Aufstieg oder das Festhalten an einem gesellschaftlichen Status ist für diejenigen, die ihn erlangt haben, leichter. Die PISA-Ergebnisse zeigen, dass

Kinder aus bildungsnahen Elternhäusern eine vierfache Chance haben, wiederum den Status der Eltern zu erlangen. Neben den Differenzen hinsichtlich der Sprache sowie Bildungsanregungen durch das Elternhaus, lag ein Grund bereits bei Einführung der Schulpflicht darin, dass Eltern die Tradition der Weitergabe des Berufs verinnerlicht hatten. Zudem wurde Schulzeit als unnütz angesehen, weil die Arbeitskraft der Kinder wegfiel. Schule war Regenerationszeit von der schweren Arbeit. Und: Ein sozialer Aufstieg von Kindern brachte auch Differenzen und Probleme in die Familien, denn Kinder mussten sich von der Tradition und vom kulturellen Habitus im Elternhaus distanzieren, und Eltern mussten akzeptieren, dass die eigenen Kinder einen höheren Bildungsstand erreichten als sie selbst. Zusammenfassend lässt sich festhalten: Schulen sind das Ergebnis gesellschaftlicher Entwicklungen und Anforderungen.

2.3 Pädagogische Perspektive: Der Eigenanspruch des Kindes bzw. Jugendlichen

Weiterführende Literatur

Diederich, J./Tenorth, H.-E. (1997): Theorie der Schule. Ein Studienbuch zu Geschichte, Funktion und Gestaltung. Berlin: Cornelsen Scriptor.

Duncker, L./Lieber, G./ Neuss, N./Uhlig, B. (2010): Bildung in der Kindheit. Seelze: Kallmeyer (Klett).

Schule und Unterricht können nicht *nicht* erziehen. Die Unterrichtsinhalte sowie die Lehrpersonen nehmen Haltungen ein und sind oft mit Werten unterlegt. Nun kann man argumentieren, dass es für eine Gesellschaft wichtig sei, Werte wie »Solidarität«, »Hilfsbereitschaft«, »Gerechtigkeit«, »Mitmenschlichkeit« zu vermitteln. Doch auch aus der Perspektive der Person, aus der Sicht des einzelnen Kindes bzw. Jugendlichen, stellt die Schule einen wichtigen Lebens- und Erfahrungsraum dar, weil es sich in der Auseinandersetzung mit sich, den Dingen der Welt und anderen Menschen entwickelt. Die Schule hat die Aufgabe, diesen Entwicklungsprozess zu unterstützen. In der aktuellen schulpädagogischen Diskussion ist immer wieder die Rede von der »Personalkompetenz«. Sie ist für das einzelne Kind bzw. den einzelnen Jugendlichen wichtig, sie ist aber auch gleichermaßen für seine Um- bzw. Mitwelt bedeutsam. Historisch gesehen hat diese Idee der Persönlichkeitsentwicklung ihre Wurzeln im altgriechischen Kulturraum *(paideia)*. Hier geht es um Ideale, die der Einzelne als Selbstzweck ausbilden sollte. Geht es um Werteerziehung und Bildung, so kann sie am Gemeinwohl orientiert gedacht werden (z. B. ist es für die deutsche Gesellschaft wichtig, dass Menschen Verantwortungsgefühl, Solidarität und Mitgefühl ausbilden).

Zugleich kann man festhalten, dass aus der Perspektive des Einzelnen ethische Wertorientierungen hilfreich sind. Das Christentum hat diese individuelle Bildung (zum Christenmenschen) mit der Hervorhebung der Bedeutung des Glaubens und der Lebensart des Einzelnen stark befördert. An dieser Stelle reiben sich schultheoretische Überlegungen mit einem Wissenschaftsverständnis, das eine Normorientierung ausschließt (vgl. Kap. 15). Eine abstrakte Idee des Guten, wie sie etwa Platon in seiner »Politeia« ausführt, lässt sich nur diskursiv entfalten; nicht aber auf der Basis einer empirischen Grundlage. Ähnliches gilt für die Formulierung von Bildungszielen, die argumentativ, vor dem Hintergrund gesellschaftlicher Entwicklungen sowie auf gesetzlichen Grundlagen (Grundgesetz) formuliert werden. Wolfgang Klafki greift die pädagogische Begründungslinie von Schule und Unterricht folgendermaßen auf:

> »Wo bleibt da der eigene Anspruch der Kinder und Jugendlichen darauf, Hilfe zur Bewältigung ihres individuellen Lebens, zur Entfaltung ihrer individuellen Möglichkeiten, zur Anerkennung ihres Rechtes auf Selbstbestimmung, Glück, Entscheidungs- und Handlungschancen zu behalten? (…)
>
> In jenem neuzeitlichen Prozess der gesellschaftlichen Funktionsteilung, in dem die Schule als öffentliche Einrichtung geschaffen wurde, hat sie nicht nur eine relative instrumentelle Autonomie gewonnen, um den Anforderungen der Gesellschaft gerecht zu werden. Mit diesem Prozess war vielmehr im Bereich der pädagogischen Theorie und der Praxis auch die Herausbildung eines neuartigen pädagogischen Zielbewusstseins verbunden, bei Comenius und Rousseau beginnend bis zur internationalen pädagogischen Reformbewegung im ersten Drittel unseres Jahrhunderts und weiter bis zur Gegenwart: die Herausbildung der Überzeugung nämlich, dass es eine spezifisch pädagogische Aufgabe und Verantwortung gibt, die in Praxis und Theorie wahrgenommen werden muss: die Verantwortung des jungen Menschen, die Anerkennung des Eigenrechts und des eigenen Wertes jedes jungen Menschen als sich entwickelnde Person, die Aufgabe, jedem einzelnen jungen Menschen zu seiner optimalen Entfaltung, seinen individuellen Möglichkeiten zu verhelfen, zu seiner Mündigkeit und seiner Selbstbestimmung.«
>
> Aus: Wolfgang Klafki (2002): Schultheorie, Schulforschung und Schulentwicklung im politisch-gesellschaftlichen Kontext. Weinheim und Basel: Beltz, S. 57 f.

Die Idee, dass Schule und Unterricht Lebenszeit binden, die einen Eigenwert hat, wurde mit der *Reformpädagogik*, also seit den 1920er-Jahren wichtig. Dass Kindsein eine eigene Qualität hat, eben nicht nur Vorstufe zum Erwachsensein ist, stellt ein Paradigma reformpädagogischer Überlegungen dar. Demnach darf Kindheit nicht ausschließlich für gesellschaftliche Zwecke funktionalisiert werden, sondern Kinder sollen in Schule und Unterricht einen Ort finden, an dem sie Lebenszeit verbringen und sich entwickeln können. *Wolfgang Klafki* nimmt in seinen Überlegungen diesen Gegenwartsbezug des Lernens in besonderer Weise auf, indem er fordert, dass Unterrichtsinhalte eine Bedeutung für die Gegenwart des Kindes bzw. Jugendlichen haben müssen (vgl. Kap. 16.2.1). Korrespondierend entwickelte sich das Feld der Kindheitsforschung neu, indem die Kindperspektive zu verstehen gesucht wird.

2.4 Soziologische Perspektive: Kulturvermittlung

Mit jeder Generation werden Menschen herangebildet, die an das Wissen, an die Kultur der vorangegangen Generation anknüpfen. Diese Anknüpfung bildet die Voraussetzung dafür, dass eine Weiterentwicklung stattfinden kann. Kinder und Jugendliche werden in Schulen vertraut gemacht mit dem, was an Wissen und Können, an Ideen und Selbstverständnis, an Normalität schon vorhanden ist. Letztlich stehen hinter dieser Notwendigkeit der Weitergabe und Tradierung die Begrenzung der Lebensspanne des Einzelnen und damit die Intention, an Geleistetes anknüpfen zu können. Auf diesen Zusammenhang hat bereits Friedrich D. E. Schleiermacher 1826 hingewiesen:

Abb. 6: Friedrich Schleier-macher

Reflexion/Übung

»Die Erziehung soll so eingerichtet werden, dass beides in möglichster Zusammenstimmung sei, dass die Jugend tüchtig werde einzutreten in das, was sie vorfindet, aber auch tüchtig in die sich darbietenden Verbesserungen mit Kraft einzutreten.« (Friedrich Schleiermacher in den Vorlesungen aus dem Jahre 1826)

- Geben Sie dieses Zitat mit eigenen Worten wieder.
- Finden Sie ein Beispiel, an dem der beschriebene Zusammenhang deutlich wird.

Der Schule kommt damit die Aufgabe zu, die gesellschaftlichen Errungenschaften zu tradieren. Im soziologischen Kontext ist hier der Begriff der *Reproduktion* gebräuchlich. Schulen sind Instrumente gesellschaftlicher Reproduktion. *Helmut Fend* beschreibt in seiner sozialwissenschaftlich angelegten »Theorie der Schule« (1980) die Mechanismen kultureller Reproduktion, die die Schulen leisten. Nach Fend sind Institutionen gesellschaftliche Gebilde, »die zur Lösung grundlegender Probleme gesellschaftlichen Lebens dienen, etwa zur Herstellung lebensnotwendiger Güter (wirtschaftliche Institutionen), zur Regulierung der sexuellen Bedürfnisse und der biologischen Reproduktion (Ehe und Familie), zur Konfliktbewältigung (rechtliche und politische Institutionen)« (Fend 1980, S. 3). Der Beitrag der Institution Schule besteht in der Lösung des Reproduktionsproblems. Fend definiert »Reproduktion« als die »Wiederherstellung eines gesellschaftlich erwünschten Zustandes bei biologischem Austausch der Träger gesellschaftlichen Handelns« (Fend 1980, S. 3). »Reproduktion heißt nicht (…) dass eine bloße Wiederholung der Gedanken der Väter bei den Söhnen erfolgt. Dies ist in traditionellen Gesellschaften die Regel, während für moderne Gesellschaften das Moment der dabei stattfindenden Veränderung konstitutiv ist, auch wenn faktisch – gemessen am Gesamtbestand der Kultur – wohl meist mehr erhalten als verändert wird« (Fend 1980, S. 3).

Fend arbeitet drei Teilaspekte der Reproduktion heraus: Die *Selektion*, die *Legitimation* sowie die *Qualifikation*. Diese Mechanismen werden auch vom

Bildungssystem übernommen; sie stellen, aus gesellschaftlicher Perspektive betrachtet, *Teilfunktionen von Schule und Unterricht dar, die die gesellschaftliche Reproduktion sichern.*

Unter *Qualifikation* wird verstanden, dass der Einzelne ertüchtigt wird, sein Leben gestalten zu können, und die Kompetenzen, Fähigkeiten und Fertigkeiten erlangt, die dazu beitragen. Durchgängig in der Geschichte der Schule zeigt sich, dass Wissen und Können vermittelt wurde, das jeweils als notwendig erschien. Es geht darum, die Heranwachsenden mit nützlichen, brauchbaren Kenntnissen, Fähigkeiten und Fertigkeiten auszustatten. Was gewusst und gekonnt werden soll, schlägt sich in den Lehrplänen nieder und ist immer wieder neu umstritten (vgl. Kap. 4).

In der Schule wird *selektiert;* zumeist über Noten; letztlich in Form von Qualifikationsnachweisen wie Zeugnissen. Diese Nachweise stellen zugleich Berechtigungen dar: Hat man sie erworben, dann hat man Zugang: Dann sind die Türen geöffnet für bestimmte Bildungsgänge und Hochschulstudien. Hat man sie nicht erworben, sind die Zugänge verschlossen. Die Schule verteilt damit Sozialchancen. Sie nimmt Statuszuweisungen vor. Dieses ausdifferenzierte Qualifikationssystem lässt sich institutionengeschichtlich nachzeichnen. Die Institutionengeschichte ist geprägt von Qualifikationsvoraussetzungen: Für vieles gibt es Berechtigungen und Zugangsvoraussetzungen: das Abitur, den Führerschein, einen Meisterbrief, den Fahrradführerschein, ein Vordiplom. Zugleich bedeutet dieser Mechanismus, dass immer auch die Personen von den Berechtigungen ausgeschlossen werden, die die geforderte Leistung bzw. das geforderte Können nicht erfüllen. Selektion bezeichnet die Auslese von Schülern (nach schulspezifischen Kriterien) für bestimmte Schularten und Laufbahnen. Die Schule trägt mit ihrem System hierarchischer Abschlüsse dazu bei, dass die Chancen der Weiterentwicklung, aber auch der Sicherung einer Gesellschaft, gewährleistet sind. Die Schule teilt damit Zukunftschancen zu. Sie regelt Zugänge zu unterschiedlichen beruflichen Positionen und damit zu Einkommenschancen, Prestige und Lebensmöglichkeiten innerhalb der Gesellschaft. Damit ist die Schule eine Zuteilungsstelle für Lebenschancen. Die folgende Grafik verdeutlicht den Zusammenhang zwischen Bildungsabschlüssen und Verdienst:

Junge Erwachsene werden über die Schule im Erwerbszusammenhang platziert. Hierfür ist auch der Begriff »Allokation« gebräuchlich. Allokation bezeichnet die Platzierung von Schüler/innen in Positionen des Schul- und Beschäftigungssystems. Schule verleiht Zugangsberechtigungen; sie hat Dirigierungsfunktion. Mit dem Begriff »Allokation« sind die Verteilung und Umverteilung von sozialen Positionen bezeichnet. Sie basiert nicht auf den Merkmalen »Geburt«, »soziale und regionale Herkunft«, »Geschlecht und Ethnizität«, sondern auf der Leistung, die die Schule einfordert. Die *Legitimationsfunktion der Schule* ist eine Folge von Qualifikations- und Selektionsprozessen. Wenn Eltern und Schüler/innen das Selektionssystem und das Wertesystem

Weiterführende Literatur

Röbe, E. (2008): Die gesellschaftliche Funktion der Schule: Selegieren oder integrieren? In: Esslinger-Hinz, I./Fischer, H.-J. (Hrsg.): Spannungsfelder der Erziehung und Bildung. Baltmannsweiler: Schneider Hohengehren, S. 132–147.

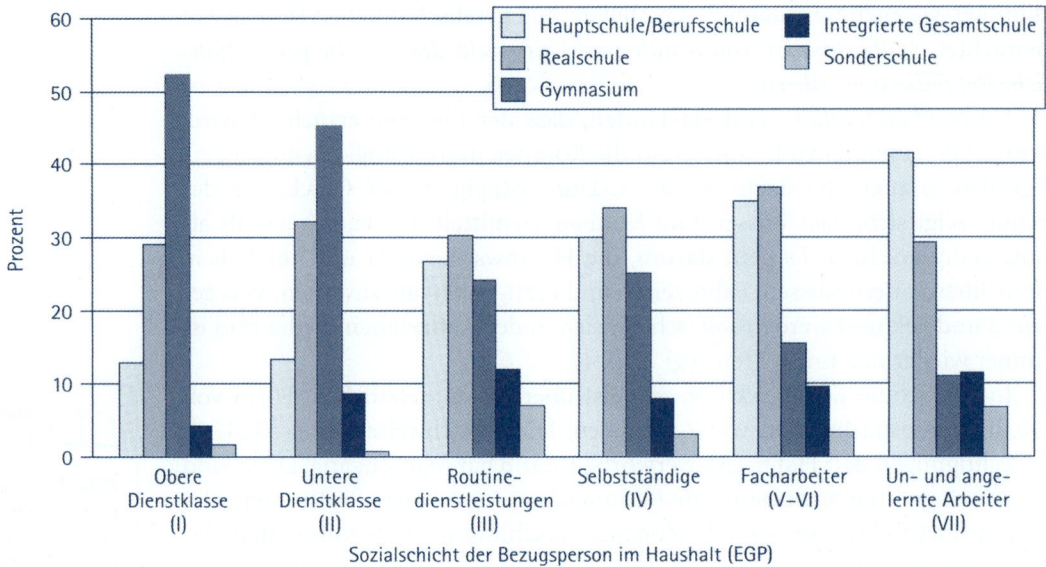

Abb. 7: Zusammenhang zwischen Bildungsabschluss und Verdienst (Quelle: Deutsches PISA-Konsortium [Hrsg.] [2009]: PISA 2000. Basiskompetenzen von Schülerinnen und Schülern im internationalen Vergleich. Opladen: Leske + Budrich, S. 355.

übernehmen, dann erkennen sie es auch an. Die Schule erzeugt eine Art Akzeptanz oder Loyalität für die Norm- und Wertvorstellungen der Gesellschaft. Sie erzeugt auch eine Akzeptanz für ihre Funktionen und wird dadurch legitimiert. Denn: Schulischer Erfolg wird als das Ergebnis persönlicher Handlungsweisen wahrgenommen. Die Verteilung von Chancen ist legitimiert, indem die soziale Platzierung des Einzelnen als persönlich verursacht erlebt und begründet wird: »Im Verlaufe seiner Schulzeit lernt der Schüler diese Ungleichheit zu akzeptieren, indem er das Regelsystem der Zuordnung zu unterschiedlichen Leistungspositionen und deren Verfahren (Prüfungen) zu akzeptieren lernt. Ihm wird tagtäglich vorgeführt, dass Unterschiede in der formellen Belohnung auf Unterschiede in der Leistung zurückzuführen sind« (Fend 1980, S. 46).

2.5 Ein Spannungsverhältnis: Soziologische und pädagogische Perspektiven

Seit der Publikation der Arbeiten Helmut Fends zur gesellschaftlichen Funktion der Schule wurde in pädagogischen Beiträgen Kritik geübt an der soziologischen bzw. sozialisationstheoretischen Sichtweise von Schule und Unterricht. Hilbert Meyer (1997) führt hier den Begriff der »Humanfunktion« ein und meint damit ein Aufwachsen in Menschlichkeit. Gefordert wird, dass der genuin pädagogische Auftrag der Schule, die Personalisationsfunktion, stärker in den Blick gerückt wird. Es geht nicht nur um gesellschaftliche Leistungsverpflichtungen, sondern auch darum, die Ansprüche der Gesellschaft zu relativieren und die Entwicklungsmöglichkeiten des einzelnen Kindes bzw. Jugendlichen zu stärken.

Dabei tun sich Widersprüche auf. Eine Verzahnung gesellschaftlicher und personaler Interessen ist nicht ohne Weiteres möglich, denn die Selektion bewirkt, dass einem Teil der Kinder und Jugendlichen eine weniger attraktive soziale Platzierung zukommt. Das System produziert Verlierer und Gewinner. Die Selektion führt zum Wiederholen von Schuljahren, Scheitern beim Übergang, Rückversetzung in eine hierarchisch niedriger stehende Schulart (vgl. Kap. 17). Selektive Schulsysteme produzieren Schulangst und Misserfolgserfahrungen. Im internationalen Vergleich weist Deutschland den frühesten Selektionszeitpunkt auf. Besonders herausfordernd ist in diesem Zusammenhang, dass Lehrerinnen und Lehrer das Schulsystem erfolgreich durchlaufen und damit in der Regel die »Gewinnerperspektive« erlebt und verinnerlicht haben. Das Schulsystem wird daher weniger kritisch wahrgenommen und bereitwilliger reproduziert.

Eng an das Thema Selektion ist die Frage geknüpft, wann sie einsetzen sollte und wann die ersten Zugangsverweigerungen sichtbar werden sollten. Da in Deutschland die Kultushoheit bei den Bundesländern liegt, existieren hier Unterschiede. Die Befürworter frühzeitiger Selektion argumentieren damit, dass Kinder unterschiedlicher Leistungsstärke nicht optimal gefördert werden könnten. Leistungsstarke Schüler/innen seien unterfordert, leistungsschwache überfordert. Diese Argumentationslinie ist empirisch nicht haltbar. So kann es passieren, dass ein Kind, das an der Grenze zwischen Hessen und Baden-Württemberg wohnt, mit einem Notendurchschnitt von 2,6 in den Fächern Deutsch und Mathematik in Hessen ein Gymnasium besuchen darf, in Baden-Württemberg nicht.

2.6 Zum Nach- und Weiterdenken

1. Spannungsfelder von Schulfunktionen

Simon erhält die erste Klassenarbeit zurück, die im neuen Schuljahr geschrieben wurde. Es ist ein Diktat. Simon hat zehn Fehler gemacht. Das Diktat ist mit der Note 6,0 bewertet. Simon hat sehr viel geübt und war zuversichtlich, dass dieses Diktat gelungen ist. Beim letzten Diktat hatte er mit 22 Fehlern auch die Note 6 erhalten. Der Lehrerkommentar unter dem Diktat:

Das kannst Du besser! Note: 6,0

– Stellen Sie den Zusammenhang zur Selektionsfunktion und Qualifikationsfunktion als Funktion von Schule und Unterricht her.

– Erläutern Sie das Spannungsfeld zwischen Personalisationsfunktion und Selektionsfunktion an diesem Beispiel.
– Diskutieren Sie Lösungsansätze.

2. Wozu ist die Schule da?

In diesem ersten Kapitel wurde erörtert, wie Schule und Unterricht begründet werden. Es widmete sich damit Fragen aus dem Themenfeld der Schultheorie. Wir bedenken die Argumentationslinien an einem literarischen Beispiel, das wohl alle kennen: Pippi Langstrumpf. Astrid Lindgren entwickelte hier das Bild eines Kindes, das nicht erzogen zu werden braucht und das entscheidet, nicht zur Schule zu gehen:

»Sie wird dort [in der Villa Kunterbunt] allein wohnen. Nur ein Pferd und ihr kleiner Affe, der Herr Nilsson heißt, werden auch dort wohnen. Pippi hat keine Mama und keinen Papa und das findet sie gut, denn so ist niemand da, der ihr sagen kann, dass sie ins Bett gehen soll, wenn es gerade am schönsten ist und das findet sie wunderbar. Sie macht genau das, was sie will« (Astrid Lindgren 1961, Buchseiten sind nicht nummeriert).

Und mit den Polizisten entspinnt sich folgendes Gespräch:

»Aber begreifst du nicht, dass du in die Schule gehen musst?«, sagte der Polizist.»Wozu muss man in die Schule gehen?« »Um alles Mögliche zu lernen natürlich.« »Was alles?«, fragte Pippi. »Vieles«, sagte der Polizist, »eine ganze Menge nützlicher Sachen, zum Beispiel Multiplikation, weißt du, das Einmaleins.« »Ich bin gut neun Jahre ohne Plutimikation zurechtgekommen«, sagte Pippi, »da wird es auch weiter so gehen.«

(Astrid Lindgren 1986, S. 48).

Erörtern Sie, weshalb dieses Lebenskonzept fiktiv ist bzw. begründen Sie, weshalb Schulen wichtig sind für eine Gesellschaft.

3. Schulpflicht

Johann Amos Comenius forderte bereits 1657 die Einrichtung von Schulen für die gesamte Bevölkerung. Wie begründet er seine Position?

International gibt es Länder, in denen die Schulpflicht gilt, d. h. dass die Schule besucht werden muss. Andere Länder führten eine Unterrichtspflicht bzw. Bildungspflicht ein: oder Unterrichtspflicht? Sammeln Sie Argumente. (Eine Zusammenstellung der Schulpflicht/Unterrichtspflicht in Europa ist zu finden unter: eacea.ec.europa.eu/education/eurydice/tools_de.php.)

Vertiefung

Mehr zum Thema finden Sie im Download-Bereich.

3 Lehrerprofessionalität und Lehrerprofession: Was ist ein guter Lehrer?

3.1 Was ist eine Profession? Was versteht man unter Professionalität?

Unter einer *Profession* versteht man eine berufliche Tätigkeit, die auf einem hohen Maß an fachlicher Expertise aufbaut und daher eine längere Ausbildung, meist ein wissenschaftlich fundiertes Hochschulstudium erfordert, in dem die Wurzeln des professionellen Handelns gelegt werden. Zu den klassische Professionen zählen z. B. Ärzte, Juristen oder Ingenieure. Professionen zeichnen sich durch die folgenden Merkmale aus:

- Sie verfügen über einen Wissensbestand, der aufgrund wissenschaftlicher Forschung und deren praktischer Anwendung zustande gekommen ist.
- Professionen haben ein eigenes, ausgeprägtes Berufsethos, das in ethischen Prinzipien, Eiden (wie dem »hippokratischen Eid« der Mediziner) oder Verhaltensrichtlinien kodifiziert ist, das als Maßstab Gültigkeit besitzt und das an das professionelle Handeln angelegt wird.
- Der Zugang zu einer Profession ist streng geregelt. Er erfordert eine langjährige Ausbildung, die mit einem Examen, wie beispielsweise einem Staatsexamen, abgeschlossen wird. In manchen Professionen ist es erforderlich, dass man sich über die Berufszeit hinweg immer wieder weiterqualifiziert und auf den neuesten Stand an Expertise bringt, um seinen beruflichen Status zu sichern und weiter zur Profession zu gehören.
- In der Regel organisieren sich Professionen in professionellen Organisationen oder Assoziationen, die regelmäßige Mitgliederversammlungen organisieren, die Entwicklung der Profession in Form von eigenen Zeitschriften und Publikationen reflektieren und an der Weiterentwicklung ethischer und professioneller Standards der Profession aktiv arbeiten.

Professionalität im Handeln zeichnet die Angehörigen von Professionen aus. Die Berufsfelder, in denen Professionen aktiv sind, erfordern ein hohes Maß an Flexibilität und Reflexion. Kein »Fall«, den ein Arzt, eine Juristin oder eben ein Lehrer bearbeitet, ist genau so wie die vorherigen Fälle. In jedem Fall muss der Professionelle auf sein Expertenwissen und seine ethischen Standards zurück-

Weiterführende Literatur

Terhardt, E./Bennewitz. H./ Rothland, M. (Hrsg.) (2011): Handbuch der Forschung zum Lehrerberuf. Münster: Waxmann.

Zlatkin-Troitschanskaia, O. et al. (Hrsg.) (2009): Lehrprofessionalität: Bedingungen, Genese, Wirkungen und ihre Messung. Weinheim: Beltz.

greifen, um jeweils wieder neu professionelle Entscheidungen zu treffen. In der Regel geschieht dies unter einem gewissen Zeitdruck, der ein hohes Maß an kognitiver Flexibilität erfordert.

Die Professionalisierung des Lehrerberufs erfolgte historisch betrachtet über Jahrhunderte hinweg. Schulmeister im 18. und 19. Jahrhundert wurden von Gemeinden eingestellt und verdienten so wenig, dass sie sich zumeist mit handwerklichen Zweitberufen halfen. Ihre Aufgaben waren auch nicht nur auf das Schulehalten reduziert, sondern beispielsweise auch mit Mesnerdiensten verbunden. Den Prozess hin zu einem Berufsstand, der die Merkmale einer Profession trägt, bezeichnen wir als »Professionalisierung des Lehrerberufs«.

Um so »professionell« agieren zu können, sind Professionelle mit dem wissenschaftlichen Fundament, auf das ihre Profession aufbaut, vertraut. Sie verfügen über eine hohe fachliche Expertise und entwickeln diese im Einklang mit dem Fortschritt des Wissens weiter. Professionelle sind also lebenslang Lernende, die sich um die Weiterentwicklung der eigenen Expertise aktiv bemühen. Professionalität impliziert auch, dass man die ethischen Standards seiner Profession kennt und täglich im eigenen Handeln reflektiert und anwendet.

Definition: Professionalität

Professionalität zeichnet sich durch die folgenden Merkmale aus:
1. Wissenschaftlich fundierte Expertise
2. Reflexion beruflicher Handlungsentscheidungen vor dem Hintergrund hoher ethischer Standards
3. Bereitschaft zur kollegialen Kooperation zur bestmöglichen Lösung von Problemen
4. Aktives, den Beruf begleitendes Lernen zur Weiterentwicklung der eigenen Expertise

---

Zur Professionalität zählt auch das Selbstverständnis als Lehrerin bzw. Lehrer, einem Berufsstand anzugehören, der auf wissenschaftlichen Fundamenten steht und die Ergebnisse der Forschung einbezieht. Weiterhin bedeutet »Professionalität«, dass kontinuierliche Reflexion des beruflichen Handelns angestrebt und das Handlungsrepertoir erweitert wird. Evaluation der eigenen Arbeit sowie die kollegiale Kooperation bilden essenzielle Prinzipien der Professionalität, die zudem an lebenslanges Lernen geknüpft ist, denn Lehrerinnen und Lehrer haben sich verändernden Realitäten der Schüler/innen und der Schule immer wieder neu und professionell zu stellen.

3.2 Der Lehrerberuf als Profession

In internationaler Perspektive gehört der Lehrerberuf eindeutig zu den Professionen. Damit sie ihren Beruf richtig ausüben können, müssen Lehrerinnen und Lehrer über ein hohes Maß an Expertise sowohl in ihren Unterrichtsfächern als auch in Pädagogik und Psychologie verfügen. Dazu ist ein Hochschulstudium unerlässlich. Der Zugang zur Profession des Lehrers ist in allen Ländern klar geregelt. In Deutschland kann man erst nach einem ersten und zweiten Staatsexamen an einer staatlichen Schule als Lehrer tätig werden. International ist der Zugang zum Lehrerberuf in den meisten Ländern über den Erwerb einer staatlichen Lizenz möglich, die mit einer Zugangsprüfung verbunden ist.

Flexibilität und Reflexionsvermögen sind im Lehrerberuf ganz besonders wichtig und erforderlich: In der Vorbereitung und Durchführung des Unterrichts, in der Diagnostik und der Betreuung von einzelnen Schüler/innen, in der Beratung von Eltern und der Kooperation im Kollegium muss eine Lehrkraft täglich unter einem gewissen zeitlichen Druck viele einzelne Entscheidungen treffen. Der kanadische Schulforscher Michael Fullan (1993), der den Alltag von Lehrern untersucht hat, spricht von über 1 000 Entscheidungen, die ein Lehrer am Tag treffen muss, viele davon ad hoc, ohne viel Zeit zum Nachdenken. Das wäre ohne ein hohes Maß an fachlicher Expertise und einer Internalisierung ethischer Maßstäbe schlicht nicht möglich.

Um Lehrerinnen und Lehrer bereits in der Ausbildung, aber auch während der Ausübung des Berufs Orientierung zu geben, haben sich in vielen Ländern (z. B. Schweiz, Irland, Australien, Kanada, USA) die Lehrer zu professionellen Standesorganisationen zusammengeschlossen und sich professionelle und ethische Standards gegeben. In Deutschland sind übergreifende ethische und professionelle Standards bisher nicht entwickelt worden. Die Lehrerschaft in Deutschland ist eher gewerkschaftlich als standesorganisatorisch organisiert. Dies hat damit zu tun, dass der Staat die Aufsicht über das Schulwesen führt; Lehrerinnen und Lehrer sind in Deutschland Beamte.

3.2.1 Lehrerwissen und Lehrerkönnen

In der wissenschaftlichen Forschung zum Lehrerberuf ist unumstritten, dass ein guter Lehrer sowohl ein explizites Wissen benötigt, als auch ein unterrichtspraktisches Können. Ungeklärt ist, in welchem Verhältnis Wissen und Können im Lehrerberuf zueinander stehen. Aus dieser Problematik leitet sich das Theorie-Praxis-Problem in der Qualifizierung von Lehrkräften ab.

Eindeutig ist der Befund, dass Lehrerinnen und Lehrer sich in ihrer Praxis nur wenig an Theorien orientieren, die im Studium erworben wurden (z. B Czerwenka/Nölle 2001). Was heißt das für die Lehrerbildung? Dieser Befund wird in der Professionsforschung kontrovers diskutiert. Hierbei werden vor allem zwei Positionen vertreten: Die eine geht davon aus, dass das theoretische sich vom praktischen Wissen unterscheide, es wird eine Differenz zwischen Berufs- und Wissenschaftssystem angenommen. Die andere Position geht davon aus, dass sich theoretisches und in Praxissituationen erworbenes Wissen ergänzen. Diese Position wird durch die angloamerikanischen Experten-Novizen-Forschungen gestützt, die zeigen, dass Lehrerinnen und Lehrer Integrationsleistungen erfüllen. Experten bauen im Laufe der Zeit Handlungsskripts auf, sie identifizieren Situationen als typisch und ordnen diesen Situationen ein Handlungsrepertoire zu. Professionalisierung in der Berufspraxis heißt dann, diese Handlungsskripts im Laufe der Zeit zu verfeinern.

Theorie-Praxis-Relationierung

Der Begriff meint die Verzahnung von Theorie und Praxis: Die eigene Lehrpraxis kann situationsnah, professionell begleitet und theoriefundiert reflektiert werden durch Supervision und (schriftliche) Reflexion.

Das Modell des »reflexiven Praktikers«, das Donald Schön in seinem mittlerweile zum Klassiker der Professionalisierungsliteratur avancierten Buch »The Reflective Practitioner« 1983 veröffentlicht hat, beschreibt reflexive Praxis als Schlüssel der Professionalisierung. Die Befähigung zur reflexiven Praxis trägt zur Entwicklung autonomer, hoch qualifizierter und selbstgesteuerter Professioneller bei. Der reflexive Praktiker lernt fortlaufend, indem er berufliche Alltagserfahrungen durch Metakognition, also durch Nachdenken über das eigene Handeln, Denken und Lernen, bewusst wahrnimmt, beobachtet und analysiert, um zukünftiges Verhalten zu modifizieren.

Definition: Phasen der professionellen Reflexion

Reflection-in-action: Reflexion während des eigenen professionellen Handelns
Beispiel: Ein Lehrer nimmt wahr, dass sein schriftlich formulierter Arbeitsauftrag von einigen Schüler/innen nicht verstanden wurde und dass sie deswegen die gestellte Aufgabe nicht bearbeiten. Er geht zu den Schüler/innen hin und erklärt den Arbeitsauftrag in verständlichen Worten.

Reflection-on-action: Reflexion im Anschluss an professionelles Handeln
Beispiel: Die Lehrerin setzt sich am frühen Abend bewusst eine halbe Stunde an ihren Schreibtisch zu Hause und lässt den Tag in der Schule Revue passieren. Ihr fällt dabei wieder ein, dass sie auf eine Konfliktsituation mit einem bestimmten Schüler nicht angemessen reagiert hat. Aus

ihrer rückblickenden Sicht war ihre Reaktion zu emotional, sie hat dadurch nicht zu einer Deeskalation der Situation beigetragen. Sie überlegt sich nun, wie sie sich in der Situation alternativ hätte verhalten können. Dazu macht sie sich einige Notizen in ihrem professionellen Entwicklungstagebuch.

Reflection-for-action: Reflexion in der Planung zukünftigen Handelns Beispiel: Der Lehrer plant ein Projekt im Unterricht. In der Vorbereitung erinnert er sich an die letzte Projektphase in dieser Klasse. Damals hatte er die Zusammensetzung der Arbeitsgruppen den Schülern überlassen. Die Gruppen erschienen ihm damals zu homogen. Zwei Schüler blieben außen vor, weil keine Gruppe sie aufnehmen wollte. Damals musste er in den Prozess eingreifen. In der Vorbereitung auf das neue Projekt plant er nun, die Gruppen nach dem Zufallsprinzip auszulosen. Er erstellt farbige Loskärtchen und bereitet einen Karton vor, aus dem die Schüler die Kärtchen ziehen, die ihre Gruppenzugehörigkeit festlegt.

Gibbs schlug 1988 einen Reflexionskreislauf vor, mit dessen Hilfe Lehrende an Schulen und Universitäten ihre Erfahrungen analysieren können. Zunächst sollen sie dazu sich selbst oder einer anderen Person erklären, was genau in einer bestimmten Situation passiert war (Schritt 1). Im Anschluss daran sind sie aufgefordert, ihre Gefühle in der Situation zu analysieren (Schritt 2). Dann sollen sie beschreiben, was aus ihrer Sicht an der Situation gut und was schlecht war (Schritt 3) und auf dieser Grundlage den Sinn der Situation erschließen (Schritt 4). In einem nächsten Schritt klären sie, welche alternativen Reaktionen und Verhaltensweisen sie in der Situation hätten wählen können (Schritt

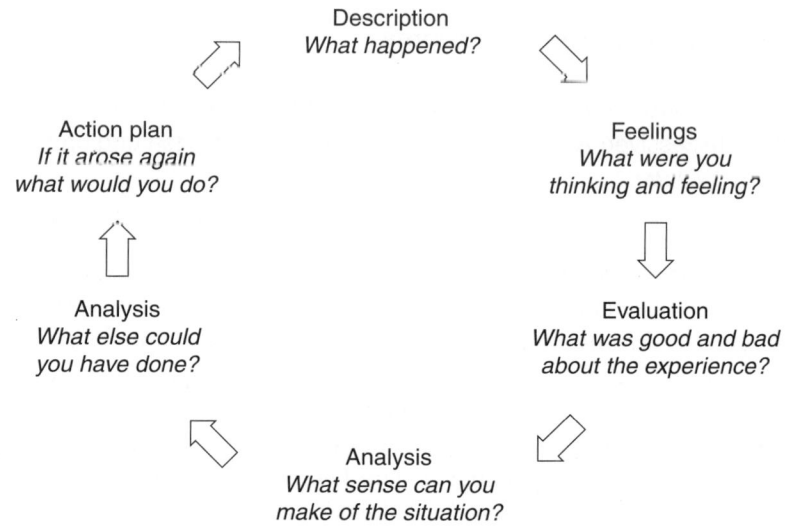

Abb. 8: Reflexionskreislauf (nach Gibbs 1988)

5), um dann zum Abschluss zu klären, wie sie sich verhalten würden, wenn eine vergleichbare Situation noch ein weiteres Mal einträte (Schritt 6).

Reflexion/Übung

Situation 1: Sie unterrichten in einem Ihrer Fächer im achten Schuljahr. Sie rufen einen Schüler auf und bitten ihn, einen Text aus dem Buch vorzulesen. Der Schüler erklärt: »Ich kann nicht lesen.«

Situation 2: Sie unterrichten im siebten Schuljahr. Eine Schülerin meldet sich und erklärt, dass ihr Ihre Frisur gefällt.

● Arbeiten Sie, sofern es Ihnen möglich ist, in Partnerarbeit.
● Bearbeiten Sie die Situationen gemäß dem Reflexionskreislauf von Gibbs.

3.2.2 Vom Novizen zum Experten

Weiterführende Literatur

Lankes, E.-M. (Hrsg.) (2008): Pädagogische Professionalität als Gegenstand empirischer Forschung. Münster: Waxmann.

Kein Mensch ist von Anfang an ein Meister oder Experte in seinem Beruf. Auch Lehrkräfte fangen beim Berufseinstieg als sogenannte »Novizen« an. Ein Novize kann auf ein bestimmtes Wissen zurückgreifen, das er nach relativ starren Regeln anwendet. Sein Handeln im Unterricht ist noch wenig adaptiv und flexibel; in unerwarteten Situationen reagiert ein Novize mit Unsicherheit und Stress und legt ein starres Verhalten an den Tag. In der Forschung zur Lehrerprofessionalität nimmt man den Weg vom Novizen zum Experten in den Blick:

Das Novizen-Experten-Paradigma

Das »Novizen-Experten-Paradigma« beschreibt die berufliche Entwicklung als sukzessiven Aufbau von professionellen Fähigkeiten und professionellem Wissen.

Wenn ein Lehrer bereits über einige Jahre Berufserfahrung verfügt, kann er in seinen professionellen Entscheidungen stärker auf eigene Handlungserfahrung und episodische Erinnerungen zurückgreifen und wird dadurch in seinen Handlungsmustern flexibler. Er entwickelt sich zum kompetenten Praktiker, der für viele Standardsituationen auf Handlungspläne zugreifen kann. Wenn in diesem Entwicklungsprozess die Handlungssituationen sowie Handlungsoptionen reflektiert werden, gelingt es dem Lehrer mehr und mehr, Situationen einschätzen und angemessene Verhaltensweisen begründet auswählen zu können. Im Stadium der Expertise oder auch »Meisterschaft« ist der Lehrer in der Lage, schnell, routiniert und angemessen auf unterschiedliche, auch herausfordernde pädagogische Situationen zu reagieren. Als Experte nimmt er eine bestimmte Handlungssituation professionell wahr, kann rasch entscheiden, was zu tun ist, und handelt scheinbar mühelos, sodass sein Handeln für außenstehende Nichtexperten als stimmig und passend erlebt wird.

Definition: Charakteristika von Expertise nach Bransford et al. (2006)

- Experten richten ihre Aufmerksamkeit auf große und bedeutungsvolle Muster.
- Sie verfügen über eine große Menge inhaltlichen Wissens, das sie in einer Art und Weise organisiert haben, die ein tiefes Verständnis der Inhalte ausdrückt.
- Expertise lässt sich nicht auf isolierte Fakten reduzieren, sondern bezieht die Anwendungskontexte mit ein.
- Experten sind in der Lage, wichtige Aspekte ihres Wissens flexibel und ohne Anstrengung abzurufen.
- Expertise bedeutet zwar großes Fachwissen, bedeutet aber nicht, dass sie dieses auch anderen beibringen können.
- Experten verfügen über variierende Flexibilitätsniveaus bei der Lösung neuer Probleme.

Weiterführende Literatur

Bransford, I.: et al. (2006): How People Learn: Brain, Mind, Experience and School. Washington: The National Academies Press.

Expertise wird in zwei unterschiedliche Formen eingeteilt: Die Routineexpertise zeichnet sich durch die Automatisierung von Handlungsvorgängen aus.

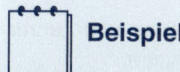 **Beispiel**

Eine neue Lehrkraft muss sich noch bewusst dazu anhalten, nach einer Frage an die Klasse nicht gleich den ersten Schüler, der sich meldet, aufzurufen, sondern erst einmal einige Sekunden zu warten, um allen Schülern eine Chance zu geben. Ein Lehrer mit hoch entwickelter Expertise hat diesen Vorgang vollständig internalisiert. Er wartet automatisch nach jeder Lehrerfrage ein paar Sekunden und schaut dabei durch die ganze Klasse, um alle Schüler zur Beantwortung der Frage zu ermutigen.

Die adaptive Expertise beschreibt die Flexibilisierung von Handlungsvorgängen. Der adaptive Experte ist in der Lage, sein Wissen in vielen unterschiedlichen Situationen anzuwenden. Er kann also Wissen, das in einer bestimmten Situation erworben wurde, auf andere Situationen übertragen und dabei unter Einbeziehung seiner gesamten Erfahrung flexibel anpassen.

Beispiel

Eine Lehrerin hat die Erfahrung gemacht, dass die Motivation der Schüler steigt, wenn sie sie zwischen mehreren Aufgabenalternativen in einer Klassenarbeit wählen lässt. Sie entschließt sich, auch bei der Entscheidung über die im Englischunterricht zu lesende Lektüre die Schüler zwischen zwei Büchern wählen zu lassen.

3.2.3 Professionelle Standards

In vielen Ländern der Welt werden mittlerweile professionelle Standards für den Lehrerberuf entwickelt. Fast immer werden diese Standards von Lehrkräften selbst entwickelt und fortgeschrieben, meist im Rahmen der Standesorganisation der Lehrer. Diese Standards erfüllen dann unterschiedliche Funktionen:

- Sie sind ein Bezugssystem in der Aus- und Weiterbildung von Lehrkräften. Sie definieren Professionalisierungsfelder und dienen zur Entwicklung von Aus- und Weiterbildungsangeboten.
- Sie geben Orientierung bei der Schulentwicklung und verweisen auf Entwicklungsfelder für die Selbstevaluation von Schulen.
- Sie bilden eine Orientierung bei der Beurteilung von Unterricht.

3.3   Zum Nach- und Weiterdenken

Vertiefung

Mehr zum Thema finden Sie im Download-Bereich.

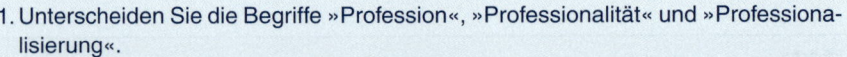

1. Unterscheiden Sie die Begriffe »Profession«, »Professionalität« und »Professionalisierung«.
2. L. Winterhager-Schmidt zählt zur Professionalität, dass Lehrerinnen und Lehrer eine berufliche Identität entwickeln müssen. Was versteht sie darunter.
3. Recherchieren Sie im Internet zum Thema »Professional Standards for Teachers« und schauen Sie sich an, wie andere Länder mithilfe professioneller Standards Qualitätsmanagement im Lehrerberuf betreiben.

4 Bildung – Bildungsziele – Bildungspläne: Was sollen Schülerinnen und Schüler in der Schule lernen?

4.1 Ein Beispiel als Ausgangspunkt

Reflexion/Übung

Eine Lehrperson überlegt, ob sie das Thema »Die Weinbergschnecke« im Unterricht einbringen sollte. Sollte sie es tun?
Sammeln Sie Gründe, die dafür und dagegen sprechen.

Was in Schulen gelernt werden soll, ist in staatlichen Vorgaben geregelt. Das muss einerseits aus rechtlichen Gründen so sein: Laut Artikel 7 Abs. 1 des Grundgesetzes steht das gesamte Schulwesen unter der Aufsicht des Staates. Gemäß Artikel 30 ist die Umsetzung Sache der Länder. In Plänen wird das zu Lernende festgehalten und deren Umsetzung gesichert. Sie sind nicht Orientierungen oder Richtlinien in dem Sinne, dass Lehrerinnen und Lehrer hier selbst entscheiden könnten: Die Lehrpläne stellen *rechtsverbindliche Verwaltungsvorschriften* dar. Aufgrund der Kulturhoheit der Länder trifft in Deutschland jedes Bundesland eigene Entscheidungen. (Bis 1989 gab es in Ostdeutschland einen Lehrplan, der für die gesamte DDR Geltung hatte.) Diese inhaltlichen Vorgaben für Schule und Unterricht finden sich in Zusammenstellungen, die *Lehrpläne* (z. B. Bayern, Bremen, Hessen, Schleswig-Holstein, Nordrhein-Westfalen, Thüringen), *Bildungspläne* (z. B. Baden-Württemberg, Hamburg), *Richtlinien/ Rahmenrichtlinien* (Niedersachsen) oder *Rahmenpläne* (z. B. Berlin) oder *Rahmenlehrpläne* (z. B. Brandenburg, Mecklenburg-Vorpommern) genannt werden. Mit der Bezeichnung »Rahmenplan« und »Richtlinien« wird hervorgehoben, dass diese Vorgaben Orientierungen bieten sollen, dass aber auch Freiräume gegeben sind. Die Bezeichnung »Bildungsplan« akzentuiert den Bildungs- und Erziehungsauftrag von Schule und Unterricht, und die Bezeichnung »Lehrplan« deutet einen klar definierten und prüfbaren Rahmen des zu Lernenden an. Da jedes Bundesland eigene Pläne entwickelt, sind die Schulbücher darauf abgestimmt, und es gibt daher länderspezifische Ausgaben.

Lehrplantheorie

Innerhalb der Schulpädagogik werden die Funktion und Machart, die Geschichte und Systematik von Plänen für Schulen innerhalb der Lehrplantheorie thematisiert.

4.2 Die Funktion von Lehr- bzw. Bildungsplänen

Bildungs- bzw. Lehrpläne bilden eine Voraussetzung systematischen Lernens. Sie sind rechtsverbindlich. Den Nachweis, dass sie umgesetzt werden, geben die Tagebücher. Sie dokumentieren, welche Teile der Pläne wann umgesetzt wurden. Die Pläne spiegeln zunächst das Schulsystem wider, denn es gibt für jede Schulart einen eigenen Plan. In diesem Zusammenhang wird der Auftrag der jeweiligen Schulart beschrieben. Sie geben auch an, welche methodischen Prinzipien und Arbeitsweisen umgesetzt werden sollen. Weiterhin spiegelt ein Lehr- bzw. Bildungsplan die Sortierung der Inhalte (zumeist nach Fächern), und schließlich finden sich innerhalb der Kategorien (Fächer) Aussagen über das zu Lernende.

Zusammenfassung

Bildungs-, Lehr-, Rahmenpläne machen Aussagen über
- den Bildungs- und Erziehungsauftrag der jeweiligen Schulart bzw. Schulstufe.
- den Fächerkanon.
- die Zahl der Unterrichtsstunden, die in einem Fach unterrichtet werden.
- didaktische Grundsätze und Unterrichtsprinzipien.
- Unterrichtsmethoden und Unterrichtsmedien.
- Unterrichtsgegenstände bzw. Inhalte.
- Lehr-Lern-Ziele/Kompetenzangaben.
- die zeitliche Verteilung der Inhalte.
- teilweise auch Grundsätze zur Leistungsrückmeldung und -bewertung.
- Freiräume bzw. Verbindlichkeiten der Anforderungen, damit die Lehrperson selbst Schwerpunkte bilden kann (Schulcurriculum).
- Sie haben die Funktion,
- die Qualifizierung der nachwachsenden Generation zu sichern (Recht auf Bildung).
- Bildung zu vereinheitlichen (z. B. zu sichern, dass in einem Bundesland allen Kinder und Jugendlichen ein vergleichbares Lernangebot gemacht wird)

- Lehrerinnen und Lehrern einen Orientierungsrahmen für den Unterricht zu geben.
- den Unterricht zu legitimieren.

 Weiterführende Literatur

Dolch, J. (1959): Lehrplan des Abendlandes. Zweieinhalb Jahrtausende seiner Geschichte. Ratingen: Henn.

Keck, R.W./Ritzi, C. (2000): Geschichte und Gegenwart des Lehrplans. Baltmannsweiler: Schneider Hohengehren.

4.3   Bildungspläne als Steuerungsinstrumente

Die Steuerung über Bildungspläne kann sehr engmaschig sein. Das ist dann der Fall, wenn Bildungspläne Inhaltsvorgaben machen, Evaluationsformen angeben und Zeitrahmen bestimmen, in denen einen Pensum absolviert sein soll. Bildungspläne, die derart engmaschig lenken, bilden *Curricula*. In den 1970er-Jahren wurden Bildungspläne so konstruiert.

Nicht in allen Ländern werden die genannten Funktionen über Bildungspläne gesteuert. In einigen Plänen bzw. Ländern sind sie festgeschrieben, sodass zeitgleich für ein Land feststeht, was gerade unterrichtet wird. Auf der anderen Seite gibt es Länder, die auf Lehr- bzw. Bildungspläne verzichten. Steuernd wirken hier Prüfungen bzw. landesweite Schul- und Abschlusstests bzw. Prüfungen der nachfolgenden Bildungsinstitution sowie die Genehmigung der schuleigenen Pläne im Prozess. In den Niederlanden und etlichen Staaten der USA wird nach diesem Modell gearbeitet.

Dazwischen liegen Konzepte, die Vorgaben machen und zugleich einen Freiraum lassen. Dieses Modell wird in Deutschland präferiert. Die deutschen Lehrpläne zeichnen sich dadurch aus, dass schuleigene Pläne in Anteilen gewünscht sind, und sie geben einen Grundbestand an Kompetenzen an, die die Schüler/innen erreichen sollen (Bildungsstandards). Weiterhin ist festzustellen, dass Lehrpläne in den einzelnen Ländern von unterschiedlicher Reichweite sind. In Deutschland gelten sie für einzelne Bundesländer, in England und Wales existiert ein Plan, der national gilt.

Heute besteht Einigkeit darüber, dass die Lehrpläne eine relativ geringe Steuerungswirkung besitzen (z. B. Vollstädt et al. 1999). Allerdings muss auch gesehen werden, dass über Schulbücher und Unterrichtsmaterialien, die innerhalb der einzelnen Bundesländer genehmigungspflichtig sind und mit den einzelnen Plänen abgestimmt werden, auch eine Orientierung am Lehrplan stattfindet.

4.4   Inhalte – Ziele – Kompetenzen

Bildungspläne geben an, was (verbindlich) gelernt werden soll. Sie unterscheiden sich im Grad der Genauigkeit der Angaben. Wir unterscheiden zunächst zwischen Inhalten und Zielen. An einem Inhalt können unterschiedliche Ziele erarbeitet werden. Am Beispiel der Schnecke können beispielsweise sehr unterschiedliche Ziele von der Lehrperson angestrebt werden: Die Schüler/innen wissen, dass es sich bei der Schnecke um ein Weichtier handelt. Sie wissen, dass Schnecken sich mit ihrem Fuß wellenartig fortbewegen. Sie wissen, dass Weinbergschnecken unter Naturschutz stehen. Sie können verantwortlich und pfleglich mit den Tieren umgehen. Sie wissen, dass Schnecken mit ihrer Zunge (*Radula*) Nahrungsmittel kleinraspeln. Sie wissen, dass Schnecken Zwitter sind. Sie erfahren die Ästhetik und Form des Schneckenhauses. Umgekehrt lässt sich ein Ziel an unterschiedlichen Inhalten erarbeiten: Anstatt einer Schnecke könnte auch die Muschel oder der Regenwurm als Beispiel für ein Gliedertier besprochen werden.

Bildungspläne müssen Antworten finden,

- ob Inhalte und/oder Ziele angegeben werden.
- wie genau die Inhalte angegeben werden.

Die Bildungspläne in den 1990er-Jahren waren inhaltsorientiert. Mit den Herausforderungen, die die Leistungsvergleichsuntersuchungen mit sich brachten, wurde die Inhaltsorientierung stark reduziert zugunsten von Angaben über das Können, die Fähigkeiten und Fertigkeiten, die die Schüler/innen durch den Unterricht erwerben. Unterrichtsqualität bemisst sich wiederum an den eingelösten Kompetenzen der Schüler/innen. Der Fokus ist auf das Ergebnis gerichtet: Es werden verbindlich einzulösende Kompetenzen formuliert. Wir sprechen von Outputorientierung.

Die Kompetenzen werden in vier große Bereiche geteilt:

- **Die Sache und ich** (Sachkompetenz; Fachkompetenz)
- **Ich** (Selbstkompetenz; Personalkompetenz)
- **Ich und die anderen** (Sozialkompetenz, Sozialkommunikative Kompetenzen
- **Sich die Sache erschließen** (methodische Kompetenzen, lernmethodische Kompetenzen)

Der neueste Bildungsplan für Hamburg differenziert beispielsweise aus, was unter den angegebenen Kompetenzen zu verstehen ist:

Reflexion/Übung

Ordnen Sie die folgenden Kompetenzen aus dem aktuellen Bildungsplan (Hamburg) für die Primarschule den genannten Kompetenzfeldern zu:

… hält sich an vereinbarte Regeln

… ist beharrlich und ausdauernd

… glaubt, gute schulische Kompetenzen zu besitzen

… hat Zutrauen zu sich und dem eigenen Handeln

… kann Informationen aus Medien entnehmen

… kann sich in andere hineinversetzen, nimmt Rücksicht, hilft anderen

Der Kompetenzbegriff wird in der fachwissenschaftlichen Diskussion unterschiedlich bewertet. Die Befürworter akzentuieren den Blick für das Ergebnis, Kritiker weisen darauf hin, dass Inhalte beliebig geworden seien, dass der Begriff aus der Wirtschaft entliehen sei und dass wichtige Erziehungs- und Bildungsaufgaben von Schule und Unterricht durch den Kompetenzbegriff marginalisiert werden (z. B. Göppel 2007).

4.5 Der Bau von Lern-, Bildungs-, Rahmenplänen

Wie sollen die Gegenstände der Welt in der Schule beigebracht werden? Wie sind sie sinnvoll anzuordnen? Womit sollte man beginnen? Sollten sich die Inhalte auf anderer Stufe wiederholen? Zur Anordnung der Inhalte in den Plänen gibt es, seit es systematisches Lernen in Schulen gibt, mehrere Vorschläge. Die Dinge, die im Lebensvollzug vorkommen, müssen ausgewählt und in eine Abfolge (Progression) gebracht werden. Hier lassen sich vier »Bautypen« von Bildungsplänen unterscheiden:

Bauformen von Lern-, Bildungs- bzw. Rahmenthemen

1. Die Inhalte werden nach den Wissenschaften sortiert (Fächer).
2. Die Inhalte werden nach Bereichen sortiert (z. B. musisch-ästhetisch oder naturwissenschaftlich. Es werden »Kombifächer« gebildet: MeNuK (Mensch, Natur, Kultur) oder Sachunterricht.
3. Die Inhalte werden thematisch geordnet nach Gegenstandsfeldern (z. B. die Kartoffel; das Märchen), und es wird fächerübergreifend unterrichtet.
4. Die Inhalte sind zwar nach Fächern sortiert, es wird jedoch parallel in den anderen Fächern Ähnliches behandelt.

Am Beispiel des Unterrichtsinhalts »Weinbergschnecke« seien die genannten vier Ordnungsprinzipien verdeutlicht: Das Thema »Die Weinbergschnecke«

Abb. 9: Auszug aus dem Bildungsplan, Realschule, Baden-Württemberg 1994

Lehrplaneinheit 2: Vielfalt und Ordnung der Wirbeltiere

Die bisher erworbenen, vielfältigen Kenntnisse über Wirbeltiere sollen in eine sinnvolle Ordnung gebracht werden. Durch das Erarbeiten eines einfachen Bestimmungsschlüssels und das Arbeiten mit einfachen Bestimmungstabellen sollen die Schülerinnen und Schüler zum genauen Beobachten und exakten Vergleichen angeleitet werden. Ausgestorbene Wirbeltiere sollen den Schülerinnen und Schülern Hinweise auf den gemeinsamen stammesgeschichtlichen Ursprung aller Wirbeltiere geben.

Wirbellose Tiere und Wirbeltiere im Vergleich Ordnen der Wirbeltiere Wirbeltierklassen Erstellen eines Bestimmungsschlüssels Ausgestorbene Wirbeltiere	Regenwurm, Weinbergschnecke Körperbedeckung, Körpertemperatur, Atmung, Entwicklung Säugetierordnungen, Lurche Saurier, Urvogel

findet seinen Platz im Fach »Biologie«, weil es sich um ein Tier handelt. Exemplarisch wird es als Vertreter der Mollusken im Biologieunterricht behandelt. Ein an Fächern orientierter Plan, der Auskunft über die Inhalte gibt, ist der folgende (Baden-Württemberg 1994). Ein Vergleich mit dem Plan, der im Jahr 2004 veröffentlicht wurde, verdeutlicht die Veränderung:

Über die biologische Vielfalt staunen

Durch Haltung und Pflege von Pflanzen und Tieren, durch Schulgartenarbeit oder Lerngänge und Lehrfahrten eröffnen sich Schülerinnen und Schüler emotionale Zugänge zur Natur. Durch Sammeln, Ordnen und Bestimmen, durch Messungen im Freiland und durch Entdeckungen mit Lupe und Mikroskop können die Schülerinnen und Schüler Vielfalt, Struktur und Funktion lebender Systeme verstehen. Emotionaler Zugang und Verständnis sind Grundlage für den Schutz der Mitwelt. Die Schülerinnen und Schüler können

- Die Formenvielfalt der Blütenpflanzen (Wildpflanzen und Nutzpflanzen) entdecken, beschreiben und ordnen und die Einheit im Grundbauplan und in der Leistung der Pflanzenorgane erkennen und darstellen (...);
- ausgewählte Tierarten beobachten und beschreiben, ihre Angepasstheit an das Leben an Land, in der Luft oder im Wasser in Körperbau, Funktion und artspezifischem Verhalten erfassen und erklären (...).

Abb. 10: Auszug aus dem Bildungsplan, Realschule, Baden-Württemberg 2004

Die Inhalte sind der Lehrperson überlassen. Die Angaben sind an Kompetenzen orientiert; deutlich wird dies an den verwendeten Verben. Die Schüler/innen sollen etwas »beschreiben«, »erfassen«, »erklären«, »entdecken«, »ordnen« können. In der Geschichte der Bildungspläne gab es im Hinblick auf die Anordnung unterschiedliche Konzepte:

1. Prinzip: vom Nahen zum Fernen
2. Prinzip: vom Einfachen zum Komplizierten
3. Prinzip: vom Lebensalter des Lernenden abhängig und kommt immer wieder vor (Spiralcurriculum)
4. Prinzip: vom Jahreslauf abhängig
5. Prinzip: vom Wechsel Anstrengung – Spiel abhängig

Lehrpläne unterscheiden sich auch hinsichtlich der Dichte ihrer Vorgaben. Die Erkenntnis, dass ihre Steuerungsfunktion als eingeschränkt zu bewerten ist, hat dazu geführt, dass in den aktuellen Plänen der Länder Zeitfenster für schuleigene Curricula und Schwerpunkte vorgesehen sind (vgl. Kap. 7).

4.6   Zur Legitimation von Inhalten

Zunächst beschäftigen wir uns mit der Frage, was überhaupt gelernt werden muss. Wir fragen nach der Legitimation der Lerninhalte. Das Auswahlproblem stellt sich mit der Explosion der Wissens- und Könnensbestände. Wilhelm Leibniz galt als letzter Universalgelehrter.

Heutzutage ist es nicht mehr möglich, alles Wissen, das aktuell existiert, zu erwerben. Vielmehr muss eine Auswahl möglichst rational und nachvollziehbar begründet werden. Zumeist wird auch an der Auswahl noch Kritik geübt, weil die Neigung besteht, eher mehr als zu wenig in die Pläne aufzunehmen (»Entrümpelung« der Pläne). Beim obigen Beispiel fragen wir: Sollen Schüler/innen sich im Unterricht mit der Schnecke (Weinbergschnecke) beschäftigen? Was spricht dafür, was dagegen? Man kann argumentieren, dass es zur Allgemeinbildung gehört, zu wissen, dass Schnecken Weichtiere sind, dass Schnecken eine Kriechsohle haben, dass Schnecken durchschnittlich acht bis zehn Jahre alt werden und eine Raspelzunge mit ca. 100 000 rückwärtsgewandten Zähnchen besitzen. Man kann aber auch sagen, dass dieses Wissen einem wenig nützt, um den Herausforderungen des Alltags zu begegnen. Nach welchen Kriterien sollen Inhalte ausgewählt werden? Hierzu gibt es unterschiedliche Konzepte bzw. Mischformen:

Abb. 11: Wilhelm Leibniz (1646–1716)

1. *Bildungstheoretisches Konzept/zeitlos-normative Überlegungen:* In einer säkularisierten Gesellschaft können dennoch normative Begründungen eine Rolle spielen. Beispielsweise die Norm, Schüler/innen zur Ehrlichkeit, zur Nächstenliebe, zur Achtung der Würde des anderen zu erziehen.
2. *Zukunftsorientiertes Konzept/Lebensbedeutsamkeit:* Die Inhalte, die Kinder und Jugendliche brauchen, um ihre Zukunft sinnvoll zu gestalten, sollten aufgenommen werden.
3. *Gegenwartsorientiertes Konzept/aktuelle Bedürfnisse und Lebenssituationen der Heranwachsenden:* Die Inhalte die im Hier und Jetzt der Kinder bedeutsam sind, gilt es, aufzunehmen.
4. *Ökonomische Argumentation/Exemplarität:* Die Inhalte, die beispielhaft für viele andere stehen, sind es wert, aufgenommen zu werden.

Durchdenkt man diese Gesichtspunkte der Auswahl am Beispiel der Schnecke, so könnte man argumentieren, dass die Schnecke im Unterricht thematisiert werden sollte, weil
1. die Kinder im Umgang mit der Schnecke den pfleglichen und schützenden Umgang mit Lebewesen lernen.
2. es wichtig ist, Tiere, die auf der »roten Liste« stehen, nicht aufzusammeln. Beim Thema »Weinbergschnecke« wird etwas über Naturschutz gelernt – eine wichtige Kompetenz in der Zukunft der Kinder und Jugendlichen.

3. Weinbergschnecken Kindern im Alltag begegnen. Sie sollten über sie manches wissen, damit sie ihr Verhalten richtig einordnen können.
4. die Weinbergschnecke exemplarisch als Beispiel für ein Tier kennengelernt wird, das kein Innenskelett hat.

4.7 Wer macht die Pläne?

Welche Personen an den Bildungsplänen mitgearbeitet haben, wird in den Plänen selbst nicht genannt. Das hat damit zu tun, dass die Pläne rechtsverbindlichen Charakter haben. Sie werden von den Kultusministerien der Länder erlassen. Zur Erstellung der Pläne werden Kommissionen eingesetzt. Betrachtet man einen vorliegenden Plan, so ist er das Ergebnis des Ringens unterschiedlicher Interessengruppen. Es sind nicht nur schulpädagogische Argumente, die hier umgesetzt sind. Die Tatsache, dass ein neuer Plan entwickelt wird, kann bildungspolitisch und gelegentlich personalpolitisch motiviert sein: schlechte Ergebnisse bei Leistungsvergleichsuntersuchungen oder als Signal, dass ein neuer/eine neue Minister/in das Amt angetreten hat. Weiterhin spielen wirtschaftliche Interessen eine Rolle; beispielsweise mit der Einführung von Fächern wie »Wirtschaftskunde«, »Informationstechnische Grundbildung« oder von Praktika in Betrieben.

Vor dem Hintergrund der Erfahrungen in der Zeit des Nationalsozialismus muss gesehen werden, dass der Staat über die Bildungspläne Eigeninteressen nachkommen kann (vgl. Herrlitz et al. 2008, S. 154). Die dominante Rolle des Staates bei der Entwicklung von Lehrplänen wird auch heute immer wieder angemahnt. Eine transparente Zusammenstellung von Lehrplankommissionen nach bestimmten Kriterien, die eine Ausgewogenheit der Vertretungen sichern, wäre wichtig und ist derzeit nicht durchgängig umgesetzt.

4.8 Historische Entwicklungslinien: Deutsche Bildungskatastrophe und PISA-Schock

In der Fachliteratur setzt die Beschreibung von Lehrplänen bereits in der Antike ein. Wir konzentrieren uns hier auf die Zeit ab 1950, weil der Diskurs um eine zeitgemäße Bildungsreform das damalige Kernthema der Schulpädagogik darstellte. In diesen Jahren wurde die Notwenigkeit einer Überarbeitung der Lehrpläne angemahnt. Hier die Feststellung des deutschen Ausschusses für das Erziehungs- und Bildungswesen aus dem Jahre 1954:

Motor für die Fokussierung der Bildungspläne war die Negativbilanz im internationalen Vergleich. Georg Picht rief 1964 den Bildungsnotstand in der damaligen Bundesrepublik Deutschland aus, indem er ein Buch veröffentlichte mit dem Titel: »Die deutsche Bildungskatastrophe«.

Abb. 12: Georg Picht (1964): »Die deutsche Bildungskatastrophe«. Otten und Freiburg im Breisgau: Walter Verlag.

In der Konsequenz wurde ein neues Gesamtkonzept angemahnt, das das Rüstzeug für die Bewältigung gegenwartsbezogener Aufgaben bot. Saul B. Robinsohn forderte in seiner Schrift »Bildungsreform als Revision des Curriculum« 1967, dass der lebenspraktische Sinn der Inhalte herausgearbeitet werden müsse und legte einen umfassenden Entwurf zur Revision des Schulwesens vor. Als erster Direktor des damals gegründeten Max-Planck-Instituts für Bildungsforschung in Berlin und als Kenner internationaler Entwicklungen im Schul- und Bildungswesen hatte er großen Einfluss und initiierte die nun in Deutschland einsetzende Curriculumforschung mit. Doris Knab leitete die institutseigene Curriculumarbeitsgruppe.

Das Ziel und die Logik der damaligen Konzepte bestanden darin, aus der Analyse von Anforderungen, die auf den Menschen in der modernen Gesellschaft zukommen, Qualifikationen zu benennen und auf dieser Grundlage »relevante Verbindungen zwischen Qualifikation und Curriculumeinheiten« zu erstellen. Die Idee war eine *Ableitung* von Qualifikationen, die sich dann in den Lehrplänen spiegelten. Parallel wurde ein Evaluationssystem mitgedacht: Sowohl die Veränderung gesellschaftlicher Anforderungen musste analysiert werden, als auch die Situationsentsprechung von Qualifikationen sowie die qualifizierende Wirkung von Curriculumelementen. Mit dieser Orientierung an Wirkungen erfuhr die empirische Bildungsforschung hier einen ersten großen Aufschwung, weil der Anspruch bestand, Inhalte nach wissenschaftlich überprüfbaren Kriterien abzuleiten.

Das Kernproblem der Curriculumbewegung der 1960er- und 1970er-Jahre bestand in der Legitimation der Inhalte und im Problem, dass die Curricula nicht oder modifiziert umgesetzt wurden. Die Curricula führten eng, bis hin zu den Unterrichtsmaterialien, und schmälerten damit auch das professionelle Selbstverständnis der Lehrerinnen und Lehrer.

Anfang des zweiten Jahrtausends brach erneut eine Hiobsbotschaft über das deutsche Bildungssystem herein: Die Ergebnisse der PISA-Studien attestieren wiederum den Bildungsnotstand. Und wieder wird auf der Ebene der Bildungspläne gehandelt. Die Grundzutaten sind wiederum dieselben: Das Stichwort »Qualifikation« gewinnt an Bedeutung; externe Evaluationen werden auf verschiedenen Ebenen eingeführt (Leistungsvergleichsarbeiten), und das neue Zauberwort heißt: Kompetenzen. Allerdings wird nun das Ableitungsproblem umgangen, indem es die Lehrerinnen und Lehrer selbst übernehmen sollen. Dadurch kann die Problematik auch in den Plänen nicht herausgearbeitet werden. Lehrerinnen und Lehrer erhalten nun Kompetenzangaben und ordnen Inhalte selbstständig zu. Außerdem wird die Rechenschaftslegung der Schulen verstärkt; die Schulaufsicht prüft, ob die Kompetenzen erreicht sind. Obwohl das Ableitungsproblem umgangen und das Implementationsproblem vermeintlich behoben ist, bringt auch dieser Zugang zwei offensichtlich große Probleme mit sich: *Es gibt nicht mehr so etwas wie verbindliche, klassische Bildungsgüter.* Die Kompetenz »verantwortlich mit der Natur umgehen« kann an unterschiedlichsten Inhalten besprochen werden. Anlass kann dabei ein Gedicht von Rilke, Mörike oder Morgenstern sein, aber auch ein Gedicht eines unbekannten Dichters, das die Lehrperson zufällig entdeckt. Das zweite Problem besteht darin, dass durch die Output- bzw. Qualifikationsorientierung *pädagogische Themen aus dem Blickpunkt geraten;* ganz besonders Bildungsperspektiven wie Selbstbestimmung oder Demokratiefähigkeit, die sich nicht messen lassen. Die Auswahl der Inhalte und der Raum, den sie einnehmen, werden von der Kompetenz bestimmt, die am Ende vorhanden sein muss. Anders gesagt: Das wird zum Thema und breit ausgeführt, das in der Leistungssituation gemessen wird. Die folgende Feststellung Ariane Garlichs zur Curriculumrevision gibt zu denken, weil sie auf die aktuelle Situation gleichermaßen zutrifft: »Die zentralen Leitbegriffe änderten sich. Nicht mehr Mündigkeit einzelner Individuen, die in der Lage sein sollten, selbstverantwortlich zu handeln, stand im Mittelpunkt des Interesses, sondern die ›Qualifizierung‹ von Mitgliedern der Gesellschaft zu emanzipatorischem Handeln in realen Lebenssituationen« (Garlichs 2008, S. 48). Beide Krisenprognosen öffneten den Blick für internationale Entwicklungen und verstärken das Interesse an der Wirksamkeit der Steuerung über Lehrpläne sowie den Fokus auf die Schülerleistungen.

Zur Zeit der Abfassung des vorliegenden Buches wird Evaluation landesweit institutionalisiert, und Lehrpläne weisen Kompetenzen aus. Zugleich wurde PISA im Design, hinsichtlich der Instrumente, hinsichtlich der Einhaltung von Gütekriterien kritisiert sowie die ausbleibende Wirkung von Evaluationen auf die Qualität von Schule und Unterricht benannt.

4.9   Heimlicher Lehrplan

Der Begriff »heimlicher Lehrplan« bezeichnet Lernprozesse, die in der Schule stattfinden und die nicht unter pädagogisch verantwortetem Vorzeichen stehen. Das Phänomen sei zunächst am Unterrichtsbeispiel »Die Weinbergschnecke« erläutert: Angenommen, eine Lehrperson lässt mit der Weinbergschnecke folgende Versuche durchführen:

Beispiel

Eine Lehrerin lässt folgende Versuche zur Fortbewegung der Schnecken in Klasse 3 durchführen:
Die Schüler/innen lassen die Schnecken über verschiedene Hindernisse kriechen (z. B. Glasscherben, Reißnägel).
Um das Tempo zu messen, wird eine Schnecken-Rallye veranstaltet.

Was lernen die Schüler/innen neben der Tatsache, dass der im Fuß produzierte Schleim eine Schutzfunktion hat? Sie lernen, mit Tieren Versuche durchzuführen. Sie betrachten das Tier nicht als Lebewesen, sondern als Versuchsgegenstand.

Eine solche Sicht ist von der Lehrperson nicht beabsichtigt. Sie hat sich darüber möglicherweise keine Gedanken gemacht, und dennoch findet ein Lernen statt, das nicht beabsichtigt und das problematisch ist. Die Ursachen sind hierbei unterschiedlich. Zum einen kann es an der mangelnden Professionalität der Lehrperson liegen. Sie weiß nicht, was sie tut, und reflektiert es auch nicht. Noch problematischer ist der Fall, dass eine Lehrperson weiß, was sie tut, die Problematik aber nicht sieht (Lehrerin: »Von der einen Stunde geht keine relevante Wirkung aus«).

Eine andere Dimension des »heimlichen Lehrplans« ist die strukturelle Blindheit. Lehrer/innen waren über viele Jahre selbst Schüler/innen und reproduzieren gängige Verhaltensweisen. Beispielsweise lernen Kinder, dass es sinnvoll ist, der Lehrperson nicht zu widersprechen, damit man ihr nicht unsympathisch wird und keine schlechteren Beurteilungen erhält. Schüler/innen lernen, interessiert zu schauen und mit den Gedanken ganz woanders zu sein – jedenfalls nicht beim Lerngegenstand. Sie lernen, abzuschreiben, ohne dass es von der Lehrperson wahrgenommen wird. Strategisch krank zu sein, damit eine Klassenarbeit nicht stattfindet. Sie lernen, dass es sich nicht lohnt, mitzuarbeiten, weil man ohnehin nicht zu Wort kommt.

Der Begriff »heimlicher Lehrplan« wurde Ende der 1960er-Jahre gängig und aus dem Englischen übernommen (»hidden curriculum«). Insbesondere Anfang der 1970er-Jahre wurde auf die Problematik hingewiesen: Die Schule soll in pädagogischer Perspektive zur Mündigkeit, Mitbestimmung, Selbstbestimmung erziehen. Faktisch erzieht sie jedoch in Anteilen zur Anpassung an bestehende Verhältnisse.

Weiterführende Literatur

Gatto, J.T. (2005): Dumbing Us Down: The Hidden Curriculum of Compulsory Schooling. Gabriola Island: New Society Publishers.

Robinsohn, S.B. (1975): Bildungsreform als Revision des Curriculum. Neuwied/Kriftel: Luchterhand.

Zinnecker, J. (1975): Der heimliche Lehrplan. Weinheim: Beltz.

4.10 Zum Nach- und Weiterdenken

Welche Bildungsinhalte soll die Schule vermitteln?

1. Der folgende Textausschnitt stammt von Wilhelm Flitner (1973/2005): »Gesammelte Schriften«, Band 9 »Volksschule und Elementarbildung«. Besorgt von Doris Knob unter Mitarbeit von Udo Grün, 1. Auflage 2005, S. 479 bis 493.

»Das Ziel ist eindeutig: Die industrielle Gesellschaft kann nur weiterleben, wenn sie technisch und ökonomisch wenigstens ihren heutigen Stand hält, wenn sie die Gesamtbevölkerung der Erde nicht weiter ins Ungemessene wachsen lässt und wenn sie im Stil des Industrialismus zu arbeiten willig bleibt. Also muß die öffentliche Schule schon die Kinder im Lesen, Schreiben und Rechnen, im Umgang mit den einfachen Werkzeugen und Maschinen und mit der Elektrizität unterrichten, muß sie mit einem minimalen pflegerischen Können ausrüsten, sie fähig machen, sich in ihrer Muttersprache auszudrücken und Grundlagen einer modernen Fremdsprache sich anzueignen. Darüber hinaus muß sie die Einführung in das mathematische Denken anbieten, in die Verwendung der gängigsten Kalküle und in naturwissenschaftliche Grundlagenkenntnisse, aus denen das naturwissenschaftliche Denken auch für Laien exemplarisch verständlich, die Summe der Erkenntnis auf diesem Gebiet abgebildet und vorgestellt werden kann.«

- Auf welcher Grundlage sind für Wilhelm Flitner Bildungsinhalte identifizierbar?
- Setzen Sie sich kritisch mit dieser Position auseinander.

2. Die Bildungsreform in den späten 1960er- und 1970er-Jahren wurde durch verschiedene Personen und Ereignisse angestoßen. Informieren Sie sich über Georg Picht, Heinrich Roth und Saul Benjamin Robinsohn.

Abb. 13: Georg Picht,   Heinrich Roth und   Saul Benjamin Robinsohn

3. Sehen Sie den Lehr- bzw. Bildungsplan Ihrer Schulart und Ihres Bundeslandes ein.

5   Das Schulsystem: Wie funktioniert es?

Jedes Kind und jeder Jugendliche auf der Welt hat ein Recht auf Bildung. Das ist z. B. in den Kinderrechten der Vereinten Nationen 1989 festgeschrieben und wurde von den meisten Staaten auf der Erde offiziell ratifiziert. Wie dieses Recht auf Bildung von einem Staat dann umgesetzt wird, unterscheidet sich jedoch. Es hängt davon ab, wie ein Land bzw. ein System Bildungsprozesse organisiert. Dabei kommen kulturelle und historische Unterschiede zur Auswirkung.

5.1   Was bedeutet Schulpflicht?

In vielen Ländern ist die sogenannte »Schulpflicht« eingeführt. In Deutschland wurde bereits zur Zeit der Reformation, im 16. Jahrhundert, eine Schulpflicht gefordert und in einigen Regionen eingeführt. Allerdings galt die Schulpflicht damals nur für Jungen. Im internationalen Vergleich war Preußen im 18. Jahrhundert mit der Einführung einer umfassenden Schulpflicht beispielgebend. 1717 wurde sie in den Principia regulativa des Königs Friedrich Wilhelm I. eingeführt und durch das Generalschulreglement Friedrichs des Großen im Jahr 1763 bestätigt. Doch besonders auf dem Land war die Schulpflicht nur schwer durchzusetzen, da die Bauern auf die Mithilfe ihrer Kinder in der Landwirtschaft angewiesen waren. Dieses Problem hindert bis heute Kinder in Entwicklungsländern daran, regelmäßig die Schule zu besuchen. Bis zum Beginn des 20. Jahrhunderts konnte auch der Staat in Deutschland die de jure geregelte Schulpflicht de facto gar nicht umsetzen. Schulpflichtgesetze waren lange Zeit eher Absichtserklärungen.

Die Schulpflicht, die den Staat verpflichtet, ein flächendeckend hochwertiges Angebot an Schulen für alle Kinder, Kinder von Flüchtlingen und Zuwanderern ebenso wie deutsche Kinder, zu schaffen, ist eine Errungenschaft der zweiten Hälfte des 20. Jahrhunderts. Aufgrund der Kulturhoheit der Länder in der Bundesrepublik Deutschland ist die Schulpflicht in den einzelnen Landesverfassungen der 16 Bundesländer gesetzlich verankert. Die Vollzeitschulpflicht ist in den einzelnen Bundesländern unterschiedlich geregelt.

Verpflichtend ist, dass die Schule eine bestimmte Anzahl an Jahren besucht wird. Die Schulpflicht endet je nach Bundesland spätestens mit dem 18. bis 21. Lebensjahr. Durch Wiederholungen von Schuljahren kann es geschehen, dass

Schüler/innen ohne Abschluss die Schule beenden. Für Schüler/innen, die nach dem Hauptschulabschluss keine Ausbildung beginnen können, wurde das sogenannte »Berufsgrundschuljahr« (BGJ) eingerichtet, in dem sie Grundqualifikationen eines Berufsfeldes erwerben können.

Für alle Kinder in Deutschland beginnt die Schulpflicht in der Regel zu einem Stichtag, sodass Kinder je nach Bundesland zwischen dem fünften und siebten Lebensjahr eingeschult werden. Auf Antrag der Eltern können Kinder nach einer ärztlichen Untersuchung ihres Entwicklungsstandes früher eingeschult oder um ein Jahr zurückgestellt werden. In anderen Ländern der Erde ist der Beginn der Schulzeit anders geregelt als in Deutschland. In Kanada besucht fast jedes fünfjährige Kind vor der ersten Klasse ein Jahr lang die kostenfreie Vorschule, in der die Grundlagen des Lesens und Rechnens geübt werden. Auch in Neuseeland werden Kinder bereits mit fünf Jahren eingeschult – jedes Kind jeweils an dem Tag nach seinem fünften Geburtstag.

5.2 Wie sieht das Schulsystem aus?

Um das Recht auf Bildung zu verwirklichen, haben alle Länder der Erde Schulsysteme geschaffen. Unter »Schulsystem« versteht man das institutionelle Gefüge aller Einrichtungen, in denen Schulbildung angeboten wird. Schulsysteme sind eingebettet in umfassendere Bildungssysteme, die auch die frühkindliche Bildung in Kinderkrippen, Kindergärten und Vorschulen sowie die Hochschulbildung an Hochschulen und Universitäten umfassen.

5.2.1 Schulsysteme weltweit

Weiterführende Literatur

Oelkers, J. (2006): Gesamtschule in Deutschland: Eine historische Analyse und ein Ausweg aus dem Dilemma. Weinheim und Basel: Beltz.

In fast allen Ländern der Welt gibt es *Gesamtschulen*, an denen Kinder und Jugendliche mit unterschiedlichen Begabungen zusammen eine Schule besuchen. Das Konzept der Gesamtschule beruht auf der Forderung nach mehr Chancengleichheit im Bildungswesen und möchte deshalb vor allem der zu frühen Bildungslaufbahnentscheidung, der mangelhaften Förderung einzelner Schüler entsprechend ihren Neigungen und Interessen, dem nicht bedarfsgerechten Fächerangebot anderer Schulformen sowie den sozialen Selektionstendenzen im Bildungswesen entgegenwirken.

Kritisch wird gegen das Konzept einer Gesamtschule argumentiert, dass Kinder und Jugendliche in homogenen Lerngruppen effektiver lernen könnten. Auf der anderen Seite muss gesehen werden, dass das mehrgliedrige Schulsystem, wie es in Deutschland existiert, weltweit und auch in den Industrienationen eher eine Ausnahme darstellt und dass Schulsysteme, die ausschließlich über Gesamtschulen verfügen, seit Jahren zu den erfolgreichsten Schulsystemen im internationalen PISA-Test gehören (z. B. Finnland, Kanada, Neuseeland). Wir unterscheiden zwischen zwei Typen von Gesamtschulen: In einer integrierten Gesamtschule lernen die Schüler/innen gemeinsam. Differenzierung findet über unterschiedliche Anspruchsniveaus der Kurse in einem Fach statt. Bei den kooperativen Gesamtschulen sind unterschiedliche Schularten unter einem Dach zu finden. Durch die räumliche Nähe sind Kooperationen erleichtert.

In manchen Schulsystemen, z. B. in den USA, werden innerhalb der Gesamtschule Kurse auf unterschiedlichen Leistungsstufen angeboten. Die Aufteilung der Schüler gleichen Alters in Gruppen mit homogenen Leistungsniveaus innerhalb einer Gesamtschule nennt man *tracking* oder *streaming*. Die Schüler nehmen dann an einem Kurs auf dem Niveau teil, das ihnen am ehesten entspricht. Sogenannte »guidance councellors«, also speziell geschulte Beratungslehrer/innen, beraten Schüler/innen bei der Auswahl der am besten zu ihnen passenden Kurse innerhalb einer Schule. Es gibt auch Gesamtschulsysteme, die das *tracking* und *streaming* der Schüler/innen bewusst abgeschafft haben: In Finnland wurde nach einer intensiven Debatte über den Sinn und Unsinn der Aufteilung von Schüler/innen in Leistungsgruppen diese in den frühen 1970er-Jahren abgeschafft: In den Klassen 1 bis 9 bleiben alle Schüler/innen zusammen und werden innerhalb der Klassengemeinschaft individuell gefördert. Erst in der Oberstufe werden Bildungsangebote gezielt für Schüler/innen auf bestimmten Leistungsniveaus angeboten.

Creaming-Effekt

Gesamtschulen waren in der Vergangenheit in der deutschen Diskussion zur Schulstruktur häufig dem Vorwurf des vergleichsweisen schlechte Abschneidens ausgesetzt. Übersehen wurde dabei der sogenannte »Creaming-Effekt«. Unter »Creaming« versteht man das Ablagern der Sahne am oberen Rand von Milch. Der Effekt besagt, dass die Schülerschaft einer Gesamtschule in einem System, das parallel zur Gesamtschule auch eine selektive Gymnasialbildung anbietet, nicht aus gleichmäßigen Anteilen von Schüler/innen unterschiedlicher Leistungsniveaus besteht, sondern zu einem größeren Teil aus Schüler/innen auf einem niedrigeren Leistungsniveau, da die Eltern von Schüler/innen auf hohem Leistungsniveau ihre Kinder bevorzugt aufs Gymnasium schicken. Dieser Effekt macht einen Vergleich zwischen einem gegliederten Schulwesen und einem Gesamtschulsystem schwierig.

In vielen Ländern der Welt gibt es gegliederte Schulsysteme für Schüler/innen der Sekundarstufe II. Deutschland und Österreich sind allerdings inzwischen die einzigen Länder weltweit, in denen die Mehrheit der Schulkinder nach Klasse 4, also bereits auf der Ebene der Sekundarstufe I, auf getrennte weiterführende Schulen übergeht, nachdem in der Schweiz seit dem Jahr 2000 für die Mehrheit der Schulkinder der Übergangszeitpunkt in weiterführende Schulen vom Eintritt in die fünfte auf den in die siebte Klasse verlegt worden ist.

5.2.2 Das deutsche Schulsystem

Die staatlichen Schulen in Deutschland sind Teile eines gegliederten Schulsystems. Das bedeutet, dass die Schüler/innen nach einer gemeinsamen Grundschulzeit von vier bzw. sechs Jahren unterschiedliche weiterführende Schulformen besuchen. In Westdeutschland sind dies traditionell drei Schulformen: die Hauptschule, die Realschule und das Gymnasium, in den östlichen Bundesländern aufgrund ihrer anderen Geschichte eher zwei Schulformen, neben den Gymnasien auch die Sekundar-, Regional-, Regel- oder Mittelschulen. Neben dem mehrgliedrigen System haben sich aufgrund der politischen Konstellationen in mehreren Bundesländern auch »Gesamtschulen«, entwickelt.

Die Grundschule umfasst in Deutschland in der Regel die ersten vier Schuljahre. In einigen Ländern gibt es auch eine sechsjährige Grundschule oder eine schulartunabhängige Orientierungsstufe in der fünften und sechsten Klasse, die bereits zur Sekundarstufe I zählen. In der Grundschule sollen die Schüler/innen Freude am Lernen entwickeln und ihre Leistungsfähigkeit erfahren. Sie nehmen die neue Rolle als Schulkind an.

Weiterführende Literatur

Carle, U. (2004): Zur Bedeutung von Bildungsübergängen für die kindliche Persönlichkeitsentwicklung – transdisziplinäre Überlegungen. In: Denner, L./Schumacher, E.: Übergänge im Elementar- und Primarbereich reflektieren und gestalten. Bad Heilbrunn: Klinkhardt, S. 30–51.

Reflexion/Übung

Der Übergang vom Kindergarten in die Primarstufe bringt Veränderungen für die Kinder und die Eltern mit sich. Welche Übergänge sind hier zu meistern?

Der Sekundarbereich I führt zum Haupt- oder Realschulabschluss oder zur Versetzung in die gymnasiale Oberstufe und ist in Haupt-, Realschule und Gymnasium gegliedert oder in einer Gesamtschule integriert. Die Schulwahlentscheidung an den Grundschulen wird zumeist bereits in der ersten Hälfte des vierten Schuljahrs gefällt. Damit haben die Kinder bis zur Schulwahlentscheidung wenig Entwicklungszeit und die Schullaufbahnempfehlungen bilden oft nicht die Leistung eines Kindes ab. Die Zahl der Wechsel zwischen den Schulformen und Wiederholungen der Klasse ist erheblich, nimmt aber seit einigen Jahren ab. In einigen Bundesländern ist der Wechsel durch die verkürzte Gymnasialzeit erschwert, sodass diagnostische Fehlentscheidungen zu Beginn des vierten Schuljahrs nur sehr schwer korrigiert werden können.

Die *Hauptschule* entwickelte sich aus der Volksschule und erhielt 1964 im Rahmen des Hamburger Abkommens ihren Namen. Sie sollte von Anfang an auf eine Berufsausbildung vorbereiten und ist deutlich praxis- und methodenorientierter als andere Sekundarschulen. Die als Gegengewicht zu Realschule und Gymnasium gedachte Hauptschule, die der überwiegenden Zahl von Schüler/innen angemessen sein sollte, konnte ihrer Aufgabe nicht gerecht wer-

den. Kritiker sprechen inzwischen von einer »Restschule«, weil sie die Schüler/
innen aufnimmt, denen der Zugang aufgrund der Leistungen in bestimmten
Fächern (zumeist Deutsch und Mathematik) zur Realschule oder zum Gymnasium verwehrt ist. Kinder und Jugendliche aus bildungsfernen Milieus werden häufiger in Hauptschulen beschult. Fast alle Bundesländer versuchen aus
verschiedenen Gründen (Aufwertung der Hauptschulen, Einsparungen)
Hauptschulen und Realschulen zusammenzufassen und verwenden hierfür eigene Bezeichnungen (Mittelschule, Realschule plus, Werkrealschule). In einigen Bundesländern ist das Schulsystem dreigliedrig geblieben. Die *Realschule*
wurde in Anlehnung an die preußische Mittelschule konzipiert, als Mittelstück
zwischen Gymnasium und Volksschule mit einer »erweiterten Allgemeinbildung«. Eine bildungstheoretische Begründung der Realschule ist aus heutiger
Sicht jedoch nicht mehr haltbar. Die Schülerschaft stammte ursprünglich aus
einer aufstiegsorientierten bürgerlichen Mitte. Die Schulform sollte der Nach-
frage nach höher qualifizierten Schulabgängern für anspruchsvollere Berufsausbildungen gerecht werden und für die Oberstufe des Gymnasiums qualifi-
zieren. Der Abschluss öffnet weiterhin den Zugang zu vielen Ausbildungsberu-
fen, aber auch zu Fachoberschulen mit Fachabitur sowie beruflichen und Fach-
gymnasien, in denen die allgemeine Hochschulreife erworben werden kann.

Der Sekundarbereich II (auch »Oberstufe« genannt) setzt nach dem Sekundarbereich I ein, zumeist als gymnasiale Oberstufe oder als berufsbildende
Schule. Durch die verkürzten Gymnasialzeit (G8) wird das zehnte Schuljahr
bereits dem Sekundarbereich II zugeordnet. Zum Sekundarbereich II zählen
das Berufsbildungssystem, das auch als »duales System« bezeichnet wird, weil
Berufsausbildung und Berufsschule miteinander verbunden sind; weiterhin
zählen dazu alle Schulformen, die an den Sekundarbereich anschließen (z. B
Berufsvorbereitungsjahr, Berufsfachschule, Fachschule, Fachoberschule, beruflichen Gymnasiums, gymnasiale Oberstufe). Die gymnasiale Oberstufe ist
geprägt von einem Kurssystem, in dem Schüler/innen ihre bevorzugten Fächer
wählen und Schwerpunkte setzen können. Die gymnasiale Oberstufe zielt auf
eine akademische Grundbildung. Seit dem Düsseldorfer Abkommen im Jahre
1955 werden alle Schulen, die zur allgemeinen Hochschulreife führen, als Gymnasium bezeichnet. Das Gymnasium stellt den schnellsten Weg zum Abitur dar
und ermöglicht den Zugang zu allen Arten von Berufsausbildungen, Fach-
hochschul- oder Hochschulstudien. Bei den beruflichen Gymnasien handelt es
sich um eine gymnasiale Oberstufe mit beruflichen Schwerpunkten (z. B.
Technisches Gymnasium, Wirtschaftsgymnasium, Ernährungswissenschaftli-
ches Gymnasium, Biotechnologisches Gymnasium). Berufliche Gymnasien
führen wie alle gymnasialen Oberstufen zur allgemeinen Hochschulreife.

Das deutsche System der *dualen Berufsausbildung* ist nur in sehr wenigen
Staaten anzutreffen, obwohl es sich bewährt hat und – auch aufgrund der traditionell niedrigen Jugendarbeitslosigkeit in Deutschland – die positive Aufmerksamkeit vieler internationaler Bildungspolitiker findet. Es ist gekenn-

Weiterführende Literatur

Van Ackeren, I./Klemm, K. (2009): Entstehung, Struktur und Steuerung des deutschen Schulsystems: Eine Einführung. Wiesbaden: VS Verlag.

zeichnet durch die Aufteilung der Ausbildung auf Berufsschulen und Ausbildungsbetriebe. Die Berufsschule übernimmt dabei die fachliche und allgemeine Bildung. Sie bietet Unterricht in Fächern mit konkretem beruflichem Bezug, aber auch in berufsübergreifenden oder in allgemeinbildenden Fächern. Die Ausbildung im Betrieb bzw. am Arbeitsplatz erstreckt sich auf die berufspraktische Bildung.

Ein Ziel schulischer Bildung ist die Beschäftigungsfähigkeit (Employability). Gemeint ist die Fähigkeit zur Partizipation am Arbeits- und Berufsleben. Die individuelle Beschäftigungsfähigkeit ist das Ergebnis der Übereinstimmung zwischen den Anforderungen der Arbeitswelt und den persönlichen, fachlichen, sozialen und methodischen Kompetenzen eines Schülers. Konzepte der Förderung individueller Beschäftigungsfähigkeit stellen neben fachlichen Kompetenzen auch überfachliche Kompetenzen (z. B. methodische Kompetenzen) in den Mittelpunkt von Bildungsprozessen. Dazu zählen Kompetenzen wie Eigeninitiative, zielorientiertes Handeln, Bereitschaft zur Verantwortungsübernahme, Engagement und Ausdauer, Lernbereitschaft, Teamfähigkeit, Kommunikationsfähigkeit, Empathie, Belastbarkeit, Konfliktfähigkeit und Frustrationstoleranz sowie Fähigkeit zur Selbstreflexion. Im Vergleich zum Fachwissen spielten diese Faktoren bislang eine weniger exponierte Rolle. Ihre Bedeutung ist inzwischen für alle Schularten erkannt.

Gemeinhin wird, wenn von einem gegliederten Schulsystem die Rede ist, die Dreigliedrigkeit angesprochen. Momentan wäre aber »Viergliedrigkeit« korrekt, denn bisher gibt es in Deutschland ein stark ausdifferenziertes System an *Sonder- bzw. Förderschulen*, das sich traditionell an Schüler/innen mit diagnostizierter Behinderung, Lern- oder Verhaltensstörung richtet. Durch die »Salamanca-Erklärung« von 1994 und die »UN-Konvention über die Rechte von Menschen mit Behinderung« besteht nun in Deutschland erstmals eine rechtliche Grundlage für das Recht auf die *inklusive Beschulung* von Kindern und Jugendlichen mit Behinderung.

Die Salamanca-Erklärung (UNESCO)
Die Salamanca-Erklärung bekräftigt das Recht jedes Menschen auf Bildung und beschreibt die positiven internationalen Erfahrungen der integrativen Beschulung.

UN-Konvention über die Rechte von Menschen mit Behinderungen
Am 26. März 2009 trat die UN-Behindertenrechtskonvention in Deutschland in Kraft. Die Konvention ergänzt bereits bestehende menschenrechtliche
Standards unter dem besonderen Blickwinkel der Lebenssituationen von Menschen mit Behinderungen. Behinderung wird als normaler Bestandteil menschlichen Lebens und als Quelle kultureller Bereicherung verstanden. Die Konvention fordert von Staat und Gesellschaft die soziale Inklusion von Menschen mit Behinderung. Die UN-Konvention bildet die juristische Grundlage für das Recht auf inklusive Beschulung von Kindern und Jugendlichen mit Behinderung und/oder besonderem Förderbedarf.

5.3   Das Problem der Chancengerechtigkeit

Durch die seit dem Jahr 2000 alle drei Jahre durchgeführten PISA-Studien erhielt die Debatte über die soziale Selektivität des Schulsystems neuen Auftrieb. Empirisch gewonnene Untersuchungsergebnisse können dazu beitragen, Probleme und Herausforderungen zu erkennen und zu benennen.

> **Weiterführende Literatur**
>
> Klieme, E. et al. (Hrsg.) (2010): PISA 2009: Bilanz nach einem Jahrzehnt. Münster: Waxmann.

Evidenzbasierung

Unter evidenzbasierter Praxis versteht man die international inzwischen weit verbreitete Überzeugung, dass Bildungspolitik und Bildungspraxis von gesicherten Erkenntnissen geleitet sein sollten. Im Zuge des Paradigmenwechsels zur evidenzbasierten Praxis haben empirische Studien stark an Bedeutung gewonnen. Zudem gewann die international vergleichende Bildungsforschung, vor allem in Form der internationalen Leistungsvergleichsstudien TIMSS und PISA, an Bedeutung für bildungspolitische Entscheidungen.

So wurde die soziale Auslesefunktion des gegliederten Systems in einer Reihe von Studien belegt: Kinder aus bildungsfernen Elternhäusern bzw. Kinder mit Migrationshintergrund erhalten seltener eine Gymnasialempfehlung als Kinder aus Familien mit hohem ökonomischem, sozialem und kulturellem Kapital. So haben laut PISA 2006 Jugendliche aus Familien der oberen sozialen Schichten bei gleichem Wissensstand eine 2,7-mal höhere Chance, ein Gymnasium zu besuchen, als Kinder eines Facharbeiters. Eine Reaktion auf die empirisch belegte Bildungsungleichheit stellt die Diskussion um die Ganztagsschule dar sowie die Einbeziehung des Elementarbereichs und die Entwicklung von Bildungsplänen für die Kindergartenzeit. Allerdings sind hier Brüche zu verzeichnen, etwa der, dass in Deutschland keine Verpflichtung zum Besuch einer Einrichtung im Elementarbereich (Kindergarten) existiert.

Soziale Ungleichheit nach Bourdieu
Der französische Soziologe Pierre Bourdieu entwickelte eine Theorie des Kapitals zur Erklärung sozialer Ungleichheit: Bourdieu unterscheidet mehrere Kapitalformen – das ökonomische Kapital, das soziale Kapital und das kulturelle Kapital. Die ungleiche Verteilung von Kapital und die Übertragbarkeit der verschiedenen Kapitalformen ineinander führen zu sozialer Ungleichheit in der Gesellschaft. Wenn Schulsysteme zur Chancengerechtigkeit (engl. »equity«) beitragen sollen, dann müssen sie im Hinblick auf die Kapitalarten kompensatorisch wirken, d. h. Unterschiede zwischen den Schülern im Hinblick auf deren soziale Netzwerke, deren Bildungshintergrund und Zugang zu Bildung und deren finanzielle Ausstattung zu einem gewissen Grade kompensieren.

Ökonomisches Kapital
Unter ökonomischem Kapital versteht Bourdieu Geld und materielle Güter, die sich direkt in Geld eintauschen lassen. Das ökonomische Kapital bietet die Grundlage für

die Aneignung der anderen Kapitalformen. Kulturelles und soziales Kapital tragen wiederum zur Akkumulation ökonomischen Kapitals bei.

Soziales Kapital

Das soziale Kapital umfasst die Ressourcen, die sich aus einem Netzwerk von Beziehungen ergeben, wie z. B. durch die Zugehörigkeit zu bestimmten sozialen Gruppen. Basis dieser Beziehungen sind materielle und symbolische Tauschbeziehungen. Das soziale Kapital ist eng verknüpft mit ökonomischen und kulturellen Kapital: Beziehungsarbeit erfordert Zeit und Geld, kulturelles Kapital erleichtert den Aufbau von Beziehungen. Eine Mitgliedschaft in einem ausgewählten Club, einer elitären Gruppe, trägt zur Akkumulation von sozialem Kapital bei.

Kulturelles Kapital

Bildung erfordert Zeit und ist von dem kulturellen Erbe und der individuellen Sozialisation abhängig. Kunst, Häuser oder Bücher sind Bestandteile des objektivierten kulturellen Kapitals. Doktortitel oder Bildungsabschlüsse sind institutionalisiertes Kapital. Sie dienen der Demonstration von erworbenem, inkorporierten kulturellem Wissen. Die Titel ermöglichen den Handel auf dem Markt, wie beispielsweise dem Arbeitsmarkt.

Aus: Bourdieu, P. (1997): Ökonomisches Kapital – Kulturelles Kapital – Soziales Kapital. In: Baumgart, F. (Hrsg): Theorien der Sozialisation. Bad Heilbrunn: Klinkhardt, S. 217–231.

5.4 Staatliche Schulaufsicht

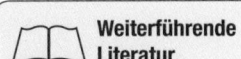

Weiterführende Literatur

Hoegg, G. (2010): Schul-Recht! Aus der Praxis – für die Praxis. Weinheim und Basel: Beltz.

Nach Artikel 7 des Grundgesetzes hat der Staat die Aufsicht über das ganze Schulwesen. Damit ist gemeint, dass der Staat die Organisation sowie die inhaltliche Arbeit an Schulen beaufsichtigt und verantwortet. Lehrer/innen sind deshalb in Deutschland meist Beamte. Damit haben sie Rechte und Pflichten. Sie haben beispielsweise das Recht, ihre Position und Stellung auf Lebenszeit einzunehmen. Sie können quasi nicht entlassen werden, weil der Staat hier eine Fürsogepflicht gegenüber seinen Beamten wahrnimmt. Sie verpflichten sich auf der anderen Seite, die freiheitlich-demokratische Grundordnung zu wahren und zu stärken. Handeln Lehrer/innen nicht im Sinne ihres Bildungs- und Erziehungsauftrags, dann schaltet sich die Dienstaufsicht ein, die hierarchisch geordnet ist (Lehrer – Schulleitung – Regierungspräsidien/Staatliche Schulämter – Kultusministerium). Je nach Bundesland sind die Bezeichnungen hier etwas unterschiedlich. Will ein Lehrer beispielsweise an eine andere Schule versetzt werden, so stellt er einen Antrag an das Regierungspräsidium über die Schulleitung. Man spricht hier vom sogenannten »Dienstweg«. Lehrer/innen werden im Rahmen ihrer Ausbildung (zweite Phase/Referendariat) auch mit dem Schulgesetz und damit mit den rechtlichen Grundlagen ihrer beruflichen Tätigkeit vertraut gemacht.

Da das Schulwesen in Deutschland unter staatlicher Aufsicht steht, können Privatpersonen nicht einfach Schulen gründen. Dennoch gibt es in Deutschland Privatschulen. Sie haben einen besonderen Status. Sie brauchen die staatliche Anerkennung und weisen nach, dass sie mit ihrem schulischen Angebot das vorhandene staatliche Schulsystem erweitern und ergänzen. Privatschulen können auch als Ersatzschulen anerkannt werden und erhalten die Kosten für Lehrpersonal, Unterhalt und Verwaltung großenteils vom Staat erstattet. Privatschulen werden meist aus weltanschaulichen oder pädagogischen Beweggründen eingerichtet. Der weitaus größte Teil der deutschen Privatschulen befindet sich in kirchlicher Trägerschaft. Zudem sind bundesweit Waldorfschulen und Landerziehungsheime sowie Montessorischulen, Jenaplanschulen und andere Alternativschulen als Privatschulen organisiert.

Weiterführende Literatur

Ullrich, H. und Strunck, S. (2011): Private Schulen in Deutschland: Entwicklungen – Profile – Kontroversen. Wiesbaden: VS Verlag.

5.5 Zum Nach- und Weiterdenken

1. Die Grafik (Download) zeigt die Schullaufbahnempfehlungen von Lehrkräften sowie die Lesekompetenzen der Schülerinnen und Schüler in Prozent. Welche Problematik wird aus dieser Grafik ersichtlich?

2. Erkären Sie den Unterschied zwischen »Schulaufsicht« und »Aufsichtspflicht«.

3. Versuchen Sie das deutsche Schulsystem optisch (Säulenmodell) zu gestalten. Vergleichen Sie Ihre Zeichnung mit der Abbildung (Download).

4. Angenommen, Sie könnten ein Schulsystem für ein frei erfundenes Bundesland gestalten. Wie würde es aussehen? Begründen Sie.

Vertiefung

Mehr zum Thema finden Sie im Download-Bereich.

6 Forschungsmethoden: Wie findet man Antworten auf schulpädagogische Fragestellungen?

6.1 Einführung

Aussage 1
Im Rahmen einer Staatsexamensprüfung wird ein Studierender gefragt, welche forschungsmethodischen Zugänge er kennt. Er antwortet, dass er passen müsse, da aus seiner Sicht Forschung ohnehin nicht wichtig für den Lehrerberuf sei.

Aussage 2
Einer Untersuchung zufolge hat man herausgefunden, dass Frauen durchschnittlich 76 Tage ihres Lebens damit zubringen, in ihrer Handtasche etwas zu suchen.

Aussage 3
Es gibt in manchen Gegenden eine enge Korrelation (Zusammenhang) zwischen dem Storchenvorkommen und der Geburtenrate.

Dieses Kapitel greift die mit den Aussagen verbundenen Themenkreise auf. Die in Aussage 1 zum Ausdruck kommende Position ist problematisch, weil Lehrer/innen Grundlagen brauchen, um Forschungsergebnisse einschätzen und verstehen zu können. Sie brauchen diese Grundlagen jedoch auch im Kontext von Schulentwicklungsprozessen, wenn es um Formen der Selbstevaluation geht. Sie brauchen sie, um selbsttätig Ausschnitte von Unterricht erforschen zu können und um auch einen kritischen Blick auf Forschungsdesigns und Forschungsergebnisse werfen zu können.

Weiterhin beschäftigt sich dieses Kapitel mit dem Prozess von Forschung. Aussage 2 macht deutlich, dass die Relevanz des Forschungsgegenstands zu sichern ist, und weiterhin geht es darum, Kriterien zu kennen, damit vorliegende Forschungsarbeiten eingeschätzt werden können. Lehrer/innen sollten über ein Basiswissen verfügen, damit sie nicht jedem Ergebnis Glauben schenken und eventuell doch vermuten, dass womöglich ein kausaler Zusammenhang zwischen der Zahl der Störche und der Zahl der Geburten besteht (Aussage 3), und schließlich befassen wir uns mit unterschiedlichen wissenschaftstheoretischen Traditionen und ihrer Bedeutung für die Suche nach Antworten auf schulpädagogische Fragestellungen.

6.2   Schulpädagogik als empirische Wissenschaft

Die Wortbedeutung des Attributs »empirisch« (griech.: *empeiria:* Erfahrung, Erfahrungswissen) bedeutet zunächst nur, dass Wissen aus der Erfahrung heraus generiert wird. Wissenschaften, die ihre Erkenntnisse nicht aus der unmittelbaren Erforschung von Ausschnitten der Welt mittels bestimmter Forschungsmethoden beziehen, bezeichnen wir als nicht empirische Wissenschaften. Hierzu zählen beispielsweise die Mathematik oder die Philosophie. Manche Wissenschaften sind uneindeutig, weil je nach Wissenschaftsverständnis und Forschungsansatz unterschiedliche Blickwinkel eingenommen werden können. Grundsätzlich lässt sich festhalten, dass das Attribut »empirisch« eine Auskunft gibt über den Forschungsgegenstand (der muss nämlich geeignet sein, um empirisch erfasst zu werden) und über den methodischen Zugang. Keinesfalls ist damit ein Gütekriterium anzunehmen.

Wenn wir heute von empirischer Sozialforschung in der Schulpädagogik sprechen, dann ist damit gemeint, dass Wissen über Schule und Unterricht durch die Erforschung von Schule und Unterricht gewonnen wird. Hierbei sind unterschiedliche methodische Zugänge möglich. Die Begründung und Charakterisierung des wissenschaftlichen Zugangs erfolgt in den *Wissenschaftstheorien* (vgl. Kap. 15).

Die Schule als gesellschaftlich eingerichtetes Gebilde bzw. der Unterricht sind als Forschungsgegenstand geeignet, empirisch untersucht zu werden. Das war nicht immer so. Die Schulpädagogik entwickelte sich ursprünglich als Ableger der Allgemeinen Pädagogik, die die Praxis besonders berücksichtigte (»Praktische Pädagogik«). Die Wurzeln der Schulpädagogik liegen damit in der Philosophie, und diese Tradition hat ihre Entwicklung in Deutschland entscheidend geprägt. Bis Ende der 1960er-Jahre waren empirische Forschungsarbeiten in der Schulpädagogik eher selten; mit der empirischen Wende setzte dann eine Neuorientierung in Richtung empirische Sozialforschung ein, die in den vergangenen beiden Jahrzehnten an Intensität zugenommen hat. Heute sind Arbeiten in der Schulpädagogik in der Regel empirische Forschungsarbeiten. Deutlich wird diese Entwicklung auch an der Entstehung neuer Fachzeitschriften (z. B. Zeitschrift »Erziehungswissenschaft«; »Empirische Pädagogik«).

6.3   Der Forschungsprozess

Wie geht ein Forscher vor, wenn er oder sie empirisch arbeitet? Hierzu durchdenken wir folgendes Beispiel:

Reflexion/Übung

Sie wollen die Einstellung von Schülerinnen und Schülern zu Hausaufgaben untersuchen. Was schlagen Sie vor? Wie finden Sie eine Antwort bzw. Antworten?

 Weiterführende Literatur

Beller, S. (2004): Empirisch forschen lernen. Bern/Göttingen/Toronto/Seattle: Hans Huber.

Borz, J./Döring, N. (²1995): Forschungsmethoden und Evaluation für Sozialwissenschaftler. Berlin: Springer.

Brüsemeister, T. (2000): Qualitative Forschung. Ein Überblick. Wiesbaden: Westdeutscher Verlag.

Flick, U./Kardorff, E. von/Keupp, H./Rosenstiel, L. von/Wolff, S. (²1995): Handbuch Qualitative Sozialforschung. Grundlagen, Konzepte, Methoden und Anwendungen. Weinheim und Basel: Beltz.

Flick, U. (2004): Triangulation. Eine Einführung. Wiesbaden: VS Verlag.

Friebertshäuser, B./Prengel, A. (Hrsg.) (1997): Handbuch Qualitative Forschungsmethoden in der Erziehungswissenschaft. Weinheim und München: Juventa.

6.3.1 Konstruktdefinition und Sichtung des Forschungsstandes

In einem ersten Schritt geht es darum, die Forschungsfrage zu präzisieren und sodann ein Forschungsdesign (Planung und Begründung des Forschungsprozesses) zu entwickeln. Daneben gilt es, die vorliegende Literatur aufzuarbeiten, um herauszufinden, ob und wie seither Untersuchungen zum Thema vorgenommen wurden. Wenn von »Einstellungen« zu Hausaufgaben, wie im obigen Beispiel, die Rede ist, dann muss zunächst geklärt werden, was man unter einer »Einstellung« versteht. Beispielsweise könnte man darunter ein relativ überdauerndes Merkmal verstehen. Geklärt werden müsste auch, woran Einstellungen deutlich und messbar werden. Begriffe wie »Einstellung«, »Motivation« zählen zu den *Konstrukten*. Konstrukte müssen erst definiert und operationalisiert werden, weil sie nicht unmittelbar beobachtet werden können.

Weiterhin wäre zunächst zu klären, welche Schülerinnen und Schüler untersucht werden sollen. Zu bedenken ist auch, ob generell von Hausaufgaben die Rede ist oder von Hausaufgaben in einem bestimmten Fach. Nehmen wir an, wir würden die Klassenstufe 6 untersuchen und hier die Schülerinnen und Schüler in einem bestimmten Bundesland und in einem bestimmten Fach.

6.3.2 Forschungsdesign

Nun wird eine Methode gewählt, wie die Untersuchung stattfinden soll (z. B. mittels eines Fragebogens oder eines Interviews). In einem nächsten Schritt wird die Untersuchung geplant und durchgeführt. Liegen die Daten (so nennt man jede Art von Grundlagen, z. B. bearbeitete Fragebögen, Videomitschnitte, Interviews) vor, müssen sie zunächst aufbereitet werden. Fragebogendaten werden in ein Analyseprogramm eingegeben, Interviews transkribiert. In einem nächsten Schritt werden die Daten analysiert. Hierbei gibt es unterschiedliche Analysekonzepte und Analyseinstrumente, und schließlich geht es darum, die Daten zu interpretieren. Damit lassen sich bei jeder Art empirischer Forschung folgende Arbeitsschritte festhalten:

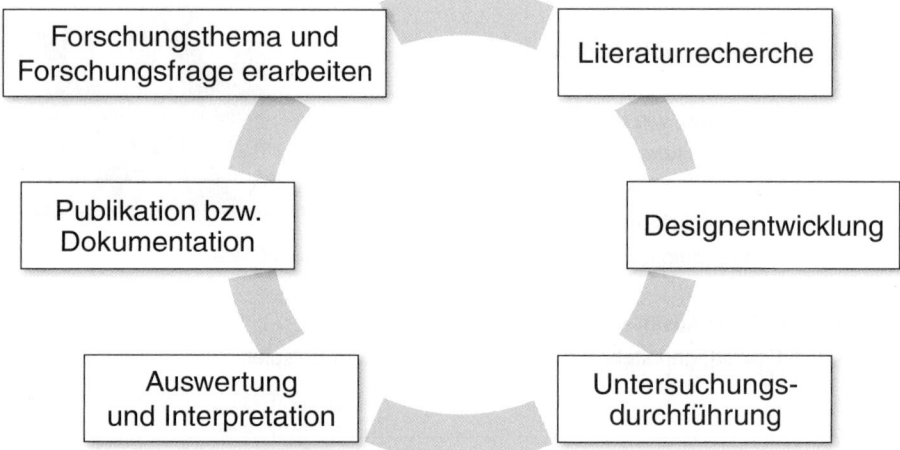

Abb. 14: Ablauf eines Forschungsprozesses

6.3.3 Qualitative und quantitative Zugänge

Die Forschungsfrage, wie Schülerinnen und Schüler Hausaufgaben bewerten, könnte beispielsweise über ein Fragebogeninstrument bearbeitet werden. Bei der Entwicklung eines Fragebogens werden *Skalen* gebildet, die Aufschluss über eine Fragestellung geben sollen. Beispielsweise könnte eine Skala abbilden, welche Emotionen Schülerinnen und Schüler zu Hausaufgaben entwickelt haben. Eine Skala besteht wiederum aus Items. Das sind Aussagen, zu denen der Proband Stellung nehmen soll. Die Bildung von Skalen sichert ab, dass dasselbe über mehrere Items erfragt wird; ein einzelnes Item könnte etwas anderes messen, als gemessen werden soll. Der Zusammenhang zwischen den Items wird mit einem Wert angegeben *(Cronbach's Alpha)*. Mittels einer Faktorenanalyse kann kontrolliert werden, ob alle Items einer Skala auf demselben Faktor laden und daher auch dasselbe messen. Die Antwortmöglichkeiten im Rahmen eines Fragebogens sind festgelegt. Hier wird den Probanden eine Skala vorgelegt, die Antwortkategorien nach dem Maß der Zustimmung bzw. Ablehnung vorgibt. Weiterhin enthält ein Fragebogen eine Einleitung, in der über das Ziel der Untersuchung Auskunft gegeben und Anonymität zugesagt wird. Ein Dank für die Bereitschaft zur Mitarbeit ist auch wichtig. Die Zusage der Anonymität ist besonders wichtig, weil damit vermieden wird, dass das Antwortverhalten sozial erwünscht ausfällt und damit nicht das gemessen werden kann, was gemessen werden soll. Daneben werden häufig sozialstatistische Daten erfragt (z. B. Geschlecht, Lebensalter).

Liebe Schülerin, lieber Schüler,

wir wollen erfahren, wie du deine Schule findest.
Um das herauszufinden, bitten wir dich um deine Mithilfe.

Bitte sage uns ehrlich deine Meinung.
Deine Lehrerin / dein Lehrer erfährt nicht, was du angekreuzt hast.

Und so geht das Ausfüllen:
Auf dem Fragebogen stehen mehrere Aussagen; zum Beispiel:

			stimmt genau	stimmt etwas	stimmt kaum	stimmt gar nicht
☂	3	Ich finde unser Schulgebäude schön.	✓	✓	⊘	⊘

Wenn du es sehr schön findest, dann kreuze bitte so an:

			stimmt genau	stimmt etwas	stimmt kaum	stimmt gar nicht
☂	3	Ich finde unser Schulgebäude schön.	(✓)	✓	⊘	⊘

Findest du es aber hässlich, dann kreuze bitte so an:

			stimmt genau	stimmt etwas	stimmt kaum	stimmt gar nicht
☂	3	Ich finde unser Schulgebäude schön.	✓	✓	⊘	(⊘)

Falls du denkst, dass es teilweise schön ist, aber insgesamt viel schöner sein könnte, dann kreuze bitte „stimmt etwas" an (kleines Häkchen).

			stimmt genau	stimmt etwas	stimmt kaum	stimmt gar nicht
☂	3	Ich finde unser Schulgebäude schön.	✓	(✓)	⊘	⊘

Abb. 15: Ausschnitt aus einem Fragebogeninstrument

Definitionen:

Item: Aussage, zu der Stellung genommen werden soll. Items sind innerhalb einer Skala sehr ähnlich, da sie dasselbe Merkmal messen sollen.

Signifikanz: Die Bedeutsamkeit eines Ergebnisses wird mit p angegeben. Hier wird angegeben, mit welcher Wahrscheinlichkeit man sich geirrt hat. Üblich ist ein Signifikanzniveau von 1% oder 5%.

Interne Konsistenz/Cronbach´s Alpha: Die Items einer Skala sollten miteinander im Zusammenhang stehen; sie sollten miteinander korrelieren. Nur dann ist die Skala eindimensional. Das statistische Maß für die interne Konsistenz ist der Alpha-Koeffizient. Er variiert zwischen 0 und 1. Ein hohes Cronbach's Alpha von .93 gibt beispielsweise an, dass die Items einer Skala in engem Zusammenhang stehen. Bei der Konstruktion von Tests wird dieser zunächst geprüft.

Korrelation: Die Korrelation ist ein Zusammenhangmaß und wird mit r (Korrelationskoeffizient) angegeben. Die Korrelation wird mit Werten zwischen −1 und +1 angegeben. Je höher der Wert, desto stärker die Korrelation. Bei r = 0 besteht kein Zusammenhang (Beispiel: Es besteht kein Zusammenhang zwischen der Haarfarbe und der Einstellung zu Hausaufgaben). Eine negative Korrelation gibt an, dass der Zusammenhang negativ ist (z. B. je höher die Schulangst, desto geringer die Schulleistungen).

Da mithilfe von Fragebögen sehr viele Personen befragt werden können, können *repräsentative Aussagen* getätigt werden. Hierin liegt ein Vorzug dieses Zugangs, der deshalb auch zu den *quantitativen Forschungsmethoden* zählt. Die Auswertung des Fragebogens erfolgt, nachdem die Daten in ein Statistikprogramm eingegeben wurden (z. B. SPSS). Hier können nun Mittelwerte, Standardabweichungen, »Cronbach's Alpha«, Signifikanzen und anderes mehr berechnet werden.

 Weiterführende Literatur

Rasch, B./Friese, M./Hafmann, W./Navmann, E. (³2010): Quantitative Methoden. 2 Bde., Heidelberg/Berlin: Springer.

Ein anderer Forscher entscheidet sich, die Untersuchung ganz anders anzulegen und Interviews mit den Schülerinnen und Schülern zu führen. Je nach Lenkung bzw. Vorstrukturierung, die durch die Fragestellung generiert wird, sind Interviews vorstrukturiert; wir sprechen von Standardisierung. In der Fachliteratur zum Thema »Interview« werden verschiedene Formen von Interviews unterschieden. Eine Unterscheidung bildet das Maß an Standardisierung.

sehr gelenkt	teilweise gelenkt	sehr offen
(standardisiert)	(teilstandardisiert)	(nicht standardisiert)

Leitfadeninterview | problemzentriertes Interview | narratives Interview

Abb. 16: Interviews unterscheiden sich nach dem Maß an Standardisierung

Weiterführende Literatur

Froschauer, U./Lueger, M. (2003): Das qualitative Interview. Zur Praxis interpretativer Analyse sozialer Systeme. Wien: Facultas.

Lamnek, S. ([3]1995): Qualitative Sozialforschung. Bd.1, Methodologie. Weinheim: Beltz PVU.

Lamnek, S. ([3]1995): Qualitative Sozialforschung. Bd.2, Methoden und Techniken. Weinheim und Basel: Beltz.

Mayring, P. (1995): Einführung in die qualitative Sozialforschung. Weinheim: Deutscher Studien Verlag.

Wernet, A. ([3]2009): Einführung in die Interpretationstechnik der Objektiven Hermeneutik. Wiesbaden: VS Verlag.

Für einen Forschungszugang über ein Interview spricht, dass im Interview Aspekte zum Tragen kommen, die der Forschende möglicherweise im Vorfeld nicht erwogen hat. Mit der Konstruktion eines Fragebogens stehen Hypothesen und Forschungsgegenstände fest; beim Interview ist die Möglichkeit gegeben, Neues, Unerwartetes zu erfahren und die Theorie im Prozess zu modifizieren. Forschungen, die auf die Offenheit und den einzelnen Fall setzen, werden zur *qualitativen* Sozialforschung gezählt. Qualitative Forschung führt nicht zu repräsentativen Aussagen; allerdings können Fälle gebildet werden, die beispielhaft und typisch sind, und hier steht dann ein Fall für viele Fälle. Zur qualitativen Sozialforschung in der Schulpädagogik zählen auch ethnografische Ansätze. Hier geht der Forschende ins Feld (gemeint ist »vor Ort«) und beobachtet, befragt und dokumentiert. Hierbei wird versucht, einen fremden Blick zu gewinnen und das Wahrgenommene nicht als selbstverständlich und »normal« wahrzunehmen, sondern aus der ins Feld eingebundenen Distanz zu verstehen.

Tab. 1: Überblick: Qualitative und quantitative Sozialforschung	
Qualitative Forschung	**Quantitative Forschung**
Ist daran interessiert, Ausschnitte der schulischen Wirklichkeit zu beschreiben und zu verstehen.	Ist an repräsentativen Aussagen aufgrund statistisch belastbarer Daten interessiert.
eher theoriegenerierend im Forschungsprozess	eher theorieprüfend
Kritik: Klassische Gütekriterien können nicht angelegt werden; nicht repräsentativ	*Kritik:* ausschnitthafte Ergebnisse; Bedeutungszusammenhänge werden nicht erkannt
große Nähe zum Feld	Distanz zum Feld; Laborsituation
Gütekriterien: Akzeptanz, Alternativdeutungen, Vollständigkeit	*Gütekriterien:* Validität, Reliabilität, Objektivität

Heute werden qualitative und quantitative Zugänge nicht als Gegensätze betrachtet, sondern als Ergänzungen. Forschungsdesigns, bei denen mehrere Zugänge miteinander kombiniert werden, bei denen ein »Methodenmix« stattfindet, bezeichnet man auch als trianguliert.

> **Definitionen:**
>
> Triangulation bezeichnet einen »Methodenmix«, bei dem der Forschungsgegenstand sowohl mit qualitativen Forschungsstrategien als auch mit quantitativen Strategien untersucht wird.

Sowohl qualitative als auch quantitative als auch triangulierte Untersuchungen können einmalig einen Querschnitt abbilden. Angenommen, wir untersuchen eine repräsentative Stichprobe aller Schülerinnen und Schüler der Klassestufe 6 und 7 in Deutschland. Dann könnten Aussagen über die beiden Kohorten (Samples) gemacht werden und auch Aussagen über Veränderungen der Einschätzung von Klasse 6 nach Klasse 7 *(Querschnittuntersuchung)*. Da die Personen nicht dieselben sind, können jedoch Fehler entstehen; denn von Entwicklung kann eigentlich nicht gesprochen werden. Eine andere Möglichkeit besteht darin, Probanden über einen längeren Zeitraum immer wieder zu befragen. Im genannten Beispiel könnte man zunächst die Schülerinnen und Schüler der Klassenstufe 6 befragen und die selben Schülerinnen und Schüler ein Jahr später. Damit ist die Grundlage für Aussagen über Entwicklungsverläufe gegeben. Wir sprechen von einer *Längsschnittuntersuchung*.

6.3.4 Forschungsdaten

Als Datengrundlage können sehr unterschiedliche Quellen dienen. Angenommen, Sie wollen untersuchen, wie Kinder vor Schuleintritt über Schule und Unterricht denken. Hier besteht die Möglichkeit, die Kinder in einem wenig strukturierten Interview zu befragen.

Ein anderer Zugang wäre, Kinder Bilder zeichnen, sie Unterricht spielen zu lassen oder ein Gruppengespräch vorzusehen, bei dem die Kinder ihre Vorstellungen von Schule und Unterricht äußern können, und dieses Gespräch aufzuzeichnen. Forschungsdaten werden sehr unterschiedlich generiert, haben unterschiedliche Qualitäten im Hinblick auf Antworten zur Forschungsfrage. Generell lassen sich folgende Daten unterscheiden:

Abb. 17: Dokumentenanalyse: Kind zeichnet, wie es sich die Schule vorstellt

---

Datengrundlagen

Interviews (Interviewanalyse z. B. qualitative Inhaltsanalyse)
Videomitschnitte (Videoanalyse)
Zeichnungen; Texte z. B. Aufzeichnungen, Gesetzestexte (Dokumentenanalyse)
Beobachtungsprotokolle (Ethnografische Feldforschung; teilnehmende Beobachtung)

6.4 Forschung mit Kindern

Weiterführende Literatur

Heinzel, F./ Panagiotopou-lou, A. (2010): Qualitative Bildungsforschung im Elementar- und Primarbereich. Baltmannsweiler: Schneider Hohengehren.

Honig, M.S./Lange, A./Leu, H.-R. (1999): Aus der Perspektive von Kindern? Zur Methodologie der Kindheitsforschung. München: Juventa.

Forschungen mit Kindern sind besonders herausfordernd, weil Kinder in der Regel von Erwachsenen befragt werden und daher eher sozial erwünscht antworten. Auch die Anregungen und Eindrücke der Erhebungssituation fließen stärker mit ein. Weiterhin spielen die sprachlichen Kompetenzen eine Rolle. Kinder tendieren eher dazu, aktuelle Ereignisse zu benennen. Ereignisse, die längere Zeit in der Vergangenheit liegen, werden eher ausgeblendet oder gar nicht mehr erinnert. Beispielsweise wollte eine Forschergruppe untersuchen, wie Kinder den Eintritt in den Kindergarten erlebten. Die befragten Kinder konnten keine Antworten geben, weil sie das Erlebte nicht mehr erinnerten, jedenfalls nicht mehr in der aktuellen Erhebungssituation.

Ein weiteres Problem besteht darin, dass alle Versuche, eine Untersuchung »kindgemäß« anzulegen, bereits ein Bild des Erwachsenen über »Kindsein« voraussetzen. Hier liegt eine wichtige Aufgabe der Erziehungswissenschaft, denn Forschung über Kinder und Kindheit setzt voraus, dass das Generationenverhältnis theoretisch modelliert wird. Die Perspektive von Kindern zu verstehen stellt Forscherinnen und Forscher vor große theoretische und methodische Herausforderungen.

6.5 Hermeneutische Zugänge

Ein vollkommen anderer Zugang, Aussagen über Schule und Unterricht zu generieren, besteht darin, den Sachverhalt zu interpretieren und seinen Bedeutungsgehalt herauszuarbeiten. Damit Sie sich diese Form des Arbeitens besser vorstellen können, hier ein Ausschnitt aus einem Text von Otto Friedrich Bollnow:

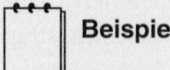

Beispiel

»… und hier fragen, welche Funktion die Feste und Feiern im menschlichen Leben überhaupt zu erfüllen haben. Und jetzt bekommt die Fragestellung zugleich ein unerwartetes Leben: Sobald wir erkennen, dass ohne Feste ein erfülltes und menschli ches Leben überhaupt unmöglich ist, dass ein Mensch ohne Feste nicht im vollen Sinne Mensch sein kann, weil er im Fest allein aus dem Betrieb des Alltags heraustritt und in einer neuen Weise zu den tieferen Untergründen seines Lebens zurückkehrt, sobald man das Fest also als tiefe metaphysische Erfahrung erkannt hat (…), ändert sich sogleich auch seine Bewertung in der Erziehung fundamental – im Kindergarten und in der Schule und ganz besonders auch in der Familie: Das Fest hört auf, eine lästige Konzession an die Gewohnheit und die Vergnügungssucht der Menschen zu sein. Es wird zur zentralen Angelegenheit jeder Erziehung, auf dessen Vorbereitung und Gestaltung dann eine ganz große Verantwortung liegt.«

Aus: Otto Friedrich Bollnow (³1975): »Die anthropologische Betrachtungsweise in der Pädagogik«. Essen: Neue Deutsche Schule Verlagsgesellschaft, S. 55 f.

Die wissenschaftstheoretischen Grundlagen sind in Kapitel 15 näher ausgeführt. An dieser Stelle weisen wir darauf hin, dass das Verstehen und Interpretieren die zentrale Grundkategorie dieses Ansatzes bilden. Heute ist die Schulpädagogik als empirische Wissenschaft zu beschreiben und der Tradition der 1950er- und 1960-Jahre entwachsen. Auf der anderen Seite ist sie dennoch bedeutsam, denn Forschungsdaten gilt es immer zu interpretieren. Das gilt für jede Forschungsarbeit, unabhängig, welche Forschungsstrategie gewählt wurde. Der hermeneutische Prozess setzt damit bei empirischer Forschung spätestens bei der Dateninterpretation ein.

Daneben spielt das hermeneutische Vorgehen im Rahmen einer Forschungsrichtung, die als *objektive Hermeneutik* bezeichnet wird, eine zentrale Rolle. Hierbei handelt es sich um ein Verfahren zur Textinterpretation, wobei das Verfahren der Interpretation vorgegeben ist; Gütekriterien werden durch die Zahl der Interpreten einzulösen gesucht. Die Prämisse dieses von Ulrich Oevermann begründeten Ansatzes, besteht darin, dass dem Text eine Logik zugrunde liegt, die rekonstruierbar ist. Diese grundlegende Logik sozialen Handelns wird als »Regelgeleitetheit«, verstanden als »Handlungsbedeutung«, angenommen. Die objektiv-hermeneutische Textinterpretation zielt darauf ab, die gewählte Möglichkeit, die sich in einer protokollierten Praxis (Text) zeigt, zu rekonstruieren: Die Ablaufstruktur wird rekonstruiert, indem alle Optionen erwogen und die gewählte Handlung vor diesem Hintergrund rekonstruiert und begriffen wird. Texte stellen somit aneinandergereihte Selektionsentscheidungen innerhalb eines Möglichkeitsraumes dar.

Objektive Hermeneutik (→ Download einer Fallrekonstruktion)

Die objektive Hermeneutik stellt ein interpretatives Verfahren dar, bei dem Handlungsvollzüge in Texten als Selektionsentscheidungen betrachtet und verstanden werden. Bei der Textinterpretation sind folgende Prinzipien grundlegend:

- Kontextfreiheit (zu Beginn des Interpretationsprozesses)

Weiterführende Literatur

Wernet, A. (2009): Einführung in die Interpretationstechnik der Objektiven Hermeneutik. Wiesbaden: VS Verlag für Sozialwissenschaften.

- Wörtlichkeit (um einen Zugang zu latenten Sinnstrukturen gewinnen zu können)
- Sequenzialität (der Text wird in seiner Progression bearbeitet)
- Expansivität (die Lesarten werden akribisch und mit dem Anspruch der Vollständigkeit vorgenommen)
- Sparsamkeit (der Interpretationsrahmen wird so angenommen, dass nicht weitere komplexe Zusatzannahmen konstruiert werden müssen)

Ein anderes Analyseverfahren stellt die *qualitative Inhaltsanalyse* dar. Das Grundprinzip dieses Zugangs besteht darin, ein Kategoriensystem zu entwickeln. Die Kategorien werden aus dem Text/Interview abgeleitet; die Kategorienentwicklung ist induktiv und muss sich am Datenmaterial bewähren. Wichtig ist hierbei, dass die Kategorien definiert und mit einem Ankerbeispiel versehen werden. Ankerbeispiele sind als typische Beispiele für eine Kategorie zu betrachten. Insgesamt wird bei einer qualitativen Inhaltsanalyse das Material mehrfach durchgearbeitet, bis ein am Material tragfähiges Kategoriensystem entwickelt ist und die Überlappungen zwischen den Kategorien reduziert bzw. eliminiert sind.

Weiterführende Literatur

Mayring, P. ([11]2010): Qualitative Inhaltsanalyse. Grundlagen und Techniken. Weinheim und Basel: Beltz.

Qualitative Inhaltsanalyse (→ Download einer Interviewanalyse)

Die qualitative Inhaltsanalyse stellt ein Verfahren zur Auswertung von Interviews dar. Hierbei steht die Kategorienbildung im Zentrum des Ansatzes. Textstellen werden Kategorien zugeordnet. Zu einer Kategorie können dann Aussagen gemacht werden. Bei der qualitativen Inhaltsanalyse handelt es sich um eine Art »Sortiervorgang«. Es werden Schubladen (Kategorien) gebildet und Textteile in den Schubladen verstaut. Wichtig ist dabei, genau festzulegen, was in welche Schublade gehört. Hierbei spielen die Kategoriendefinition und die Auswahl von Ankerbeispielen eine zentrale Rolle.

6.6 Gütekriterien empirischer Forschung

Will man eine Erhebung durchführen, sollte man prüfen, ob das gewählte Instrument die Güte besitzt, damit tragfähige Ergebnisse generiert werden können. Je nach Untersuchungsmethode sind Gütekriterien wichtig. Betrachten wir zunächst folgenden Test:

Beispiel

Wie selbstbewusst bin ich?
Lesen Sie die folgenden Fragestellungen durch. Überlegen Sie, wie Sie antworten würden.

Tab. 2: Selbstsicherheit		stimmt genau	stimmt etwas	stimmt gar nicht
1	In Lokalen beschwere ich mich nicht, wenn das Essen kalt ist oder gar nicht schmeckt.			
2	Es macht mir keinen Spaß, neue Menschen kennenzulernen.			
3	Es fällt mir schwer, andere zu loben und Komplimente zu machen.			
4	Ich vermeide meist unangenehme Auseinandersetzungen, auch wenn sie für mich wichtig wären.			
5	Ich bekomme leicht Schuldgefühle.			

In Anlehnung an Rolf Merkle: Lass dir nicht alles gefallen. PAL Verlag; www.palverlag.de/selbstsicherheit-test.php vom 23.11.2010

Diesen Test können Sie durchführen, wann und wo Sie wollen: Sie entdecken ihn im Netz, während eines Fluges, zu Hause, bei der Arbeit. Diese Kontexte können ihr Antwortverhalten beeinflussen. Der Test ist daher hinsichtlich der Durchführung nicht objektiv. Weiterhin ist zu fragen, ob der Test misst, was er messen soll. Wenn Sie sich in Lokalen nicht beklagen, könnte es auch daran liegen, dass Sie ein höflicher Mensch sind (Item 1); wenn Sie keine Freude daran haben, andere Menschen kennenzulernen, könnte damit ein anderes Konstrukt (Extrovertiertheit/Introvertiertheit) gemessen werden. Der Test ist damit nicht valide; er misst nicht, was er messen soll. Das dahinterstehende Konstrukt ist nicht definiert und in Items überführt. Weiterhin sollte ein Test eine genaue Messung ermöglichen, das bedeutet, dass Sie beispielsweise bei einer Testwiederholung zum selben Ergebnis kommen sollten. Die Genauigkeit der Messung wird als Reliabilität bezeichnet.

Die genannten drei Gütekriterien sind bei Tests und Fragebogeninstrumenten besonders wichtig. Andere Erhebungsmethoden erfordern teilweise andere Gütekriterien. Im Kern geht es bei qualitativen Zugängen darum, dass der Forschende Zugang gewinnt; hierfür ist eine akzeptierende, lernbereite und verstehende Grundhaltung notwendig. Eine Lehrerin berichtete beispielsweise in einem Interview, dass sie nur noch nach der richtigen Krankheit suche, denn sie wolle gerne frühpensioniert werden und so die Bezüge weiterhin erhalten, um dann eine Boutique eröffnen zu können. Das sei schon immer ihr Lebenstraum gewesen. In dieser Interviewsituation war es wichtig, dass die Forscherin eigene Norm- und Wertvorstellungen nicht artikuliert, sondern die Sichtweise der Interviewpartnerin akzeptierend zur Kenntnis nimmt.

Die Auswertung qualitativ gewonnener Daten muss systematisch vorgenommen werden. Aussagen und Beobachtungen, die nicht in das theoretische Modell passen, gilt es zu prüfen, und gegebenenfalls muss das Modell bzw. die Theorie erweitert, modifiziert oder revidiert werden. Insbesondere bei der Analyse qualitativer Daten ist es wichtig, durch andere Personen ein Korrektiv zu erhalten. Deshalb ist es sinnvoll, das Codieren von mehreren Personen vornehmen zu lassen. Auch hinsichtlich der Dateninterpretation sind Rückmeldungen im Rahmen einer Forschergruppe wichtig, um alternative Deutungsmuster einblenden und verarbeiten zu können (Interraterreliabilität). Weiterhin können Forschungsergebnisse bzw. Interpretationen oder theoretische Ableitungen den Untersuchten vorgestellt und mit ihnen besprochen werden (kommunikative Validierung).

Zusammenfassend lassen sich folgende Gütekriterien benennen:

Gütekriterien quantitativer und qualitativer Forschung

Quantitative Erhebung

Objektivität: Die Daten sind unabhängig von der Untersuchungssituation.
Reliabilität bzw. Zuverlässigkeit: Wie genau wird gemessen?
Validität/Gültigkeit: Wird überhaupt gemessen, was gemessen werden soll?

Qualitative Erhebung

Akzeptanz: Akzeptanz des Interviewpartners/der Interviewpartnerin
Systematik: systematische Bearbeitung aller Aussagen, die im Widerspruch zu den Schlussfolgerungen stehen könnten
Alternativdeutungen: Einarbeitung alternativer Deutungen und kontinuierliche Distanznahme
Vollständigkeit: Vermeidung einer verzerrten Auswahl von Sequenzen bzw. Begründung der Analyseeinheiten

---

6.7 Rezeption von Forschungsarbeiten und Forschungsergebnissen

Einige Kriterien sollten Sie immer im Blick haben, wenn Sie Forschungsarbeiten rezipieren. Hier einige Hinweise:

Beachten Sie auf jeden Fall die *Rücklaufquote.* Damit ist gemeint, wie viele Personen sich tatsächlich an der Untersuchung beteiligt haben. Gelegentlich wird die Zahl der Befragten besonders hervorgehoben und in einer Fußnote ist dann vermerkt, dass der Rücklauf sehr gering ist. Damit sind die Ergebnisse jedoch nicht verallgemeinerbar, und man muss sich fragen, welche Stichprobe nun tatsächlich vorliegt bzw. welche Teilgruppe mit welchen Merkmalen geantwortet hat. Weiterhin sollten Sie die *angegebenen statistischen Maße im Blick haben*. Eine Skala mit einem Cronbach's Alpha von 0.42 ist beispielsweise nicht besonders konsistent. Zu beachten ist auch, dass die Ergebnisse *signifikant* sein müssen. Auch wäre bei *Grafiken* darauf zu achten, welche Daten auf den Koordinaten abgetragen sind.

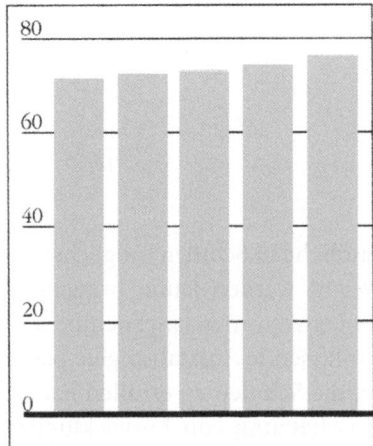 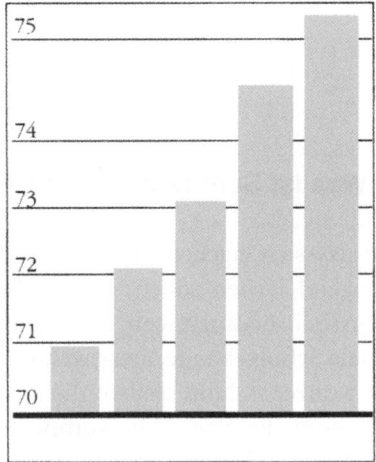

Abb. 18: Beispiel einer Grafik (Säulendiagramm) zur Kundenentwicklung einer bekannten deutschen Bank, die den Eindruck einer Steigerung vermittelt (Quelle: Walter Krämer (2011): So lügt man mit Statistik. Überarbeitete Neuausgabe. München/Zürich: Piper, S. 49).

Beispielsweise entstehen vollkommen andere Eindrücke, wenn Ausschnitte von Diagrammen vergrößert sind; so vermittelt die Grafik den Eindruck größerer Differenzen, Abnahmen oder Steigerungen, weil das Ganze aus dem Blick gerät.

6.8 Zum Nach- und Weiterdenken

5. Bei einer Fragebogenuntersuchung werden folgende Werte angegeben:
r= ....; p= ...; SD=.....
Was sagen diese Werte aus? (→ Download)

6. Sie wollen untersuchen, ob Kinder sich in ihrer Schule wohlfühlen. Was tun Sie? Entwickeln Sie ein erstes Design.

7. Klären Sie folgende Begriffe: Skala, Item, Interviewleitfaden, qualitative Sozialforschung, quantitative Sozialforschung, Felduntersuchung.

8. Interpretieren Sie die Qualität dieser Skala (→ Download)

 Vertiefung

Mehr zum Thema finden Sie im Download-Bereich.

7 Schulentwicklung: Wie wird aus einer Schule eine bessere Schule?

Weiterführende Literatur

Bohl, T. et al. (Hrsg.) (2010): Handbuch Schulentwicklung: Theorie - Forschungsbefunde - Entwicklungsprozesse - Methodenrepertoire: Theorie – Forschung – Praxis. Stuttgart: UTB.

7.1 Was ist Schulentwicklung?

Generell lässt sich sagen, dass Kinder und Jugendliche in Schulen möglichst gewinnbringend lernen sollen. Damit dies erreicht werden kann, braucht es günstige Arbeitsbedingungen: gut ausgebildete Lehrer/innen, angenehme und funktionale Schulgebäude, ausgewählte und umfassende Ausstattungen, pädagogische Konzepte. Nun bleiben die Aufgaben, die Schulen zu erfüllen haben, nicht konstant dieselben. Die kompetente Einschätzung von Entwicklungen sowie die Einleitung von Entwicklungsschritten an Schulen sind daher wichtig. Eine der aktuellen Herausforderungen besteht beispielsweise darin, dass Kinder und Jugendliche neue Medien wie iPod, Handy, Computerspiele oder Internet so nutzen, dass sie für sie in ihrer Gegenwart und für ihre Zukunft gewinnbringend verwendet werden können. Das ist nicht der Fall, wenn beispielsweise ein Suchtverhalten entsteht und Kinder oder Jugendliche über ihre Zeit nicht mehr verfügen können bzw. nicht mehr in der Lage sind, Entscheidungen zu treffen, und sich somit schädigen.

Die Schule hat damit heute auch die Aufgabe, Medienkompetenzen zu vermitteln. Um diese Aufgabe an einer einzelnen Schule erfüllen zu können, sind Neuerungen und Veränderungen notwendig:

Schulen benötigen Lehrer/innen, die gemeinsam ein Konzept verantworten und mittragen und die Kompetenzen in Bereichen haben, die das anvisierte Konzept stützen. Bei einer Schule, die einen Schwerpunkt im Bereich »Neue Medien« ausweisen möchte, ist es wichtig, dass die Lehrer/innen über Medienkompetenzen verfügen, die Bereitschaft mitbringen, sich in diesem Bereich fortzubilden, und die Medienkompetenz als Zielperspektive wertschätzen. Um zu sichern, dass Schulen auch für sie passendes Personal erhalten, sind in etlichen Bundesländern »schulnahe Ausschreibungen« möglich. Hier wählen die Schulleitungen und das Kollegium den neuen Kollegen bzw. die neue Kollegin aus. *Personalentwicklung* ist daher ein wichtiges Element der Schulentwicklung. Weiterhin zählt zur Schulentwicklung, dass die Ebene des Unterrichts Innovationen und Fortentwicklungen erfährt. Beispielsweise könnte im Unterricht ein Projekt eingeführt werden, in dem Medien selbst erstellt werden. Die *Unterrichtsentwicklung* stellt einen zentralen Bereich der Schulentwicklung

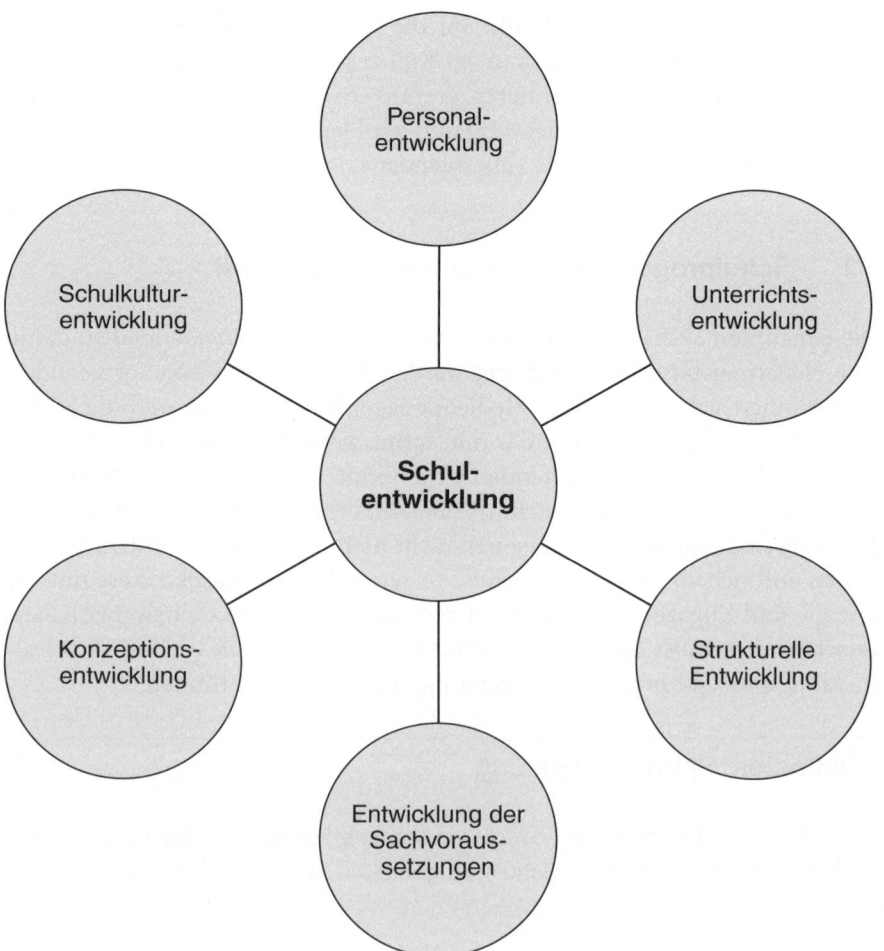

Abb. 19: Bereiche von Schulentwicklung

dar. Weiterhin geht es auch um die *strukturelle Entwicklung* einer Schule. Raum-, Zeit- und Organisationsstrukturen müssen zum Konzept der Schule passen. Ein Entwicklungselement könnte beispielsweise die Einführung altersübergreifender Lerngruppen für ein Medienprojekt sein. Entwicklung ist weiterhin an sächliche Ressourcen gebunden. Die *Entwicklung* von *Sachvoraussetzungen* ist ebenfalls bedeutsam, z. B. könnten die Anschaffung von Laptops sowie die Schaffung von Internetzugängen in einer Schule mit dem Schwerpunkt »Medienbildung« wichtig und sinnvoll sein. Schließlich gilt es, die *konzeptionelle Weiterentwicklung der Schule* im Blick zu haben, und dazu gehört auch deren Dokumentation und Präsentation nach außen. Insgesamt kann die Schulentwicklung nur gelingen, wenn die Gesamtentwicklungen zur Kultur einer Schule passen. Mit Schulkultur ist die Normalität der Schule gemeint: geltende Normen und Werte, übliche Verhaltensstile, das übliche vorherrschende Spektrum an Emotionen sowie deren sächliche Manifestationen (Gegenstände).

Will eine Schule den Schwerpunkt auf die Medienbildung legen, so müssen Anschlussstellen vorhanden sein in der Kultur der Schule. Ansonsten wird das Konzept sich nicht implementieren (verankern) lassen. Die *Schulkulturentwicklung* ist von zentraler Bedeutung und wird leicht unterschätzt, wenn Aktivitäten diese Basis einer Schule »überblenden«.

7.2   Schulprogramm, Schulkonzept, Schulprofil

Die genannten sechs Entwicklungsbereiche *müssen ineinandergreifen*, damit eine Neuerung tatsächlich etabliert werden kann. Selbst wenn fortgebildete Lehrer/innen sich im Bereich »Medienpädagogik« engagieren und die Schule weiterentwickeln wollen, geht das nur, wenn die sächlichen Voraussetzungen (z. B. Internetanschluss) vorhanden sind. Ohne eine konzeptionelle Diskussion und Dokumentation besteht die Gefahr, dass Neuerungen von Personen abhängig sind. Sobald diese Personen nicht mehr da sind (z. B. indem sie umziehen und sich an eine andere Schule versetzen lassen), würden diese mit viel Energie und Engagement eingeführten Neuerungen, die sich bewährt haben, verschwinden. Es ist deshalb für *nachhaltige Entwicklungen* wichtig, dass Entwicklungsprozesse in allen sechs genannten Bereichen stattfinden.

> ### Definition: Schulentwicklung
>
> Den Prozess, bei dem ein Kollegium kontinuierlich daran arbeitet, eine für alle Beteiligten »bessere« Schule zu gestalten, nennt man *Schulentwicklung*.
>
> Hierbei müssen Kollegien sich darüber verständigen, was »gute Schule« für sie bedeutet, und nach Wegen suchen, wie sie Schulqualität etablieren und stärken können; freilich jeweils vor dem Hintergrund der jeweiligen Erziehungs- und Bildungsaufträge der Bundesländer. An der Entwicklung der einzelnen Schule wird gezielt, reflektiert und kontinuierlich gearbeitet. Schulentwicklung beinhaltet die Personalentwicklung, die Unterrichtsentwicklung, die Strukturentwicklung, den Auf- und Ausbau der Sachvoraussetzungen sowie die konzeptionelle Weiterentwicklung der Schule. Sie zielt darauf ab, dass die einzelne Schule sich nachhaltig weiterentwickelt. Weil es um die Entwicklung der einzelnen Schule und nicht um die Weiterentwicklung des Schulsystems geht, spricht man gelegentlich auch von »innerer« Schulentwicklung. Schulentwicklung stellt heute eine wichtige Berufsaufgabe im Lehrerberuf dar.

Dabei ist die konzeptionelle Weiterentwicklung der Schule besonders wichtig. Man versteht darunter, dass ein Lehrerkollegium sich über die Arbeitsschwerpunkte, die Entwicklungen und damit das Selbstverständnis seiner Arbeit verständigt. Diese Vereinbarungen über die konzeptionelle Entwicklung werden schriftlich festgehalten. Die Dokumentation der Entwicklungslinien einer einzelnen Schule nennt man *Schulprogramm*. Das Schulprogramm beschreibt die Besonderheiten der einzelnen Schule, ihr *Schulprofil*. Viele Schulen beschreiben ihr Profil in Broschüren oder über ihre Homepage. Im Schulprogramm wird dokumentiert, wie (Lehr-Lern-Formen) und unter welchen Voraussetzungen (Raumstrukturen, Zeitstrukturen, Ausstattung) gearbeitet wird. Einige Schulen wählen statt des Begriffs *Schulprogramm* den des *Schulkonzepts,* um hervorzuheben, dass es sich um keinen abgeschlossenen, sondern um einen offenen, flexiblen, anpassungsfähigen Prozess handelt.

Das Leben und Arbeiten innerhalb der Schule ist insgesamt durch ein pädagogisches Grundkonzept bestimmt. Es ist entscheidend, welche Vorstellungen von Themenfeldern (z. B. Leistung, Förderung, Demokratie, Regeln in der Schule) Geltung haben. Bei Schulentwicklungsprozessen geht es darum, sich über diese basalen pädagogischen Orientierungen zu verständigen und damit eine gemeinsame Zielperspektive zu entwickeln. Dahinter steht die Idee, dass die gemeinsame pädagogische Orientierung die Grundlage bildet für die Gestaltung der Lehr-Lern-Prozesse. Deshalb ist gelegentlich auch vom *Leitbild* der Schule die Rede. Der folgende Ausschnitt ist einer Konzeption/dem Schulprogramm einer Grundschule entnommen und geht auf die pädagogischen Grundlagen der Arbeit an dieser Schule ein:

»Gemeinsam in der Schule leben

Die Schule hat dabei die Aufgabe, die Kinder in einer für sie sinnhaltigen Umgebung zur Auseinandersetzung mit der Welt anzuregen.

Die Schule wird als Lebensort verstanden, der gemeinsam von Erwachsenen und Kindern gestaltet wird und in dem soziale Begegnungen stattfinden können. Unterschiedliche Formen des Zusammenlebens werden gepflegt. Hier können sich die Einzelnen in Ihrer Vielfältigkeit und Unterschiedlichkeit einbringen.

Durch das Zusammenleben in der Schule erfahren die Schülerinnen auch, dass sie für ihr Handeln in einer ihrem Alter angemessenen Weise Verantwortung tragen, in Lebensvorgänge eingreifen und die Welt verändern können.

Das an der Schule gelebte Demokratieverständnis zeigt sich sowohl in den institutionalisierten Formen (z. B. Klassenrat, Kinderrat, Schulversammlung) als auch im Führungsstil der Lehrerinnen, den Umgangsformen der Beteiligten im Schulalltag und der offenen Anlage der Lernarrangements.«

Abb. 20: Aus der Konzeption einer Grundschule (Pattonville) Anuschek et el. 2000, S. 15

7.3   Der Prozess der Schulentwicklung

Schulentwicklung ist insofern nichts Neues, als schon immer in einzelnen Schulen versucht wurde, etwas besser als zuvor zu machen. Die Besonderheit besteht nun darin, diesen Prozess *geplant, durchdacht* und *vom gesamten Kollegium getragen* durchzuführen. Hierzu zunächst ein Beispiel:

Weiterführende Literatur

Edelstein, W./Frank. S./ Sliwka, A. (Hrsg.) (2009): Praxisbuch Demokratiepädagogik. Sechs Bausteine für Unterrichtsgestaltung und Schulalltag. Weinheim und Basel: Beltz.

Beispiel:

An der Grundschule Pattonville strebten die Lehrer/innen an, eine Schule zu entwikkeln, die sich zum besonderen Ziel gesetzt hat, dass Kinder Demokratie lernen. Die Schulleiterin bemühte sich zunächst darum, Lehrer/innen zu finden, denen diese Zielperspektive ebenfalls wichtig war (Personalentwicklung). Das Kollegium entwickelte dann ein Unterrichtskonzept. Wichtige Elemente waren hierbei die Atelierarbeit, der Klassenrat und die Wochenplanarbeit. In der Atelierarbeit wurden verschiedene Ateliers eingerichtet (Tier-, Pflanzen-, Zirkus-, Mal- und Musikatelier). Im Klassenrat werden Ideen der Klasse (z. B. Diskussion über die Anschaffung einer Schulziege zum »Mähen« des Rasens; Gestaltung des Schulhofs; Regelungen zum Schneeballwerfen im Winter; Konflikte zwischen Schüler/innen) diskutiert und gegebenenfalls in die Schulversammlung eingebracht. Die Einrichtung des Klassenrats und der anderen Unterrichtselemente schlug sich in den Zeit- und Raumstrukturen der Schule nieder. Der folgende Stundenplan zeigt, dass die Schule hier vom oftmals üblichen 45-Minuten-Takt abgewichen ist und ganz neue, für sie passende Zeitstrukturen eingeführt hat:

Die Wochenstruktur am Beispiel einer 3. Klasse

Zeit	min.	MO	DIE	MI	DO	Zeit	FR
8.00 – 8.45	45		Sport	Kinderrat	Schul-versammlung		Sport
8.45 – 10.00	75	Klassenrat Planarbeit	Klassenrat Planarbeit	Klassenrat Planarbeit	Klassenrat Planarbeit		Klassenrat Freie Arbeit
10.00 – 10.30	30	Pause	Pause	Pause	Pause		Pause
10.30 – 11.45	75	Gemeinsames Thema	Gemeinsames Thema	Gemeinsames Thema	Gemeinsames Thema	10.30 – 11.15	Religion Interkultureller Unterricht Türk. Unterricht
11.45 – 11.55	10	Pause	Pause	Pause	Pause	11.15 – 11.30	Pause
11.55 – 12.45	50	Atelier	Atelier	Atelier		11.30 – 12.45	Religion Interkultureller Unterricht Türk. Unterricht

Abb. 21: Beispiel für die Entwicklung der Zeitstrukturen an einer Grundschule

DIE WOCHENSTRUKTUR

Schulentwicklungsverläufe sind zunächst, wie jedes andere Vorhaben auch, dadurch gekennzeichnet, dass eine Zielperspektive entwickelt wird, dass Wege gesucht werden, wie sich dieses Ziel umsetzen lässt, und dass schließlich die Umsetzung vorgenommen wird. Hierbei kommt es darauf an, dass die Ziele sinnvoll sind, dass die Wege zur Zielerreichung »gangbar« sind und die Ziele auch erreicht werden. Angenommen, ein Kollegium denkt darüber nach, für die Schülerinnen und Schüler einen Mittagstisch einzurichten. Dann muss zunächst festgestellt werden, ob das eine sinnvolle Überlegung ist. Dabei können beispielsweise die Schülerinnen und Schüler bzw. die Eltern befragt werden, ob aus ihrer Sicht überhaupt der Bedarf besteht, dass ihr Kind mittags in der Schule mit einem Essen versorgt wird. Außerdem muss geprüft werden, ob die Ausstattung (z. B. Räume, Küche) besorgt werden kann und wie die personellen Kosten getragen werden können. Ist dies alles geklärt, dann könnte es sein, dass die Schülerinnen und Schüler ausbleiben, weil das Essen nicht schmeckt. Hier müssten die Schüler/innen befragt werden, wie sie die Qualität des Essens einschätzen.

Selbstevaluation ist für Schule und Unterricht wichtig und gewinnbringend. Hinter der Fremdevaluation steckt eine andere Intention, die mit dem Stichwort »Schulautonomie« in Zusammenhang steht.

Definition: Evaluation

Evaluation ist ein systematisches Sammeln und Analysieren von Daten und Informationen. Sie bietet die Grundlage, um eine Praxis zu verstehen und weiterzuentwickeln.

Evaluiert werden können
→ die Voraussetzungen,
→ der Verlauf,
→ die Ergebnisse
→ und die Folgen
von Schulentwicklungsprozessen.

Je nachdem, ob die Evaluation von den Lehrer/innen selbst initiiert wurde oder aber von außen stehenden Personen (z. B. der Schulaufsicht), spricht man von Selbst- bzw. von Fremdevaluation (synonym wird auch von interner bzw. externer Evaluation gesprochen). Evaluationen, die von den Akteuren einer Institution in Auftrag gegeben werden, die von ihnen ausgewertet, interpretiert und in Entwicklungsaufgaben überführt werden, bezeichnet man als Selbstevaluation oder interne Evaluation. Evaluationen, die nicht von der untersuchten Schule initiiert sind, stellen externe Evaluationen dar.

Schulen sind staatliche Einrichtungen und unterstehen laut Artikel 7 des Grundgesetzes der Aufsicht des Staates. Auf dieser Grundlage regeln die 16 Bundesländer in ihren Verfassungen und Landesschulgesetzen die Rahmenbedingungen für Schule und Unterricht (vgl. Zenke 2008). Nun kann der Staat nicht dauernd Sondergenehmigungen für einzelne Schulen, die sich entwickeln wollen, erteilen. Für die Schulen wäre es auch viel zu mühsam, wegen Details an die Schulaufsicht (Schulämter, Regierungspräsidien) heranzutreten. Aus diesem Grund haben Schulen mehr Rechte erhalten. Diese Rechte (z. B. zur Strukturierung des Schultages) geben Kollegien Gestaltungsfreiräume. Man spricht deshalb gelegentlich auch von »Gestaltungsautonomie«. Da der Staat die Schulaufsichtspflicht auch einlösen muss – trotz und gerade wegen der Freiräume, die jeder Schule gewährt werden –, wird diese Pflicht erfüllt, indem die Schulen zur Rechenschaftslegung verpflichtet werden. Hier ein Auszug aus §3 des Schulgesetzes von Nordrhein-Westfalen, das im August 2005 in Kraft getreten ist:

Beispiel für die gesetzliche Verankerung der Schulentwicklung
§ 3 Selbstständigkeit, Qualitätsentwicklung und Qualitätssicherung

»(2) […] Auf der Grundlage des Schulprogramms überprüft die Schule in regelmäßigen Abständen den Erfolg ihrer Arbeit.
(3) Schulen und Schulaufsicht sind zur kontinuierlichen Entwicklung und Sicherung der Qualität schulischer Arbeit verpflichtet. Qualitätsentwicklung und Qualitätssicherung erstrecken sich auf die gesamte Bildungs- und Erziehungsarbeit.«

(Schulgesetz von Nordrhein-Westfalen, das im August 2005 in Kraft getreten ist.)

Die externe Evaluation dient der Qualitätssicherung bzw. Rechenschaftslegung. Nun hat sich diese Überprüfung von Standards an Schulen in der deutschen schulpädagogischen Diskussion mit der Idee verbunden, dass gerade durch die Pflicht zur Rechenschaftslegung Schulentwicklungsprozesse in Gang kommen bzw. effektiver werden. Ähnlich dem Sprichwort »Vertrauen ist gut, Kontrolle ist besser« verbirgt sich dahinter die Idee, dass Effekte über Kontrollen entstehen. Denkt man an Verkehrskontrollen, dann sind diese Effekte gut zu beobachten: der Tritt auf die Bremse kurz vor der Verkehrskontrolle würde ohne sie nicht stattfinden. Überträgt man diese Idee auf den Unterricht, so könnte man vermuten, dass Überprüfungen (im Sinne von Kontrolle) zu besserem Unterricht führen. Dieser Zusammenhang wird bislang angenommen, ohne dass ein empirischer Nachweis erbracht wäre. Viele Bundesländer installieren externe Evaluationen, indem beispielsweise Kommissionen die Schulen unter die Lupe nehmen und nach einem Analyseraster beurteilen. Diese Praxis ist beispielsweise in England eingeführt; die Probleme, die sie generiert, sind untersucht und bekannt (z. B. Kotthoff 2003).

Ein anderes Sprichwort sagt jedoch: »Vom Wiegen wird die Sau nicht fett.« Dahinter verbirgt sich der Gedanke, dass die Evaluation, die Feststellung der Güte und Qualität noch längst keine Änderung bedeutet. Derzeit mehren sich die empirischen Hinweise, dass Fremdevaluation von Lehrerinnen und Lehrern abgelehnt wird und nicht zur Weiterentwicklung der Schule beiträgt (z. B. Deci/Ryan 1993; Schwippert 2004; Schrader/Helmke 2004)

7.4 Historische Entwicklungslinien

7.4.1 Die Entdeckung der Unterschiede zwischen einzelnen Schulen

In Deutschland haben wir Anfang der 1980er-Jahren noch nichts von Schulentwicklung gehört und gewusst. Evaluation war für die Lehrer/innen noch ein Fremdwort. Das gilt auch für die Schulentwicklung. Wie kam es zu deren enormem Bedeutungszuwachs?

Schulen sind sehr individuelle Einrichtungen. Damit ist gemeint, dass jede Schule ihre Besonderheiten hat. Diese kommen beispielsweise durch die Zusammensetzung der Schüler- bzw. Elternschaft bzw. das »Einzugsgebiet« einer Schule zustande, durch den baulichen Zustand der Schule, die Mittel des Schulträgers, durch die Lehrer/innen und ihre Vorlieben, Stärken und Schwächen und auch durch die Regeln, Normen und Werte, die an einer Schule vertreten werden. Dass jede Schule ihre Alleinstellungsmerkmale ausbildet, hat Helmut Fend 1987 in einem Aufsatz mit dem Titel: »»Gute Schulen – schlechte Schu-

Weiterführende Literatur

Bildungskommission NRW (1995): Zukunft der Bildung – Schule der Zukunft. Denkschrift der Kommission »Zukunft der Bildung – Schule der Zukunft« beim Ministerpräsidenten des Landes Nordrhein-Westfalen. Neuewied/Kriftel/Berlin: Luchterhand.

Fend, H. (1986): »Gute Schulen – schlechte Schulen« - Die Schule als pädagogische Handlungseinheit. In: Die Deutsche Schule. 78. Jg., H. 3, S. 275–293.

Fullan, M. (1993): Change Forces. London: The Falmer Press.

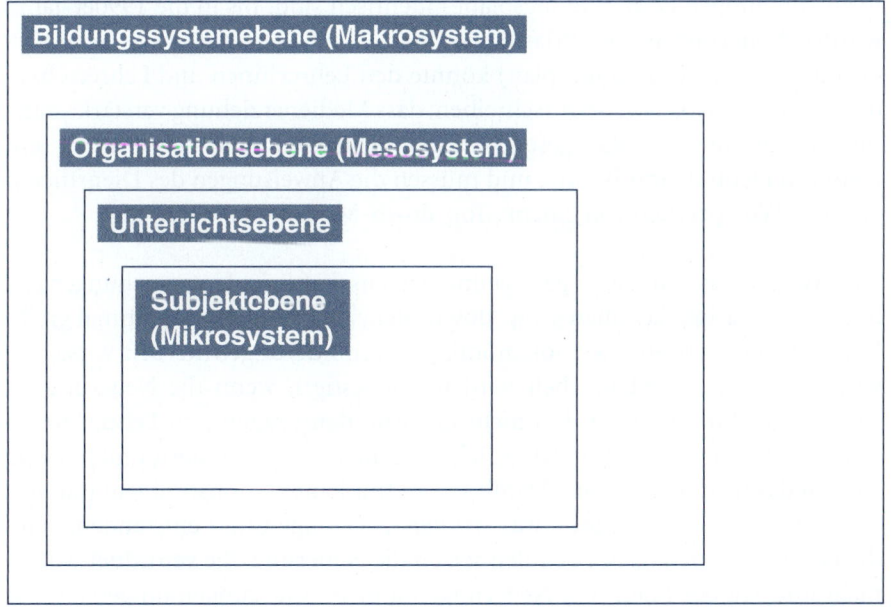

Abb. 22: Entwicklungsebenen im Schulsystem (in Anlehnung an Meyer 2002)

len‹« – Die einzelne Schule als pädagogische Handlungseinheit« herausgearbeitet. Die Entdeckung der Einzelschule als maßgebliche Einheit für die Schulqualität wurde ganz besonders durch die Schulsystemvergleichsuntersuchungen der späten 1970er- und frühen 1980er-Jahre vorangetrieben. Einen Schwerpunkt in der Schulforschung bildete die Frage, welches Schulsystem das bessere sei: die Gesamtschule oder das gegliedertes Schulsystem. Zwei Forscher, Kurt Aurin und Helmut Fend, konzentrierten sich über viele Jahre hinweg auf diese Fragestellung. Und sie stellten beide fest, dass die Unterschiede innerhalb eines Schulsystems (z. B. der Unterschied von Realschule A zu Realschule B) größer waren als die Unterschiede, die zwischen den Systemen (Gesamtschule /gegliedertes Schulsystem) gefunden wurden. Man erkannte: Auf die einzelne Schule kommt es an! Sie ist ausschlaggebend für Schulqualität. Mit dieser Entdeckung wurde das Augenmerk verstärkt auf die Einzelschule (Mesoebene; Schule als Organisation) gerichtet, aber auch immer stärker die Verzahnung der Ebenen verstanden.

Nun wurde »Schulqualität« näher definiert und untersucht. Merkmale guter Schulen wurden extrahiert (vgl. Kap. 9). Die Ergebnisse amerikanischer Forschungen zur Wirksamkeit von Schulen wurden rezipiert (z. B. Purkey/ Smith 1983).

7.4.2 Steuerungsmodelle

Konsequenterweise schließt sich hier die Frage an, wie es sein kann, dass Schulen sich in ihrer Qualität so stark unterscheiden, obwohl die staatlichen Rahmenbedingungen (z. B. Bildungspläne) identisch sind. Bis in die 1990er-Jahre wurden Neuerungen über Erlasse geordnet. Eine Gesetzesregelung (eine Verordnung, ein neuer Bildungsplan) könnte den Lehrerinnen und Lehrern bzw. den Schulen beispielsweise vorschreiben, dass Medienerziehung verstärkt stattfinden muss und wie dies geschehen soll. Schließlich sind Lehrerinnen und Lehrer in Deutschland Beamte und müssen die Anweisungen des Dienstherrn erfüllen. Wir sprechen von einem »Top-down-Modell« der Steuerung:

Die Erfahrung hat nun aber gezeigt und wissenschaftliche Untersuchungen haben dies bestätigt, dass dieses Top-down-Steuerungsmodell suboptimal greift. Zumeist agieren Menschen »ökonomisch«. Veränderungen werden vorsichtig vorgenommen; die Mehrarbeit wird nur investiert, wenn die Neuerung als sinnvoll erachtet wird. Ist dies nicht der Fall, dann sagen sich Lehrer/innen: »Das mache ich doch schon lange. Ich brauche nichts zu ändern und benutze einfach das neue Vokabular.« Damit ist ein Implementationsproblem (lat. *im-(in)-pleo* meint so viel wie »etwas erfüllen«, »Genüge tun«) entstanden, denn die Lehrperson bzw. ganze Schulen setzen die Neuerung, die verordnet wurde, nicht um. Mit der Frage, wie Neuerungen und Veränderungen umgesetzt und

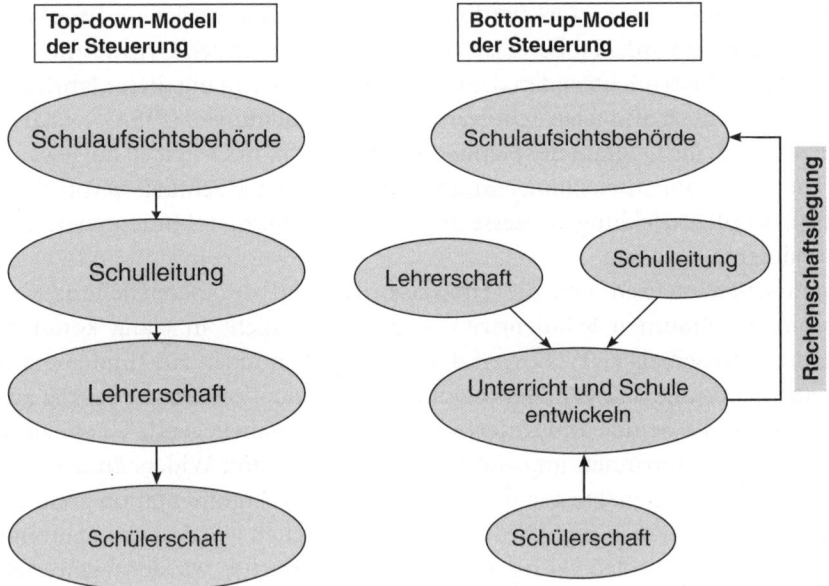

Abb. 23: Schaubild: Steuerungsmodelle »Top down« – »Bottom up«

erhalten werden, beschäftigt sich die Implementationsforschung. Es hat sich gezeigt, dass sich ein Bildungssystem über Verordnungen nur in Anteilen steuern lässt. Bereits in den 1980er-Jahren entstanden innerhalb der betriebswirtschaftlichen Organisationstheorie Arbeiten, die die Komplexität von Organisationen in den Blick nahmen, die jedoch auch die Machbarkeit und Herstellbarkeit von Exzellenz in Unternehmen annahmen. Organisationsentwicklung bzw. das Lernvermögen von Organisationen wurde in den Blick genommen (Fullan 1993). Innerhalb der schulpädagogischen Literatur wurden die veränderten Steuerungskonzepte aufgenommen. Schon bald kristallisierte sich heraus, dass sich pädagogische Institutionen mit Bildungszielen nicht mit Unternehmen gleichstellen lassen. Mit dem Begriff »pädagogische Organisationsentwicklung« wird markiert, dass es in Schulen um mehr und anderes geht als um die Organisationsentwicklung, wie sie in Wirtschaftsunternehmen vorgenommen wird. Dennoch konnte der Vorteil eines Steuerungsmodells genutzt werden, das die Einbeziehung der Lehrer/innen in Entwicklungsprozesse anstrebte. Nun trägt der Staat die Verantwortung dafür, dass Kinder und Jugendliche günstige, möglichst optimale Lern- und Arbeitsbedingungen erhalten. Wie können bessere Schulen entwickelt werden? Eine Antwort war, die Schule »von unten«, durch die Lehrerinnen und Lehrer an der Schule, zu entwickeln. Schulentwicklung wurde zum Konzept der Weiterentwicklung. Man ging davon aus, dass Schulen, die mehr Freiräume erhalten (Gestaltungsautonomie) diese nutzen und selbstständig individuelle Entwicklungen ausbilden, die zu ihrer Schülerschaft, zum Lehrerkollegium, zum Stadtteil passen. Da die

 Weiterführende Literatur

Zenke, K. (2008): Die Schule zwischen Autonomie und Bindung. In: Esslinger-Hinz, I./Fischer, H.-J. (Hrsg.): Spannungsfelder der Erziehung und Bildung. Baltmannsweiler: Schneider Hohengehren, S. 148–160.

Entwicklungsprozesse vor Ort stattfinden und umgesetzt werden und aus Fehlern auch gelernt wird, etablierte sich das Bild der »lernenden Organisation«.

Vor allem die ernüchternden deutschen Ergebnisse Anfang dieses Jahrhunderts aus den internationalen Schulvergleichsuntersuchungen (PISA) verstärkten den Druck, die Qualität der Schulen zu verbessern. In Deutschland gewann das Thema »Schulentwicklung« so an Bedeutung, dass Schulen verpflichtet wurden, Schulentwicklungsprozesse in Gang zu setzen, zu dokumentieren und sich evaluieren zu lassen.

Inzwischen mehren sich die Hinweise, dass mit der Bereitstellung von Handlungsspielräumen Schulentwicklungsprozesse nicht in Gang kommen (Altrichter/Brüsemeister/Wissinger 2007). Die Forschungen zur Implementation von Neuerungen zeigen, dass auch externe Evaluation keinen Beitrag zur Verbesserung von Schule und Unterricht leistet. Eine naheliegende Überlegung war, dass die Lehrer/innen innovationsresistent seien und Widerstände gegen Veränderungen zeigten. Diese auf Personen zentrierte Argumentation greift jedoch zu kurz, denn man muss bedenken, was geschehen würde, wenn dauernd Innovationen stattfinden würden: Das seither Erreichte würde abgewertet, wichtige Elemente der Schulqualität würden vorschnell aufgegeben werden, Neuerungen würden sich als nicht sinnvoll herausstellen. Innovationen, die nicht sinnvoll sind, kosten eine Schule Ressourcen. Deshalb sind »Innovationsbremsen« aus systemtheoretischer Perspektive in Anteilen auch sinnvoll.

Mit dem Ansatz »Educational Governance« wird der Blick wiederum geweitet: Die einzelne Schule ist eingebunden in eine Art »Systemschachtelung«, (Bildungsverwaltung, Bildungspolitik). Daneben existieren andere Systeme, zu denen Interdependenzen bestehen (z. B. Wirtschaftssystem). Die Beschreibung dieser Ebenen und damit einhergehend die Bindungen und Möglichkeiten der Akteure thematisiert der Educational Governance-Ansatz. Der Begriff der »Steuerung« ist hier zentral.

> **📖 Weiterführende Literatur**
>
> Altrichter, H./Brüsemeister, T./Wissinger, J. (2007): Educational Governance. Wiesbaden: VS Verlag für Sozialwissenschaften.

Educational Governance

Der Ansatz von »Educational Governance« betrachtet das Verhalten von Akteuren in der Einbindung in Handlungsebenen in einem Mehrebenensystem. Diese Ebenen sind miteinander verzahnt, sodass Akteure in Konstellationen zu anderen stehen. Neuerungen, Veränderungen, Innovationen in Schule und Unterricht werden vor dem Hintergrund der Handlungskoordination im Mehrebenensystem in den Blick genommen.

7.5 Voraussetzungen von Schulentwicklung

Schulentwicklungsprozesse sind an Voraussetzungen gebunden. In der Forschung wurde seither herausgearbeitet, dass diese Voraussetzungen auf mehreren Ebenen festzustellen sind: Auf der Ebene der Lehrerschaft wurde besonders herausgearbeitet, dass die *Kooperation* bedeutsam ist und hier insbesondere die Kooperationen, die zu einem Teamergebnis führen und an Konsens gebunden sind. Die beiden folgenden Beispiele bezeichnen wir umgangssprachlich als »Kooperation«:

Beispiel zur Differenzierung von Kooperationsformen

»In Geschichte arbeiten wir eng zusammen, wir sind auch nur zu viert. Nicht? Und da macht der mal ein Arbeitsblatt oder ich mache ein Arbeitsblatt, nicht? Und dann sage ich: ›Das habe ich gemacht. Möchtest du es haben?‹ Es wird angeguckt und dann heißt es: ›Ja.‹ Das ist dann die Zusammenarbeit.« (Frau Roder)

»Und die Zusammenarbeit, die sieht eben so aus, dass ich mich über Klassenarbeiten unterhalte und teilweise den Kollegen Klassenarbeiten mitgebe. ›Kannst du mal den Aufsatz lesen, ich bin bei dem Schüler immer bei Note 3–4, ich muss bloß den Namen vorne sehen, dann ist der im Kopf schon 3–4, und hinterher lese ich den durch, und dann ist es wirklich 3–4, und da mache ich mir Gedanken, was läuft denn hier bei mir schon falsch?‹ Ich sage: ›Könntest du mir den mal lesen, ich bin mir so unsicher in der Note‹, und da kriege ich Rückmeldungen. Liege ich richtig oder liege ich nicht richtig?« (Frau Lorbeer)

Diese Formen der Kooperation sind jedoch für Schulentwicklungsprozesse nicht relevant, weil sie »Austauschbeziehungen« beschreiben. Die Beteiligten sind nicht daran gebunden, ob sie die Empfehlungen oder die Vorarbeit des Kollegen annehmen. Kooperation im Rahmen von Schulentwicklung bedeutet hingegen, dass Lehrer/innen sich an die gemeinsam entwickelten Konzepte und Veränderungen gebunden fühlen und sie umsetzen. Je stärker die Kooperationen stattfinden, desto »anfälliger« wird das System Einzelschule, denn die Einheiten (Arbeitsgruppen, Klassen) sind nun stärker miteinander verzahnt.

Abb. 24: Verinselte Strukturen bieten Stabilität und erschweren Kooperation.

Auf den Umstand, dass die Schule in »verinselte« Einheiten (Klassen) geteilt ist, wurde im angloamerikanischen Bereich bereits in den 1980er-Jahren hingewiesen. Weick (1976) spricht vom »loosely-coupled system«, Lortie (1976) von »zellulären Strukturen«. Diese Strukturen sind gegen Außeneinflüsse relativ resistent, weil immer nur die einzelne Klasse (z. B. bei Krankheit einer Lehrperson) betroffen ist. Sie sind jedoch ungünstig für Kooperationen und Entwicklungsprozesse. Hier wird die Wichtigkeit der Strukturentwicklung deutlich. Weiterhin wurde festgestellt, dass die *Schulleitung* von zentraler Bedeutung ist. Neuerungen haben nur dann gute Chancen auf Implementation, wenn die Schulleitungen diese Neuerungen und den Entwicklungsprozess aktiv unterstützen.

Schulen haben immer auch ihre Geschichte, in der an der einzelnen Schule Werte und Normen ausgebildet wurden. Jede Schule transportiert eigene Stimmungen und eine eigene Atmosphäre. An jeder Schule gelten bestimmte Verhaltensweisen als akzeptiert, andere nicht. Jede Schule verfügt über sächliche Besonderheiten. Die Summe dieser Elemente von geltenden Kognitionen, Emotionen, Verhaltensweisen und Gegenständen an einer einzelnen Schule lässt sich mit dem Begriff der *Schulkultur* zusammenfassen.

Definition: Schulkultur

Die Verknüpfung von materiellen und strukturellen Manifestationen, Verhaltensweisen, Kognitionen und Emotionen begründet die Kultur einer Schule. Etliche Kulturelemente sind in der einzelnen Schule besonders stark verankert. Diese Schlüsselkonzepte an Schulen bilden den Rahmen für Schulentwicklungsprozesse.

Die Schulkultur einer einzelnen Schule ist verankert, lässt sich nicht ad hoc ändern. Die Schulkultur hat Geschichte. Deshalb ist es nicht beziehungsweise nur mit hohem Ressourceneinsatz möglich, Neuerungen (längerfristig) einzuführen, die im Kontrast zur vorhandenen Schulkultur stehen.

7.6 Zum Nach- und Weiterdenken

1. Lässt sich Schulentwicklung unter die anderen Aufgaben, wie »Verkehrserziehung«, »Medienerziehung«, »Geschlechtserziehung« einreihen?
   Ist Schulentwicklung eine belastende Zusatzaufgabe?
2. Recherchieren Sie, ob die Schulen, die Sie besucht haben, ein Schulprogramm/ Schulkonzept entwickelt haben.

8 Lerntheorien: Wie lernen Menschen?

8.1 Was ist Lernen?

Unter »Lernen« versteht man eine dauerhafte Änderung menschlichen Verhaltens. Die im menschlichen Entwicklungsprozess stattfindenden Verhaltensänderungen (z. B. in der Pubertät) gehören nicht zum Lernen, sondern sind Phänomene der biologischen Reifung. Lernen führt nicht immer direkt zu Verhaltensänderungen, sondern kann auch als veränderte Verhaltensmöglichkeit verstanden werden. Es gibt jedoch einen Zusammenhang zwischen Lernen und Reifung: Das Lernen bestimmter Dinge setzt eine gewisse biologische Reifung voraus, so kann ein Kind erst dann Fahrrad fahren lernen, wenn der Körper einen bestimmten Entwicklungsstand erreicht hat. Klavierspielen zu lernen erfordert eine bestimmte Größe der Hände.

> **Weiterführende Literatur**
>
> Dumont, H./Istance, D./ Benavides, F. (2010): The Nature of Learning. Using Research to Inspire Practice. Paris: OECD.

8.1.1 Die klassischen Lerntheorien: Behaviorismus – Kognitivismus – Konstruktivismus

Zu der Frage, wie es zu den durch Lernen bewirkten Veränderungen kommt, gibt es verschiedene wissenschaftliche Strömungen, die jeweils unterschiedliche Aspekte des Lernens in den Blick nehmen. Drei sollen hier kurz vorgestellt werden: Behaviorismus, Kognitivismus und Konstruktivismus (De Corte 2010). Jede dieser wissenschaftlichen Perspektiven betrachtet das Lernen aus einem bestimmten Blickwinkel. Aus den Erkenntnissen, die aus jedem der Forschungsblickwinkel gezogen werden, lassen sich Anregungen für die Unterstützung von Lernprozessen durch Lehrkräfte ableiten. Während sich aus konstruktivistischen Ansätzen eher Hinweise zur Gestaltung des Lernumfelds ergeben, lassen sich aus kognitivistischen Ansätzen Hinweise ableiten, wie die kindlichen kognitiven Lernprozesse begleitet und unterstützt werden können. Behavioristische (verhaltensorientierte) Ansätze wiederum sind nützlich bei der Frage nach dem Sinn positiver Verstärkung erwünschten Verhaltens oder der schwierigen Frage nach Sinn und Unsinn von Bestrafungen. Im Folgenden werden die drei klassischen Lerntheorien kurz vorgestellt.

Der Behaviorismus behandelt vor allem die Frage, durch welche äußeren Faktoren es zu einer beobachtbaren Veränderung des Verhaltens eines Menschen kommt. Diese Lerntheorie wurde zu Beginn des 20. Jahrhunderts von

John Watson begründet und in den 1950er-Jahren durch die Forschung von B. F. Skinner und I. P. Pawlow weiterentwickelt (De Corte 2010). Behavioristen untersuchen die Beziehung zwischen Reizen, die auf ein Lebewesen einwirken und den jeweiligen Reaktionen, die es bei wiederholter Erfahrung des Reizes daraufhin zeigt (Reiz-Reaktion-Beziehung). Ergebnis dieses Lernens ist eine Disposition, d. h. ein bestimmter Reiz wird – nach dem Lernprozess – immer wieder ein ganz bestimmtes Verhalten auslösen. Dieses Verhalten tritt jedoch nicht automatisch ein, sondern erst in bestimmten Situationen und bei entsprechender Motivation. Beim Behaviorismus steht die äußere Beobachtung von Verhalten und seiner Veränderung im Mittelpunkt. Zusätzliche mentale oder emotionale Prozesse, die beim Lernen ablaufen, werden nicht betrachtet. Einige Erkenntnisse aus behavioristischen Lerntheorien sind für die Unterstützung der Lernentwicklung von Schüler/innen relevant:

- Die sogenannte »positive Verstärkung«: Ein erwünschtes Verhalten des Kindes kann durch eine für das Kind positiv besetzte Reaktion des Erwachsenen verstärkt werden.
- Die ambivalente Wirkung von Strafen: Strafe kann zwar ein unerwünschtes Verhalten unterdrücken, ob es zu einer dauerhaften Verhaltensänderung kommt, hängt aber von Bedingungen ab wie z. B. unmittelbare Reaktion auf Fehlverhalten, Intensität der Strafe, Verhalten muss konsequent immer bestraft werden, es muss eine Möglichkeit für ein alternatives Verhalten vorhanden sein, die Beziehung zum Erwachsenen darf nicht gefährdet werden.

Kognitive Lerntheorien betrachten den Lernprozess als eine Veränderung im »Inneren« des Lernenden. Der bekannteste Vertreter des Kognitivismus ist der Schweizer Lernforscher Jean Piaget (1896–1980). Lernen bewirkt, dass sich kognitive Strukturen fortlaufend verändern. Aus kognitivistischer Perspektive sind dies Informationsverarbeitungsprozesse. Der Mensch verarbeitet die von ihm wahrgenommenen Reize in kognitiven Denk- und Verstehensprozessen selbstständig und aktiv und baut dabei auf schon vorhandenem Wissen auf. Wissen wird ständig neu rekonstruiert und verändert (De Corte 2010).

Denken und Verstehen bei Jean Piaget

Entwicklung ist nach Jean Piaget ein Prozess des Erwerbs immer weiterer Möglichkeiten zur Bewältigung ständig sich verändernder Umweltgegebenheiten. In der Auseinandersetzung mit seiner Umwelt erwirbt der Mensch nach Piaget sogenannte Schemata. Ein *Schema* ist ein Denkmuster oder Verhaltensmuster. Wenn Kinder innerhalb ihrer Umwelt auf ein Problem stoßen, das sie mit den vorhandenen Schemata nicht lösen können, findet eine Anpassung des Organismus an seine Umwelt statt. Dies bedeutet, dass im Verlauf der Entwicklung bestehende Schemata verändert, neue Schemata erlernt und angewendet werden sowie, dass die Objekte der

Welt an die vorhandenen Schemata angepasst werden. Die beiden Prozesse nennt Piaget Assimilation und Akkommodation. *Assimilation* ist die Benutzung bestehender Schemata, um Objekte einzuordnen. Der Lernende passt die Objekte an seine eigenen Schemata an. Wird die Unterschiedlichkeit der Objekte jedoch zu groß, kann man unter Umständen nicht das gleiche Schema anwenden. Wenn ein bereits erlerntes Schema nicht mehr passend angewendet werden kann, sondern ein neues aufgebaut oder ein vorhandenes Schema verändert werden muss, spricht man von Akkommodation. *Akkommodation* ist die Veränderung bereits bestehender Schemata gemäß den Erfordernissen veränderter Umweltbedingungen. Der Lernende passt die Schemata an die Umwelt an.

Bei diesen Lerntheorien wird der Lernende als aktiver Part im Lernprozess gesehen. Das Individuum reagiert aktiv auf die äußeren Reize, die aufgenommenen Informationen werden selektiert, interpretiert und verarbeitet. Im Gegensatz zum Behaviorismus wird Lernen als aktive Konstruktionsleistung der einzelnen Person gesehen. Alle Informationen werden zunächst mit den bisher gemachten Erfahrungen verglichen und auf Basis dieser interpretiert, um dann weiterverarbeitet zu werden; es werden vorhandene Informationen überprüft oder erweitert. Die gespeicherten Erfahrungen basieren immer auf vorher gemachten Erfahrungen, und neue Informationen werden nur in Verbindung mit diesen abgespeichert. Lernen und Verstehen können nach dieser Lerntheorie durch das Bauen von Lerngerüsten unterstützt werden.

Das »Cognitive Apprenticeship Model« (Collins, Brown und Newman 1987)

- Das Grundprinzip des »Cognitive Apprenticeship«-Ansatzes besteht darin, dass Lernende über authentische Aktivitäten und natürliche soziale Interaktionen gewissermaßen in eine Expertenkultur eingeführt werden. Nach und nach werden diese Problemstellungen immer komplexer gestaltet, um Wissen und Kompetenzen zu erweitern. Dabei kommt der Interaktion zwischen dem Lernenden und dem Lehrenden eine besondere Bedeutung zu. Um Lernprozesse differenziert zu unterstützen, steht Lehrkräften das folgende Verhaltensrepertoire zur Verfügung:
- *Modelling* (modellhaftes Vormachen): Beim sogenannten Modellieren führt der Lehrende das Vorgehen vor und erläutert dazu, was er macht und was er dabei denkt. So werden die (in seinem Inneren) ablaufenden kognitiven Prozesse sichtbar.
- *Coaching* (Begleitung): Jetzt beschäftigt sich der Lernende mit dem Problem und wird bei Bedarf vom Lehrenden unterstützt.
- *Scaffolding* (Gerüstbauen): Bei Schwierigkeiten hilft der Lehrende dem Lernenden mit Hinweisen (vgl. auch den ausführlichen Abschnitt zu »Scaffolding«).
- *Fading* (Ausblenden): Je besser der Lernende mit dem Problem allein zurechtkommt, desto mehr zieht sich der Lehrende aus dem Prozess und der Unterstützung zurück.

- Weitere wichtige Prinzipien zum Aufbau metakognitiver Strukturen sind:
- *Articulation* (laut Denken): Der Lernende soll während des Lernprozesses ebenfalls die Denkprozesse und Problemlösestrategien laut aussprechen.
- *Reflection* (Reflektieren): Die laut ausgesprochenen Vorgehensweisen und Problemlösestrategien werden verglichen und diskutiert.
- *Exploration* (Erkunden): Nachdem der Lehrende sich ausgeblendet hat, regt er den Lernenden zu selbstständigem Entdecken und eigenen Problemlösungen an.

In der *konstruktivistischen Lerntheorie*, die auf den philosophischen Konstruktivismus zurückgeht, wird Lernen verstanden als individueller Prozess der Selbstorganisation des Wissens, der sich auf der Basis der Wirklichkeits- und Sinnkonstruktion jedes einzelnen Individuums vollzieht. (vgl. auch Kap. 16, S. 182)

Wissen ist keine Kopie der Wirklichkeit, sondern die Konstruktion jedes einzelnen Schülers. Daher kann es auch nicht wie ein Gegenstand vom Lehrenden zum Lernenden »transportiert« werden. Konsequenz dieser Sichtweise ist, dass der Lernende immer in einem Kontext lernt und nie losgelöst davon.

Prinzipien der konstruktivistischen Pädagogik (nach Meixner/Müller 2001)

- Wissenserwerb erfolgt in Abhängigkeit von Vorwissen, Wahrnehmung, Handlungskontext und Affektlage.
- Wissenserwerb verläuft individuell unvorhersehbar entlang einem unabgeschlossenen Kontinuum von Stadien des Interimswissens.
- Wissenserwerb kann nicht geplant, sondern nur gelenkt werden, da Wissen selbstorganisierend und emergent ist.
- Wissen ist im Idealfall miteinander vernetzt und daher produktiv, flexibel und transferfähig.
- Wissen ist sinn- und bedeutungsstiftend, also als Deutungswissen rekonstruierbar.
- Wissen ist dynamisch und befindet sich in ständigem Umbau, der auch träges (d. h. nicht transfer- und anwendungsfähiges) Wissen erzeugt.
- Wissen ist sozial ausgehandelt und situiert.
- Wissen erwächst aus Problemlösesituationen und führt zu Lösungsstrategien in jenen Domänen, für die der Lernende zu einem handlungsfähigen Experten wird.
- Wissensvermittler verstehen sich als Gestalter effektiver Lernumgebungen und versuchen, die Lernenden in bestimmten Domänen an eine Expertenkultur heranzuführen.

8.1.2 Intentionales versus implizites Lernen

Unterschieden wird zwischen dem intentionalen, expliziten Lernen und dem beiläufigen, impliziten Lernen. Das intentionale Lernen beschreibt alle Lernprozesse, die bewusst geplant und vom Lernenden selbst gesteuert werden. Wenn Anna sich abends eine halbe Stunde Zeit nimmt, um mithilfe von Lernkärtchen die Englischvokabeln zu üben, dann ist das eine Form des intentionalen Lernens. In der Realität lernen wir Menschen aber nicht nur auf diese Weise. Häufig eigenen wir uns Fertigkeiten und Wissen durch unbewusste oder sogar spielerische Aktivitäten an, die für uns nicht unter dem Vorzeichen des Lernens stehen. Wenn Jonas z. B. in den Sommerferien seine Tante in England besucht, dann wird er durch die Gespräche mit den Verwandten in England und die Bewältigung von Alltagssituationen wie dem Kauf einer Bahnfahrkarte neue englische Wörter kennenlernen, seine eigenen Sprachkenntnisse in Wortschatz und Grammatik auf ihre Wirkung testen und dabei ganz ohne formale Lernumgebung, wie sie z. B. die Schule darstellt, ein Feedback erhalten. Die unbewusste Aneignung von Fertigkeiten und Wissen nennt man implizites Lernen. Kinder erlernen so in der frühen Kindheit z. B. ihre Muttersprache und ihr soziales Verhalten. Heute weiß man, dass ein Kleinkind mehrere Sprachen implizit lernen kann, wenn diese auf authentische Weise (z. B. durch die Alltagssprache eines Elternteils) immer wieder in seiner Lebenswelt vorkommen.

Unter »Lernen am Modell« (Bandura 1976) versteht man alle Lernprozesse, die durch die Beobachtung des Verhaltens anderer Menschen zustande kommen. Vorbilder, also »Modelle«, sind Menschen, deren Verhalten man nachahmen oder imitieren kann oder mit denen man sich identifiziert. Daher spricht man auch von »Imitationslernen« oder »Identifikationslernen«. Beim Modelllernen werden entweder neue Verhaltensweisen, die sich bisher nicht im Repertoire einer Person finden, erlernt oder bestehende Verhaltensweisen durch Modelllernen gehemmt oder enthemmt. Der amerikanische Psychologe Albert Bandura führte dazu sein berühmtes »Rocky-Experiment« durch.

»Rocky-Experiment« (Bandura 1976)

Vierjährige Kinder aus drei verschiedenen Gruppen sahen einen Film über einen Erwachsenen namens Rocky, der eine Puppe namens Bobo durch Schlagen, Treten und die Verwendung von Schimpfwörtern aggressiv behandelte. Die Kinder sahen bis zu diesen Szenen alle den gleichen Film. Am Ende unterschieden sich die Filme darin, wie auf Rockys Verhalten reagiert wurde:
a) Das aggressive Verhalten von Rocky wurde belohnt.
b) Das aggressive Verhalten von Rocky wurde bestraft.
c) Das aggressive Verhalten von Rocky hatte keine Konsequenzen.
Nach dem Anschauen des Films durften die Kinder in einen Raum mit vielen Spielsachen gehen. Unter den Spielsachen war auch die Puppe Bobo, die Rocky im Film

so aggressiv behandelt hatte. Albert Bandura und seine Forschergruppe beobachteten nun, welche Kinder das Verhalten von Rocky imitierten und welche dies nicht taten.

War Rocky zuvor gelobt worden, dann wurde sein Verhalten von vielen Kindern nachgeahmt.

Wenn Rocky aber zuvor für sein Verhalten bestraft worden war, dann imitierten nur wenige Kinder sein Verhalten.

Wenn den Kindern eine Süßigkeit versprochen wurde für den Fall, dass sie das Verhalten von Rocky nachspielten, taten dies alle Kinder.

Der Sozialpsychologe Bandura schloss daraus, dass die Kinder das Verhalten des Vorbildes gleichermaßen erlernten, dass sie es aber jeweils in Abhängigkeit von den zu erwartenden Konsequenzen unterschiedlich reproduzierten. Es gibt also einen Unterschied zwischen dem Erwerb beobachteten Verhaltens und dessen tatsächlicher Ausführung. Bandura nannte diese Lernprozesse *latentes Lernen* (»verborgenes Lernen«).

8.2 Selbstgesteuertes Lernen

Das Modell des selbstgesteuerten Lernens geht davon aus, dass Bildungserfolg in sehr hohem Maße davon abhängt, inwiefern Menschen in der Lage sind, ihr Lernen in Eigenverantwortung reflexiv zu organisieren und zu verantworten. Die Gesellschaft bietet Individuen heute viele unterschiedliche Bildungswege und Lebenskonzepte an. Da spielt die Fähigkeit, Verantwortung für seinen eigenen Bildungsprozess zu übernehmen und eigene Lernprozesse zu planen, eine Schlüsselrolle für Bildungserfolg – vor allem jenseits der Schule im »lebenslangen Lernen«.

Ein wichtiges Bildungsziel von Schule ist heute, dass Schüler/innen metakognitive Kontrollprozesse durch das Üben dieser im Unterricht so internalisieren, dass sie sie über die Schulzeit hinaus anwenden können. Metakognitive Kontrollprozesse sind Strategien, die Menschen im Alltag anwenden können, um die Beobachtung und Steuerung ihrer eigenen Denk- und Lernprozesse zu verbessern. Das eigene Lernen selbst zu steuern heißt zum einen, Lernumgebungen, Lernsituationen und Lernunterstützung bewusst zu wählen und zu gestalten. Zum anderen ist es wichtig, intrapersonale Einflussfaktoren des Lernprozesses wie Emotionen, Motivation und kognitive Komponenten zu kennen und selbst regulieren zu können. Diese Fähigkeit zur internen Selbstregulation ist entscheidend, um Ausdauer, Konzentration und Motivation im Lernprozess entwickeln und erhalten zu können. Lehrkräfte können dies durch ihr Handeln positiv beeinflussen und dem Lerner helfen, Selbststeuerungs- und Selbstregulationskompetenzen aufzubauen (Boekaerts 2009).

Definition: Metakognition

In den letzten Jahren hat der Begriff »Metakognition« einen wichtigen Stellenwert in der Schulpädagogik erhalten. Metakognition bedeutet die Bewusstheit eines Menschen für seine eigenen kognitiven Prozesse. Metakognition wird als Voraussetzung für die Fähigkeit zu effektivem Lernen und Problemlösen und zum selbstreguliertem Lernen angesehen. Metakognition umschreibt z. B. die folgenden Fähigkeiten:

– sich adäquates Lernmaterial besorgen
– Lernprozesse zeitlich strukturieren und planen
– angemessene Lernstrategien kennen und auswählen
– sich auf eine Aufgabe über längere Zeit konzentrieren, auch wenn das Erreichen des Leistungsziels erkennbare Mühe erfordert
– andere Bedürfnisse während des Lern- und Arbeitsprozesses aufschieben, um ein Lernziel zu erreichen
– Fehler als Quelle von Lernprozessen und nicht als Zeichen für Scheitern werten
– den eigenen Lernfortschritt realistisch selbst bewerten und sich dabei auch an Kriterien orientieren
– sich in Lernprozessen realistische Lern- und Arbeitsziele setzen.

Selbstreguliertes Lernen

Im theoretischen Modell des selbstregulierten Lernens nach Boekaerts (1999; 2009) werden drei unterschiedliche Regulationssysteme unterschieden, die in Lernprozessen zusammenwirken und diese steuern:

• das kognitive Regulationssystem
• das metakognitive Regulationssystem und
• das motivationale Regulationssystem

Um erfolgreich lernen zu können, müssen diese drei zusammenwirken, d. h. der Lernende aktiviert sein Vorwissen und bringt seine kognitiven Kompetenzen in den Lernprozess ein,

• er ist in der Lage, metakognitiv über sein Lernen und dessen Bedingungen zu reflektieren und geeignete Lernstrategien anzuwenden, und
• er ist in der Lage, durch ein realistisches und zugleich positives Selbstkonzept sowie
• entsprechende Selbstwirksamkeits- und Kontrollüberzeugungen für eine eigene Lernhandlung Ausdauer, Konzentration und Zielorientierung zu entwickeln und sich gegebenenfalls durch soziale Interaktion Unterstützung zu holen (motivationales Regulationssystem).

8.3 Einflussfaktoren auf das Lernen

8.3.1 Kognitive Komponenten

Unter den kognitiven Bedingungen des Lernens versteht man das Zusammen-spiel aus teilweise genetisch determinierter und teilweise durch frühere Lern-prozesse beeinflusster Intelligenz des Lernenden, den Lernstrategien, die der Lernende beherrscht und anwendet, und seinem Vorwissen.

Intelligenz + Lernstrategien + Vorwissen

8.3.2 Emotionale Komponenten

Lernen wird von positiven und negativen Gefühlen eines Menschen beein-flusst. Emotionen haben Auswirkungen auf die Aktivierung und die Antriebs-kraft eines Menschen, sie beeinflussen seine Motivation und sind bedeutsame »Schaltstellen« für kognitive Prozesse (Hascher 2005). Durch die Hirnfor-schung wurde nachgewiesen, dass Lernen und die Ausbildung eines komple-xen, lernfähigen Gehirns von positiven Interaktionen mit Bezugspersonen und von positiven Gefühlen wie Sicherheit, Geborgenheit und Vertrauen abhängen (Hüther 2006). Die Schülerin Veronika z. B. hat in der letzten Französischar-beit die Note »mangelhaft« erhalten. Jetzt steht wieder eine Arbeit an. Sie weiß, dass sie in dieser Arbeit besser abschneiden sollte, aber das Resultat der vergan-genen Arbeit beeinflusst ihren Lernprozess. Immer wieder ist sie entmutigt, weiterzulernen, weil sie sich nach der schlechten Note in der letzten Arbeit in Französisch momentan nicht viel zutraut. Zum Glück nimmt ihre Lehrerin sich Zeit zu einem Gespräch. Sie gehen die vergangene Arbeit noch einmal durch und besprechen konkrete Strategien, wie Veronika diesmal lernen sollte, um ihre Leistung zu verbessern. Nach dem Gespräch ist Veronika wieder ermu-tigt und kann sich zum Vorbereiten der Arbeit motivieren.

8.3.3 Motivationale Komponenten

Motivation und Interesse sind zentrale Einflussvariablen in Lernprozessen. Sie beeinflussen, mit welchen Zielen ein Schüler sich auf einen bestimmten Lern-prozess einlässt und was diesen Lernprozess am Laufen hält. Interesse ist im-mer auf einen konkreten Gegenstand gerichtet, eine Person hat bzw. entwickelt Interesse an oder für etwas. Interesse ist ein Motor für Lernmotivation, also die Absicht, bestimmte Inhalte oder Fähigkeiten zu erlernen (Wild/Hofer/Pekrun 2001). Der 13-jährige Thomas interessiert sich für das Zeitalter des alten Roms. Er hat zu Hause mehrere Sachbücher und eine DVD zum Thema und mit Be-geisterung die Romane vom römischen Jungen Caius und seinem Leben im al-ten Rom gelesen. Im Deutschunterricht soll nun jeder Schüler ein Buch vorstellen. Thomas entscheidet sich für ein Sachbuch über das Alltagsleben im alten Rom und stellt dies aufgrund seines Interesses am Thema engagiert und mit erkennbarer Kompetenz vor der Klasse vor.

Im Zusammenhang mit Motivation sind drei Begriffe von Bedeutung für die Schule:

Leistungsmotivation beschreibt die Absicht, etwas zu leisten, d. h. Erfolge zu erzielen und Misserfolge zu vermeiden (Wild/Hofer/Pekrun, 2001), unabhängig vom Inhalt oder Gegenstand des Lernprozesses. Zur Bewertung des Ergebnisses des Lernprozesses (der »Leistung«) wird ein individuell als gültig erachteter Gütemaßstab herangezogen. Beispiel: Judith geht gerne in die Schule. Die meisten Aufgaben machen ihr Freude, und vor Tests hat sie keine Angst. Sie sieht sie als Möglichkeit sich selbst und anderen ihre eigene Leistung zu zeigen.

Intrinsische Motivation beschreibt die Auseinandersetzung mit Lerninhalten um ihrer selbst willen und kann auf Inhalte oder Tätigkeiten bezogen sein. Intrinsische Motivation begünstigt eine Mastery-Orientierung beim Lernen, d. h. der Schüler möchte eine Leistung besonders gut erbringen, weil ihm der Prozess der Arbeit Freude bereitet. Beispiel: Sabine hat Freude an der Mathematik. Das Lösen von Aufgaben und das Führen abstrakter mathematischer Beweise lässt sie die Zeit und die Welt um sie herum vergessen. Sie geht in dieser Tätigkeit auf und hört nicht auf, zu arbeiten, bis sie ein Problem gelöst hat. In einem Mathematikstudium möchte sie nach dem Abitur noch tiefer in die Welt der Mathematik eintauchen.

Extrinsische Motivation beschreibt die Bereitschaft zum Lernen in Abhängigkeit von Anreizen, die von außen gestellt sind. Extrinsische Motivation begünstigt eine Performance-Orientierung beim Lernen, d. h. der Lernende möchte eine Leistung so erbringen, dass ein mit der Leistungserbringung verknüpftes (außerhalb der eigentlichen Leistung liegendes) Ziel erreicht wird, z. B. eine gute Note zu bekommen. Beispiel: Simon möchte nach dem Abitur Architektur studieren. Er interessiert sich schon seit einigen Jahren für Städtebau und hatte sogar schon die Möglichkeit, ein Praktikum bei einem Stadtplaner zu absolvieren. Mathematik gehört in der Schule nicht zu seinen Lieblingsfächern. Er bringt zwar gute Leistungen, muss sich dafür aber auch anstrengen. Für die Zulassung zum Studium der Architektur spielt die Abiturnote in Mathematik eine wichtige Rolle. Um sich seinen Traum eines Architekturstudiums in München zu verwirklichen, übt Simon im Jahr vor den Abiturprüfungen jeden Tag eine Stunde lang Mathematik.

Die Selbstbestimmungstheorie der Motivation (nach Deci und Ryan 1993)

Diese Theorie geht davon aus, dass sich im Lernprozess vor allem die Berücksichtigung von drei Grundbedürfnissen besonders positiv auf die Entwicklung der Lernmotivation von Schülerinnen und Schülern auswirkt:
- das Erleben eigener Selbstbestimmung
- das Wahrnehmen des eigenen kompetenten Handelns
- das Gefühl der emotionalen Zugehörigkeit und des Eingebundenseins

Alle drei Variablen können Lehrkräfte im Unterricht steuern und somit die Lernmotivation von Schülerinnen und Schülern positiv beeinflussen:

Beispiel: Grundbedürfnis der Selbstbestimmung
Im Deutschunterricht der vierten Klasse einer Grundschule dürfen die Kinder ein eigenes kleines Buch zu einem selbst gewählten Thema schreiben und illustrieren. Florian schreibt eine Geschichte über den Ritter Roland von der Schauenburg, da er sich sehr für das Mittelalter interessiert.

Beispiel: Grundbedürfnis der Wahrnehmung eigenen kompetenten Handelns
Die achte Klasse renoviert gemeinsam einen alten Schuppen in der Nähe der Schule, aus dem ein Jugendcafé werden soll. Viele unterschiedliche Kompetenzen sind in diesem Prozess gefragt. Jana und Leon zeichnen gerne und machen gemeinsam einen Entwurf für ein großes Wandgemälde. Jonas und Lara, die gerne rechnen, vergleichen die Preise unterschiedlicher Baumärkte und erstellen eine Kalkulation für den Kauf des Baumaterials.

Beispiel: Grundbedürfnis der emotionalen Zugehörigkeit und des Eingebundenseins
Zu Beginn des Schuljahres fährt die Klasse 5b ins Landschulheim. Ziel dieses Aufenthalts ist es, dass die Kinder sich dort kennenlernen sollen, damit aus der Klasse eine Gemeinschaft werden kann. In spielerischen Situationen und gemeinsamen Erkundungen lernen sie, gemeinsam und füreinander Verantwortung zu übernehmen und sich gegenseitig zu unterstützen.

8.4   Die Bedeutung eines positiven Selbstkonzepts

Von besonderer Bedeutung für erfolgreiches und beständiges Lernen ist ein positives Bild des Lerners von seinen eigenen Fähigkeiten. Das sogenannte »Selbstkonzept«, auch Fähigkeitsselbstbild, eines Menschen umfasst alle auf die eigene Person bezogenen Informationen, wie z. B. das Wissen über eigene Fähigkeiten, Vorlieben, Überzeugungen und Absichten bezüglich des Lernens. Das Selbstkonzept hat auch eine emotionale Komponente in Form von Überzeugungen des Lerners, welche Emotionen das Lernen bei ihm/ihr auslöst oder in der Zukunft auslösen wird. Jeder Lernende schätzt seine eigenen Kompetenzen und Fähigkeiten subjektiv ein. Die daraus folgenden Erwartungen und Überzeugungen, beeinflussen die Emotionen des Lerners und den Verlauf des Lernprozesses stark.

Beispiel: Lea hat vor jeder Mathearbeit Bauchschmerzen. Mathe macht ihr keine rechte Freude, weil sie sich in dem Fach nicht viel zutraut. Ihre Noten lagen bisher immer im Bereich von »befriedigend« und »ausreichend«. In allen anderen Fächern ist Lea eine brillante Schülerin. Nach der letzten Mathearbeit hat ihre Lehrerin sie gelobt, weil sie eine der schwierigen Aufgaben richtig gelöst hat. Jetzt bereitet sie sich mit mehr Zuversicht auf die nächste Klassenarbeit vor.

8.4.1 Kontroll- und Selbstwirksamkeitsüberzeugungen

Erwartungen und Überzeugungen eines Lernenden bezüglich seines eigenen Lernprozesses werden als »Kontroll- und Selbstwirksamkeitsüberzeugungen« beschrieben. Sie sind für die Steuerung des eigenen Lernens von großer Bedeutung. Die sogenannten »Kausalattributionen« sind mit dem Selbstkonzept eines Lerners eng verknüpft. Erfolgen und Misserfolgen schreibt der Lernende bestimmte Ursachen zu. Wie dies geschieht, hat Einfluss auf Emotionen, die er mit dem Lernen verknüpft, und auf seine Motivation. Führt er Erfolge auf in seiner Person liegende Ursachen wie z. B. Fähigkeiten zurück, wird sein Selbstkonzept positiv geprägt. Es entstehen positive Emotionen, die Motivation steigt. Auch negative Erfahrungen kann ein Lernender ohne negative Wirkung auf sein Selbstkonzept verarbeiten, wenn die Ursachen für die negativen Erfahrungen außerhalb der eigenen Person liegen (Boekaerts 2009).

Beispiel: Janne macht gern Englisch in der Schule. In den letzten Wochen hat sie sich am Unterricht aber praktisch nicht beteiligt, und die Klassenarbeit war weit unter dem Niveau, das sie von sich gewohnt ist. Jannes Vater war während dieser Zeit krank, sie hat sich Sorgen gemacht und konnte sich nicht auf die Schule konzentrieren. Inzwischen geht es ihrem Vater besser. Sie ist sich sicher, dass sie jetzt wieder mit vollen Elan lernen kann, und freut sich auf die Schule.

Führt der Lernende dagegen Misserfolge nur auf in der Person liegende Ursachen zurück, hat das einen negativen Einfluss auf das Selbstkonzept, es werden negative Emotionen mit dem Lernen verknüpft, was wiederum zu sinkender Motivation und eventuell Vermeidung von Herausforderungen führt.

Beispiel: Lukas kann sich kaum dazu motivieren, die Englischarbeit vorzubereiten. Er hat eine bestimmte grammatikalische Form nicht verstanden. »Ich bin einfach zu doof für Englisch-Grammatik«, denkt er und geht lieber ins Schwimmbad, als die für den nächsten Tag angekündigte Klassenarbeit vorzubereiten.

Wichtig für das Selbstkonzept und die Motivation des Lernenden ist es, dass er Erfolge und Misserfolge realistisch Ursachen in- und außerhalb seiner Person zuordnen kann. Diese Fähigkeit entwickelt sich erst im Laufe der Grundschulzeit. Das Kind lernt nach und nach, Ursachen für Erfolg und Misserfolg bezogen auf die eigene Tüchtigkeit und die Aufgabenschwierigkeit zu analysieren und zu »attribuieren«, d. h. Erfolg und Misserfolg bestimmten Faktoren zuzuschreiben. Kinder lernen, zwischen Fähigkeit und Anstrengung zu unterscheiden. Diese Unterscheidung ist ihnen erst möglich, wenn sie beginnen, formal und nicht mehr nur bildlich-konkret zu denken, d. h. im Alter von zehn bis zwölf Jahren. Zum Ende des Grundschulalters, zwischen zehn und zwölf Jahren, können Kinder ein Wissen darüber entwickeln, wie die eigenen Fertigkeiten und Fähigkeiten beschaffen sind, welche Möglichkeiten sie haben, sich anzustrengen, und wie dies mit unterschiedlich schwierigen Aufgaben und Herausforderungen in Beziehung steht. Dadurch eröffnen sich ihnen neue Möglichkeiten, Handlungen zu kontrollieren.

8.5 Lernen als sozialer Prozess

Lernen ist nicht nur ein individueller, sondern auch ein sozial-kommunikativer Prozess. Wissen und Kompetenzen werden nicht passiv erworben, sondern aktiv in Interaktionen mit Umwelt und Mitmenschen konstruiert. Dabei spielen sowohl die Beziehungen zu Gleichaltrigen eine Rolle als auch die Interaktion mit Personen, die einen Wissens- und Erfahrungsvorsprung haben, wie z. B. Lehrkräfte, Eltern und Geschwister.

Für das Lernen sind beide Arten der Interaktion wichtig. Aus der Perspektive des interaktionistischen Konstruktivismus sollte der Lernende seinen Lernprozess in der Interaktion mit anderen selbst steuern können. Die Rolle des Erwachsenen ist dann die eines Begleiters des Lernprozesses. Er kann – je nach Bedarf in unterschiedlichem Maße strukturierte – Lernumgebungen bereitstellen und Hilfen zum Erschließen von Wissen geben. Außerdem beobachtet er den Lernprozess und kann Unterstützung und Feedback geben. Unter Gleichaltrigen *(Peers)* ist es besonders effektiv, wenn diese sich gegenseitig unterrichten (»Lernen durch Lehren«).

Definition: Zone der nächsten Entwicklung (Vygotsky)

Die »Zone der nächsten Entwicklung« bezeichnet den Bereich oberhalb des aktuellen Entwicklungsstandes eines Lernenden. Durch die Interaktion mit einer Person, die einen Kompetenzvorsprung hat, kann ein Kind mit Anleitung und Unterstützung Aufgaben lösen, die diesem Bereich entsprechen. Nach dieser Phase der Unterstützung wird der Lernende die Aufgabe selbstständig lösen können und die entsprechende Entwicklungsstufe vollständig erreicht haben.

8.6 Zum Nach- und Weiterdenken

Vertiefung

Mehr zum Thema finden Sie im Download-Bereich.

1. Ein Lehrer gibt im siebten Schuljahr Klassenarbeiten zurück. Er wendet sich an Tim und erklärt, dass er die schwächste Arbeit von allen geschrieben habe.
– Diskutieren Sie diese Begebenheit vor dem Hintergrund des Ansatzes von Deci und Ryan und entwickeln Sie ein Konzept für ein Lehrerverhalten, das diesem Konzept entspricht.
2. Ein positives Selbstkonzept ist für künftige Lehrerinnen und Lehrer bedeutsam. Bearbeiten Sie die Selbstwirksamkeitsskala (Download) von Schwarzer und Schmitz und reflektieren Sie Ihr individuelles Ergebnis.

9 Unterrichtsqualität: Was ist guter Unterricht und wie lässt sich die Qualität von Schule und Unterricht ermitteln?

9.1 Ein Beispiel als Ausgangspunkt

Am Ende einer Unterrichtsstunde werden Schüler gefragt, wie ihnen der Unterricht gefallen hat. Tina sagt, dass Frau Müller streng sei und wenig Humor habe. Gut, dass jetzt Pause sei. Tom meint, dass ihn das Thema »Vulkane« sehr interessiere und dass ihm der Unterricht gut gefallen habe. Eine Studentin, die den Unterricht gesehen hat, findet alles prima. Sie nimmt an, dass der Unterricht den Schülern Spaß gemacht habe. Eine Hochschuldozentin, die den Unterricht beobachtet hat, hat sich eine Liste an Stichpunkten notiert, über die sie ins Gespräch über diesen Unterricht kommen könnte. Ganz besonders fiel ihr auf, dass das Anspruchsniveau nicht angemessen war.

Abb. 25: Bewertungen beruhen auf Maßstäben

Bewertungen basieren immer auf Maßstäben. Die Maßstäbe sind gelegentlich nicht an den Sachgegenstand gebunden. Hierzu ein Beispiel:

Beispiel: Das Dr.-Fox-Experiment

Im Jahr 1970 wurde folgendes Experiment von D. H. Naftulin, John E. Ware und Frank A. Donnelly erstmals durchgeführt: Ein Schauspieler, Michael Fox, sollte einen vollkommen unsinnigen Vortrag zum Thema »Mathematical Game Theory as Applied to Physician Education« (»Die Anwendung der mathematischen Spieltheorie in der Ausbildung von Ärzten«) halten. Der Schauspieler wurde als Experte vorgestellt und war instruiert, einen witzigen Vortrag zu halten und Aussagen gestenreich zu unterstreichen. Es wurde mit mehreren Experimentalgruppen gearbeitet (in einer Gruppe befanden sich Psychiater, Psychologen und Ausbilder für Sozialarbeit). Die Teilnehmer/innen (zwischen 87 und 100 Prozent der Gruppen) gaben an, dass sie durch den Vortrag zum Nachdenken über das Thema angeregt worden seien.

Das Beispiel zeigt, dass auch Merkmale bei Bewertungen eine Rolle spielen können, die mit dem Gegenstand der Beurteilung (Qualität des Vortrags) nichts zu tun haben. Im »Dr.-Fox-Experiment« konnte gezeigt werden, dass die Vortragstechnik die Einschätzung der inhaltlichen Qualität stark beeinflusst. Sprechen wir von »gutem« oder »schlechtem« Unterricht, so haben wir vorab einen Maßstab angelegt. Um Aussagen zur Unterrichtsqualität einordnen zu können, ist es wichtig, diesen Maßstab zu kennen und dabei andere mögliche Maßstäbe sowie mögliche Einflussfaktoren im Blick zu haben. In diesem Kapitel werden unterschiedliche Maßstäbe vorgestellt. Zunächst sei jedoch geklärt, was Unterricht überhaupt ist.

9.2   Was ist Unterricht?

Will man Unterricht definieren, so kann man folgende Überlegung anstellen: Wenn man allen Unterricht, der auf der Welt stattfindet und stattfand, vergleichen würde, müssten sich Merkmale extrahieren lassen, die bezeichnend und grundlegend sind für Unterricht. Vergleichen wir beispielhaft die folgenden beiden Lehr-Lern-Situationen:

Beide Lernsituationen, wiewohl sie Jahrhunderte auseinanderliegen, zeichnen sich dadurch aus, dass da jemand ist, der etwas lernen möchte oder lernen soll (Schülerinnen und Schüler), dass die Aufmerksamkeit auf eine Sache gerichtet ist (Lerngegenstand), dass jemand da ist der die Lernsituation gestaltet (Lehrperson). Die Aufmerksamkeit hat eine Richtung (Zeigegeste) und ist auf einen bestimmten Aspekt der Sache gerichtet (Intentionen). Weiterhin ist der Lernkontext bedeutsam (institutionelle Voraussetzungen). Es ist ein Weg beschritten, wie das Lernen stattfindet (Methode), und der Lerngegenstand ist über Hefte bzw. Papiere vermittelt (Medien). Diese Grundelemente konstituieren Unterricht.

Abb. 26: Merkmale von Unterricht

> **Definition: Unterrichten**
>
> Beim Unterrichten plant und gestaltet eine Lehrperson ein Lehr-Lern-Arrangement für Schülerinnen und Schüler, damit die Schülerin bzw. der Schüler Aspekte einer Sache versteht und begreift. Unterricht ist somit intentional. Bei der Planung bezieht die Lehrperson die gegebenen Voraussetzungen (der Schüler, der Lehrperson, der Schule) ein und bedenkt und bewertet alternative methodische Möglichkeiten. Da die Planung von Unterricht prospektiv ist, deckt sich die Planung häufig nicht mit der tatsächlichen Umsetzung. Hier gilt es, die Planung jeweils in der Unterrichtssituation an die Gegebenheiten anzupassen.

9.3 »Guter Unterricht« im Wandel der Zeit

9.3.1 Guter Unterricht ist gestufter Unterricht – Das 19. Jahrhundert

Jeder Unterricht ist strukturiert, denn die Lehrperson erdenkt sich Arbeitsschritte, die einen Zugang zur Sache eröffnen sollen. Die Strukturiertheit ist für jeden Unterricht bedeutsam, unabhängig vom Maß der Lenkung, denn auch offene Unterrichtsformen (z. B. Projektunterricht) müssen sorgfältig geplant und strukturiert werden. Allerdings gibt es methodische Zugänge, bei denen das Planen und Strukturieren zum Arbeitsprozess gehören und die Strukturierung der Lehrperson darauf zielt, den Schüler/innen Planung zu ermöglichen (z. B. Projektunterricht). Daneben existieren methodische Zugänge, bei denen die Abfolge der Schritte von der Lehrperson sehr kleinschrittig geplant und vorgegeben ist. Diesen stark gelenkten Unterricht findet man öfter in Zeiteinheiten von 45 Minuten. Der fragend-entwickelnde Unterricht (auch Frontalunterricht) ist die am häufigsten angewandte Unterrichtsmethode an deutschen Schulen (z. B. für Baden-Württemberg: Bohl 2000). In der kürzesten Darstellung von Unterricht, der tabellarischen Verlaufsplanung, sind diese Schritte mit einer Tabellenzeile festgehalten:

Zeitplanung	Phasenstruktur	Schüler-Lehrer-Interaktionen	Sozialformen	Medien
8.00 Uhr		Lehrerin stellt sich vor.		
8.02 – 8.07 Uhr (5 Minuten)	Hinführung zum Thema	L: »Heute soll es um ein Tier gehen, das ihr alle kennt und schon oft gesehen habt. In einem Buch habe ich ein Gedicht zu diesem Tier gefunden.« Lehrerin trägt ein Gedicht vor, das bestimmte Merkmale der Schnecke akzentuiert (Langsamkeit, Fühler, Sehen, Schneckenhaus). Schülerinnen und Schüler begründen, weshalb das Gedicht von einer Schnecke handelt. Es besteht die Gelegenheit, dass die Kinder eigene Erfahrungen und Wahrnehmungen thematisieren.	Klassengespräch (Schülerinnen und Schüler bilden einen Halbkreis im vorderen Teil des Klassenzimmers)	Text mit Gedicht und freie Seite mit Fragezeichen.
	Entwicklung einer Fragestellung »an den Unterrichtsgegenstand«	Schülerinnen und Schüler zeichnen für sich die Schnecke auf einen Notizzettel. Sobald die Skizze fertig ist, kommen die Kinder an die Tafel (Halbkreis).	Einzelarbeit	Notizzettel
8.07 – 8.13 Uhr (5 Minuten)	Entwicklung einer Fragestellung »an den Unterrichtsgegenstand«; Erfahrungen wiedergeben und an sie anknüpfen	L: »Neben diesem Gedicht war folgendes Bild zu finden«. Lehrerin heftet Bild von einer Schnecke an die Tafel, das den Körperbau der Schnecke nicht korrekt wiedergibt. (»Impuls«: Sehen die Schnecken, die ihr gesehen habt, so aus?) Schülerinnen und Schüler vergleichen ihre Zeichnung mit dem Tafelbild und bringen Magnetpfeile an den Stellen an, an denen sie vermuten, dass die Schnecke anders aussieht, als gezeichnet. Weitere Fragen zur Schnecke können gesammelt werden.	Klassengespräch (Schülerinnen und Schüler bilden einen Halbkreis im vorderen Teil des Klassenzimmers)	Bilder von Schnecken (mit Hinweis, wer es gemalt hat), die sich unterscheiden. Magnetpfeile, die mit Namen der Schülerinnen und Schüler versehen werden können Weitere Fragen werden gegebenenfalls notiert.

Tab. 3: Beispiel eines tabellarischen Unterrichtsverlaufs

Ähnlich einer Rede sind in Unterrichtsverläufen mindestens drei Schritte erkennbar (»didaktischer Dreiklang«): eine Einleitung (Hinführung, Unterrichtseinstieg, Problemstellung), ein Hauptteil (Erarbeitung und Vertiefung) und ein Schlussteil (Sicherung, Aufräumen, Zusammenfassung). Insbesondere im 19. Jahrhundert war in Deutschland die Idee verbreitet, dass es so etwas wie eine ideale Stufung des Unterrichts gebe. Die Formalstufentheorie wurde von Johann Friedrich Herbart entwickelt.

Johann Friedrich Herbart: Formalstufentheorie

(→ Download zur Vertiefung und Ergänzung: Textauszug aus Johann Friedrich Herbarts Pädagogischen Schriften; Auflage aus dem Jahr 1890 und 1891).

»Das Ziel des Unterrichts liegt darin, Kinder und Jugendliche zu erziehen, ihren Charakter zu bilden, Sittlichkeit zu erreichen. Bedeutsam sind hierbei die *Ausbildung des Gedankenkreises* sowie die Ausbildung eines vielseitigen Interesses. Um dies zu erreichen, sollte der Unterricht folgendermaßen strukturiert sein:
– Stufe der Klarheit (Herausarbeiten der Inhalte, des Themas)
– Stufe der Assoziation (Verknüpfung des Neuen mit bekannten Vorstellungen)
– Stufe des Systems (Einfügen in eine Ordnung; Systematisierung)
– Stufe der Methode (Anwendung des Gelernten)

Diese Grundstruktur von Unterricht wird auch *Formalstufentheorie* genannt. Die Abfolge von Unterrichtsphasen bezeichnet man auch als *Artikulation von Unterricht*.

Abb. 27: Johann Friedrich Herbart (1776–1841)

Vertiefung

Mehr zum Thema finden Sie im Download-Bereich.

Herbarts Schriften waren ihrer Zeit weit voraus; Ansätze und Themenstellungen, die die modernen Sozialwissenschaften (insbesondere die Kognitionspsychologie und die Schulpädagogik) später wieder aufnahmen, sind in seinen Werken bereits diskutiert. Herbarts Schüler/innen und Nachfolger/innen (Herbartianer; z. B. Friedrich Wilhelm Dörpfeld, Karl Volkmar Stoy, Tuiskon Ziller, Wilhelm Rein) entwickelten die Formalstufentheorie weiter und erhoben sie zum Qualitätsmerkmal für guten Unterricht. Im Ergebnis dominierte die Lehre von den sogenannten »Formalstufen« die Gestaltung des Unterrichts; sie wurde zum Dogma. Guter Unterricht ist in diesem Sinne ausschließlich ein Unterricht, der die Formalstufen bzw. deren von den Herbartianern entwickelte Modifikationen durchläuft. Hierbei stand das Unterrichtsgespräch im Zentrum, das wurde von der Lehrperson gelenkt.

Reflexion/Übung (→ Download)

Lesen Sie den Unterrichtsverlauf einer Stunde, die Wilhelm Rein konzipiert hat.
Finden Sie die Stufen (Klarheit, Assoziation, System, Methode), die von Herbart entwickelt wurden.

Vertiefung

Mehr zum Thema finden Sie im Download-Bereich.

> Bewerten Sie die Kritik an diesem Unterricht aus reformpädagogischer Perspektive. Hier die zentralen Kritikpunkte:
> - Wissens- und Lernschule
> - Lehrerzentrierung
> - Disziplinierung
> - Unterdrückung der Selbsttätigkeit
> - Zwang zur passiven Rezeptivität
> - Betonung des Kognitiven
> - abstraktes Lernen – Erfahrungsarmut
> - Ausblendung der Lebenswirklichkeit

9.3.2 Guter Unterricht ist am Kind orientierter Unterricht – Die erste Hälfte des 20. Jahrhunderts

Weiterführende Literatur

Jürgens, E. (2010): Was ist guter Unterricht aus der Perspektive »der« Reformpädagogik? Vom Aktivitätsparadigma zum »schüleraktiven Unterricht«. In: Jürgens, E./ Standop, J. (Hrsg.): Was ist »guter« Unterricht? Bad Heilbrunn: Klinkhardt, S. 39–81.

Anfang des 20. Jahrhunderts wurde diese Form des Unterrichts massiv infrage gestellt. Das Hauptargument war, dass der gestufte buch- und lehrerzentrierte Unterricht die Schülerinnen und Schüler nicht mehr im Blick habe. Er wird ohne Reflexion mechanistisch durchgeführt. Der Unterricht werde träge, motiviere nicht, nehme die Bedürfnisse von Kindern und Jugendlichen nicht auf, trage nicht zu einer demokratischen Grundhaltung bei und sei ungesund. Die Lebenswirklichkeit werde ausgeblendet; Selbsttätigkeit unterdrückt. Mit dem Buch von Ellen Key, »Das Jahrhundert des Kindes«, war die Zeit reif, die verstaubte, an Formalstufen orientierte Buchschule zu kritisieren und ihr alternative Konzepte entgegenzustellen: Die Zeit der *Reformpädagogik* setzte ein. Hierbei handelt es sich um *eine Bewegung*, in der unterschiedliche Ansätze und Konzepte sich an einer Stelle trafen: Es ging darum, besseren, d. h. kindgerechteren, Unterricht zu entwickeln. Hierbei lassen sich verschiedene Strömungen unterscheiden: Die Arbeitsschulbewegung, bei der die Einlassung auf eine Sache durch praktische Arbeit erreicht wird. Sehr bekannt und beispielhaft ist der Bau eines Starenkastens. Friedrich Kerschensteiner gab seinen Schülerinnen und Schülern eine herausfordernde Aufgabe, indem sie aus einem Brett nach Anleitung einen Starenkasten bauen sollten. In Frankreich entwickelte Célestin Freinet den Schuldruck und ließ Kinder in Ateliers arbeiten. Die Kunsterziehungsbewegung setzte auf die Ausdruckmöglichkeiten des Kindes. Es wurden auch mit Bezug auf Entwicklungen in England (*Public Schools*) Landerziehungsheime (Herrmann Lietz, Gustav Wyneken, Paul Geheeb, Kurt Hahn) und Lebensgemeinschaftsschulen gegründet (Peter Petersen). Die Nähe zur Natur sollte zurückgewonnen und die Gemeinschaft erlebt werden. Die Entwicklung des Kindes und die Besonderheiten von Kindheit wurden stärker wahrgenommen (Maria Montessori) als zuvor und ein Unterricht gefordert, der zu Demokratiefähigkeit erzieht (John Dewey). Insgesamt ist für die reformpädagogische Bewegung bezeichnend, dass guter Unterricht am Kind orientiert sein soll, schülergerecht, und dass das Kind seine Möglichkeiten (Kräfte) entfalten können soll.

Reformpädagogik

Die Hauptphase der Reformpädagogik lag zwischen 1890 und 1930. Zwei Kernvorstellungen sind allen Strömungen innerhalb der Reformpädagogik gemeinsam:
- Erziehung und Bildung müssen am Kind orientiert sein.
- Erziehung und Bildung zielen auf freiheitlich-demokratische Lebensverhältnisse.

Guter Unterricht ist ein Unterricht, der diese Zielperspektiven im Blick hat und einlöst.

9.3.3 Guter Unterricht ist an Zielen orientierter Unterricht – Die 1970er-Jahre → Curriculumorientierung

Einen Anlass zur konzeptionellen Wende in der Bildungspolitik bildeten der sogenannte »Sputnik-Schock« und der von Georg Picht in Deutschland ausgerufene Bildungsnotstand. Wir haben diese Phase der Bildungspolitik an anderer Stelle dargelegt (vgl. Kap. 4.8). Gefordert wurde nun ein Unterricht, bei dem die Ziele aus den Anforderungen, die Erwachsene zu bewältigen haben, generiert werden. Wichtig war auch, dass die Ziele so formuliert wurden, dass an den Zielen ablesbar war, was die Schülerinnen und Schüler können sollten. Es wurden operationalisierte Ziele formuliert. Dies geschah auch vor dem Hintergrund, dass klar formulierte Ziele, deren Erreichung am Verhalten von Schülerinnen und Schülern ablesbar war, auch überprüft werden konnten. Beim »guten Unterricht« der 1970er-Jahren wurden Ziele aus den künftigen Herausforderungen abgeleitet, dimensioniert, hierarchisiert und operationalisiert formuliert. Die Umsetzung wurde über Evaluationen kontrolliert. Hier lassen sich Parallelen zur aktuellen Diskussion erkennen, was die Kontrollierbarkeit der Lernergebnisse anbelangt. Auch in den 1970er-Jahren wurden Vergleichsarbeiten eingeführt.

9.3.4 Guter Unterricht ist Unterricht, der bildet – Die 1980er- und frühen 1990er-Jahre

Zu Beginn der 1980er-Jahre trat eine Umorientierung in der deutschen Bildungspolitik ein. Die Curriculumorientierung und Curriculumforschung erfuhren immer stärkere Kritik. Zum einen waren die Zielperspektiven schwer ableitbar, zum anderen entstanden Zielkataloge in einer Feinheit und Ausdifferenziertheit, die mit dem realen Unterricht wenig zu tun hatten. In der Folge wurde die Bedeutung der Erziehung wieder hervorgehoben, erkennbar auch an der Terminologie. Es war nicht mehr die Rede von Lehrplänen, sondern von Bildungsplänen. Fallanalysen, Unterrichtsstörungen, die Kategorie des Verstehens wurde wiederentdeckt. Enge und ausdifferenzierte Zielformulierungen wurden nun zurückgestellt zugunsten einer Idee von Bildung, die auf die Zusammenhänge setzt. In der zweiten Hälfte der 1980er-Jahre lebte die Diskussion um die Integration von Lerninhalten in Deutschland neu auf. »Vernetzung«, fächerverbindender Unterricht, fächerübergreifender Unterricht wurden propagiert. Das vernetzte Denken und die Bedeutung von Komplexität wurden beschrieben und diskutiert (Dörner 1990; Vester 1993). Schülerinnen und Schüler sollten Zusammenhänge verstehen und übergreifende Qualifikationen (Mertens 1974) erwerben. Schlechter Unterricht wurde mit stückhaftem, zersplittertem, separiertem, oberflächlich-flüchtigem Wissen gleichgesetzt. In der Folge wurde der Fächerkanon revidiert und integrative Fächer geschaffen (»Mensch, Natur, Kultur« oder »Naturwissenschaftliches Arbeiten« oder »Arbeit, Wirtschaft, Technik« oder »Darstellendes Spiel«). Weiterhin wurde guter Unterricht als Unterricht gesehen, bei dem der Anteil der Selbsttätigkeit der Schülerinnen und Schüler möglichst hoch war. Diese Orientierung an überfachlichen Aspekten und am Erkennen von Zusammenhängen lässt sich auch vor dem Hintergrund verstehen, dass die Biografie des Einzelnen Projektcharakter bekommen hat: Werte, Lebensstile, Berufswahlentscheidungen, Wohn- und Lebensorte, Familienformen sind nicht vorgegeben, sondern müssen in der einzelnen Biografie »zusammengestellt« und gestaltet werden (Beck 1986). Die Bedeutung der Selbsttätigkeit, Eigenverantwortung und Entscheidungsfähigkeit nahm zu, und der Schule kam die Aufgabe zu, diese Fähigkeiten zu entwickeln. In der zweiten Hälfte der 1980er-Jahre wurde in Integrationsbestrebungen und der Auflösung der Fächer (»Schubladenwissen«) ein fruchtbarer und zukunftsfähiger Ansatz gesehen.

9.3.5 »Guter Unterricht« ist am Output nachweisbar – Die späten 1990er-Jahre bis heute

Anfang des zweiten Jahrtausends wurde dann wiederum eine »Bildungskatastrophe« ausgerufen. Sie hieß PISA (Programme for International Student Assessment). Es handelte sich um eine internationale Leistungsvergleichsstudie unter 15-jährigen Jugendlichen in den Bereichen »Lesekompetenz«, »mathematische Kompetenz« und »naturwissenschaftliche Kompetenz« (Baumert et al. 2001). Deutschland lag unter dem OECD-Durchschnitt. Hier drei zentrale Ergebnisse:

1. In allen gemessenen Bereichen war das durchschnittliche Leistungsniveau der deutschen Schülerinnen und Schüler im internationalen Vergleich niedrig.
2. Im unteren Leistungsbereich wurde eine große Risikogruppe festgestellt; im oberen Leistungsbereich eine kleine Spitze. Bei Ländern, die sehr gut abschnitten (z. B. Finnland), war die Risikogruppe kleiner und die Leistungsspitze breiter.
3. Ein signifikanter Zusammenhang zwischen den schulischen Leistungen, den Bildungschancen und der sozialen Herkunft wurde festgestellt.

Die internationalen Schulleistungsvergleichsstudien ziehen als Qualitätsmaßstab für Unterricht die *Lernergebnisse* der Schülerinnen und Schüler heran. Im »guten Unterricht« wird gelernt, was gelernt werden soll – und dies auf möglichst hohem Niveau. Der Blick ist auf das Ergebnis von Lehr-Lern-Prozessen gerichtet: Was kommt bei den Schülerinnen und Schülern an? Was können sie? Wir sprechen von einer *Outputorientierung*. Der Output wiederum wird mittels Tests bzw. Vergleichsarbeiten erhoben. Damit kommt dem Messen von Lernergebnissen eine besondere Bedeutung zu, da die Qualität über Messinstrumente (Tests) festgestellt wird. Zunächst hört sich dieser Maßstab sehr plausibel an: Guter Unterricht ist ein Unterricht, bei dem die Schülerinnen und Schüler möglichst viel lernen. Der empirische Nachweis über faktische Lernergebnisse erscheint zunächst ebenso naheliegend wie überzeugend.

Die Blüte der empirischen Bildungsforschung wurde durch die internationalen Schulleistungsuntersuchungen in Deutschland (TIMSS = Third International Mathematics and Science Study; PISA = Programme for International Student Assessment; IGLU = Internationale Grundschul-Lese-Untersuchung) eingeleitet. Der Vergleich basierte auf Leistungstests, die Deutschland auf einen hinteren Platz innerhalb eines Rankings verwiesen. In der Folge wurden die Messungen sehr forciert. Kritische Stimmen sprechen gar von einer »neuen Religion«, von einer »Evalukratie«, stellen also fest, dass der Glaube an das Messbare und Gemessene zu Abwertungen von Bereichen führt, die schwer über Messinstrumente zugänglich sind, und dass Zahlen als Grundlage für Entscheidungen bedeutsam sind. Etliche Bundesländer führten Vergleichstests ein, auch mit dem Argument, dadurch die Unterrichtsqualität zu verbessern. Im Augenblick sieht die Bilanz eher ernüchternd aus: Es ist kein Zusammenhang zwischen der Evaluation von Schülerleistungen einerseits und der Verbesserung des Unterrichts festzustellen.

Die Messung von Schülerleistungen warf auch im Kontext der empirischen Bildungsforschung die Frage nach der Unterrichtsqualität auf. Methodisch wurde versucht, die Merkmale von Unterricht zu rekonstruieren, bei dem größere Lerneffekte gemessen werden konnten. Hier wurden im Kontext der Arbeiten zur Unterrichtsqualität zehn Merkmale besonders akzentuiert, die von verschiedenen Autoren aufgegriffen und angereichert wurden.

[handschriftliche Randnotiz: empirisch = auf Beobachtung + Erfahrung beruhend]

Merkmale guten Unterrichts

- *Unterrichtszeit nutzen – hoher Anteil an Lernzeit – Klassenführung – Allgegenwärtigkeit:* Jede Schülerin und jeder Schüler hat das Gefühl, wahrgenommen zu werden; die Unterrichtszeit wird für Unterricht genutzt und nicht für Störungen, private Erzählungen, Klassenkonflikte.
- *Klare Strukturierung des Unterrichts:* Schülerinnen und Schüler wissen, worum es geht und was zu tun ist. Dies gelingt über strukturierende Hinweise der Lehrperson, eine angemessene Sprache, akustische Verstehbarkeit.
- *Vielfältige Motivierung – Methodenvielfalt:* Die Methodenwahl soll angemessen sein; die Methodenwechsel dürfen weder zu häufig sein noch zu selten.
- *Lernförderliches Unterrichtsklima:* Verbindliche Regeln werden eingehalten, die Haltung des Lehrers ist durch Fürsorge gekennzeichnet, Langsamkeit wird toleriert, Humor der Lehrperson, freundlicher Umgangston.
- *Förderung der Eigenaktivität jedes Schülers:* Jede Schülerin und jeder Schüler sollte vielfältige Möglichkeiten haben, sich zu beteiligen und aktiv mitzuarbeiten.
- *Übung und Sicherung:* Angemessene Übungen sollten im angemessenen Umfang durchgeführt werden.
- *Transparente Leistungserwartungen:* Die Schülerinnen und Schüler wissen, worauf es ankommt. Sie können die Bewertungen von Leistungen nachvollziehen.
- *Vorbereitete Umgebung:* Die Gestaltung der Lernumgebung ermöglicht erfolgreiches Lernen.
- *Vielfältige Motivierung:* Schülerinnen und Schüler werden vielfältig motiviert, zu lernen: durch ihre Neugierde, ihr Bedürfnis nach Leistung und Anerkennung, durch die Sache selbst, durch Lob.
- *Passung:* Damit ist die Angemessenheit der Anforderung für den einzelnen Schüler gemeint.

in Anlehnung an Johannes Bastian (2006) und Andreas Helmke (2006)

Diese Merkmale waren in der Schulpädagogik immer schon bedeutsam. Beispielsweise hat Maria Montessori die Bedeutung der gestalteten Umgebung betont, Otto Friedrich Bollnow die Bedeutung der Übung, die gesamte reformpädagogische Bewegung die Bedeutung der Eigentätigkeit. Seit Johann Friedrich Herbart wird die Strukturiertheit des Unterrichts in den Blick genommen; John Dewey verwies auch im Rahmen des Projektunterrichts auf die Bedeutung der Festigkeit der Planung. Neu ist, dass die Bedeutung der in der Schulpädagogik bekannten Merkmale (in Anteilen) mit den Forschungen zum guten Unterricht nun empirisch untersucht ist. Neu ist auch, dass die Qualität von Unterricht am Output orientiert gesehen wird. Deshalb haben sich Schulpädagogen bemüht, die Forschungsergebnisse aufzunehmen und anzureichern und die Outputorientierung kritisch in den Blick zu nehmen.

Im internationalen Kontext werden die Merkmale guten Unterrichts unter dem Stichwort »Classroom Management« thematisiert. (Der deutsche Begriff »Klassenführung« ist hier etwas problematisch, weil er historisch assoziiert ist und einen gelenkten Unterrichtsstil vermuten lässt.) Hier haben insbesondere

Kounin (2006) und Evertson (2002) herausgearbeitet, dass professionell handelnde Lehrer/innen vieles gleichzeitig wahrnehmen und darauf reagieren können. Ähnlich einem Gastgeber bei einer Festlichkeit, der gleichzeitig mit Gästen spricht, neue begrüßt und die Augen überall haben muss, ist es für Lehrer/innen wichtig, sehr viel gleichzeitig wahrzunehmen (mehrere Kinder zeitgleich im Blick zu haben; »withitness«) und mehrere Dinge gleichzeitig tun zu können (»overlapping«). Auch hier werden die Bedeutung der Strukturiertheit (»smoothness«), die Bedeutung von Regeln, die Gestaltung des Klassenraums, die Möglichkeit zur aktiven Mitarbeit hervorgehoben.

Insgesamt kann festgehalten werden, dass mittels empirischer Bildungsforschung ein empirischer Beleg für etliche Merkmale guten Unterrichts vorliegt, dass innerhalb der Schulpädagogik das Paradigma der Outputorientierung populär wurde und inzwischen auch kritisiert wird und dass empirische Bildungsforschung bislang dominiert ist durch quantitative Zugänge. Derzeit liegen erste Arbeiten vor, die die qualitative Sozialforschung unter dem Dach der empirischen Bildungsforschung stärker in den Blickpunkt rücken (z. B. Heinzel/Panagiotopoulou 2010).

9.4 Zukunftsperspektiven guten Unterrichts

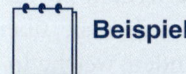

Beispiel

Anne erhält ihre Klassenarbeit in Religion zum Thema »Miteinander leben – füreinander da sein« zurück. Unter der Arbeit ist die Note 4,5 vermerkt.
Im Zeugnis der Klasse 3 ist zu lesen: »Anne zeigt sich ihren Mitschüler/innen gegenüber aufgeschlossen. Sie ist gut in die Klassengemeinschaft integriert, freundlich und gegenüber allen Kindern hilfsbereit.«

An dem Beispiel wird deutlich: Ein Test misst nur einen Ausschnitt an Wissens- und Könnensbeständen. Einige Intentionen, die mit Schule und Unterricht verbunden sind, lassen sich schwer (legt man die klassischen Gütekriterien an) oder gar nicht messen: Sozialverhalten, respektvoller Umgang, Qualität von Texten (Aufsätze), Qualität von Kunstwerken. Deshalb konzentrieren sich die Leistungsvergleichstests auf den messbaren Bereich. In der Regel ist ein Fach wie beispielsweise die Mathematik besonders geeignet, denn hier lassen sich Überlegungen, Rechenwege, richtig/falsch rekonstruieren und begründen. Unterricht muss jedoch auch auf der Ebene der Kommunikation und des Miteinanderlebens gut sein. Hier ist der empirische Nachweis schwieriger. Orientiert man sich am Output, der messbar ist, so steht der auch im Vordergrund. Kompetenzen, die wichtig, schwer messbar und auf den Prozess und dessen Qualität angewiesen sind, geraten in den Hintergrund und werden vermeintlich unwichtiger. Damit bestimmt die Begrenztheit des Messinstruments die Wertigkeit. Weiterhin muss gesehen werden, dass die Outputorientierung grundsätzlich jeden Unterricht für gut erachtet, der zu optimierten Lernergebnissen führt. Hierbei gerät der Lernprozess selbst aus dem Blick.

 Beispiel

Ein Biologielehrer unterrichtet, indem er einen sehr hochwertigen, gut strukturierten Text diktiert und den Schülerinnen und Schülern Aufgaben an die Hand gibt, die in der Vergangenheit prüfungsrelevant waren. Die Schülerinnen und Schüler lernen das Mitgeschriebene und können bei den Prüfungen sehr gut abschneiden.

Ein anderer Lehrer lässt Versuche machen; besucht einen Zoo und lässt die Schülerinnen und Schüler beobachten. Diese Schüler lernen anderes: Sie lernen das Beobachten, einen Versuchsaufbau nachzuvollziehen.

Sobald das Lernergebnis stimmt (Output), sind diejenigen didaktisch-methodischen Wege akzeptiert, die diesen Output generiert haben. Ein stark gelenkter, kleinschrittig-kontrollierender Unterricht ist in dieser Sicht gut, sobald die Lernergebnisse nachweislich gut ausfallen. Auf der anderen Seite ermöglicht dieser Unterricht nicht, dass die Schülerinnen und Schüler lernen, zu kooperieren; dass sie wissen, wie Versuche angeordnet werden, dass sie über Erfahrungen nachhaltig lernen, dass sie selbstständig herausfinden, welche Informationen wichtig sind und welche nicht.

Wir vermuten, dass die Diskussion zum guten Unterricht künftig die Interaktionsprozesse stärker in den Blick rücken wird: Wie können Kinder und Jugendliche vor dem Hintergrund unterschiedlicher biografischer Erfahrungen und Lebenslagen gemeinsam so lernen, dass jedes Kind gefördert und in seiner Person gestärkt wird?

9.5   Zum Nach- und Weiterdenken

 Vertiefung

Mehr zum Thema finden Sie im Download-Bereich.

→   Download (Unterrichtssequenzen)
1. Sequenz A: Betrachten Sie die Unterrichtssituation unter dem Aspekt der Nutzung von Lernzeit. Wie müsste die Lehrperson vor diesem Hintergrund handeln?
2. Sequenz B: Ein Qualitätsmerkmal guten Unterrichts ist die klare Strukturierung. Die Lehrperson in dieser Sequenz gibt klare Arbeitsanweisungen. Ist damit der Unterricht »gut«?

10 Diagnostik: Welche Voraussetzungen sind bei Schülerinnen und Schülern gegeben?

10.1 Was bedeutet Diagnostik?

Der Begriff »Diagnostik« leitet sich vom griechischen Verb *diagignoskein* ab und bedeutet »gründlich kennenlernen« und »entscheiden«. Diagnostik bedeutet also, bestimmte Merkmale eines Menschen mithilfe fundierter Methoden gründlich kennenzulernen. Auf dieser Grundlage können dann Entscheidungen darüber getroffen werden, welche Verhaltensweisen im Umgang mit diesem Menschen am ehesten dazu geeignet sind, bestimmte Entwicklungs- oder Verhaltensziele bei der Person zu erreichen. Jäger und Petermann (1999) haben Diagnostik als »das systematische Sammeln und Aufbereiten von Informationen mit dem Ziel, Entscheidungen und daraus resultierende Handlungen zu begründen, zu kontrollieren und zu optimieren« beschrieben.

Weiterführende Literatur

Ingenkamp, K.-H./Lissmann, U. (2008): Lehrbuch der Pädagogischen Diagnostik. Weinheim und Basel: Beltz.

Hesse, I./Latzko, B. (2011): Diagnostik für Lehrkräfte. Stuttgart: UTB.

Diagnostisches Prozessmodell nach Jäger (2007)

- *Problemanalyse:* Analyse der Fragestellung und Formulierung des Auftrages, Bestimmung des »Problemtyps« und Analyse des vorhandenen Wissens für die Entscheidungsfindung; Klärung der Beteiligten und deren Motivlage, ethischer und rechtlicher Kontext.
- *Investigation:* hypothesengeleitete Gewinnung von Informationen durch Anwendung von Tests und anderen Methoden und regelgestützte Verarbeitung von Informationen; Wiederholung der Prozessschritte, bis alle Hypothesen abgeklärt sind.
- *Diagnose/Entscheidung:* Treffen der Entscheidung bzw. Abwägung zwischen Entscheidungen, Kommunikation mit den Diagnostizierten oder den Auftraggebern.
- *Evaluation:* Überprüfung der Wirkung einer Diagnostik als Entscheidungshilfe bei zukünftigen diagnostischen Prozessen.

Im Kontext der Schule kommt die *pädagogisch-psychologische Diagnostik* zur Anwendung. Pädagogisch-psychologische Diagnostik ist heute ein Kernbereich professionellen Lehrerhandelns und dient dazu, fundierte pädagogische Handlungsentscheidungen zu treffen, wie die folgenden Beispiele zeigen.

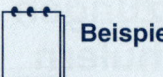

Beispiel

Frau Müller möchte entscheiden, ob sie im Englischunterricht das Past Perfect mit den Schüler/innen weiter üben soll oder ob sie zur nächsten Unterrichtseinheit weitergehen kann. Dazu möchte sie herausfinden, ob die Schüler/innen in ihrer Klasse das Past Perfect verstanden haben und sicher anwenden können. Sie lässt einen kleinen Test schreiben, dessen Ergebnisse sie nutzt, um zu entscheiden, wie sie ihren Englischunterricht in der Klasse fortführt.

Die Eltern einer Schülerin haben den Eindruck, dass ihre achtjährige Tochter in der zweiten Klasse stark unterfordert ist, da sie alle Aufgaben sehr schnell löst und immer wieder über Langeweile in der Schule klagt. Sie sind sich unschlüssig, was die Ursache dafür ist, und vereinbaren mit der Klassenlehrerin, dass eine Schulpsychologin Intelligenz und schulleistungsrelevante Persönlichkeitsmerkmale des Mädchens testet, um zu entscheiden, ob das Kind von der zweiten in die dritte Klasse wechseln sollte.

In der Klasse von Herrn Schmitt ist eine Schülerin, die im Unterricht immer sehr depressiv wirkt und auf Nachfragen massiv abwehrend reagiert. Herr Schmitt entscheidet sich, eine Schulpsychologin einzuschalten, die das Gespräch mit der Schülerin suchen soll.

Die Entscheidungen, denen ein diagnostischer Prozess vorausgeht, basieren auf einem komplexen Prozess der Informationsverarbeitung. Dazu werden in professionellen Verfahren Daten erhoben, die dann verdichtet, gewertet und gewichtet, also zu einer Diagnose zusammengeführt werden. Dazu benötigt eine diagnostisch geschulte Person sowohl Wissen als auch methodische Kompetenzen. Zum diagnostisch relevanten Wissen gehören Kenntnisse in der Pädagogischen Psychologie, der Sozialpsychologie und der Persönlichkeitspsychologie, vor allem in den Bereichen Kognition, Emotion und Motivation. Zur Gewinnung entscheidungsrelevanter Daten verwendet man unterschiedliche Instrumente und Verfahren. In der Regel kombiniert man mehrere Verfahren der Datenerhebung, um eine objektivere Sicht auf den Schüler zu erhalten. Die kombinierte Auswertung unterschiedlicher Daten nennt man *Triangulation*.

Interview
Mithilfe qualitativer Interviews soll durch gezieltes Fragen und Hinterfragen von Antworten sowie durch freies Erzählen des Schülers ein möglichst objektives Bild seiner Persönlichkeit entstehen.

Verhaltensbeobachtung
Mithilfe einer methodisch gut geplanten und sorgfältig durchgeführten Beobachtung eines Schülers in bestimmten Situationen (z. B. im Unterricht, beim Spiel mit anderen Kindern, beim Lösen einer Aufgabe) soll ein komplexes Verständnis seiner Ver-

haltensweisen und Motive entstehen. Dazu verwendet man in der Regel strukturierte Beobachtungsbögen. Auch Videoaufnahmen lassen sich zur Verhaltensbeobachtung nutzen.

Test

Unter einem Test versteht man ein Verfahren, mit dessen Hilfe Eigenschaften oder Merkmale von Personen standardisiert erfasst werden. Durch die Standardisierung ermöglichen Tests, Merkmale zu erfassen und in Werte umzurechnen, die dann wiederum mit der Verteilung in einer Referenzgruppe verglichen werden. Die pädagogisch-psychologische Diagnostik kann auf eine Vielzahl professioneller Tests (z. B. Intelligenztests) zugreifen.

Ziel der Diagnostik ist es in der Regel, eine Entscheidung über eine geeignete Intervention zur Förderung eines Schülers zu treffen. Im Gegensatz zur Beratung versteht man unter einer Intervention eine konkrete Maßnahme, die zum Ziel hat, eine problematische Situation bzw. unerwünschte Verhaltenweisen zu beseitigen oder gar nicht erst entstehen zu lassen (Prävention).

Pädagogisch-psychologische Interventionen dienen
- der Entwicklungsförderung von Kindern und Jugendlichen
- der Prävention von Entwicklungs- oder Verhaltensstörungen
- der unterstützenden Begleitung und Stabilisierung in krisenhaften Lebenssituationen oder Phasen

In der pädagogisch-psychologischen Diagnostik unterscheidet man zwischen der Status- und der Prozessdiagnostik. Die Statusdiagnostik hat die Bestimmung des gegenwärtigen Lern- und/oder Entwicklungsstands eines Schülers zum Ziel. Die Prozessdiagnostik überprüft fortlaufend die Entwicklung eines Schülers, in der Regel parallel zu einer Förderintervention. Dabei werden Veränderungen, die im Rahmen der Förderung zu verzeichnen sind, methodisch fundiert beobachtet und dokumentiert, um Entscheidungen über die Anpassung einer Fördermaßnahme treffen zu können.

10.2   Diagnostische Anwendungsfelder in der Schule

Im Kontext der Schulpädagogik hat die Diagnostik mehrere Anwendungsfelder. Auch wenn Lehrer/innen keine ausgebildeten Psychologen mit detailliertem Expertenwissen zu Testverfahren der pädagogisch-psychologischen Diagnostik sind, so gehört doch die Diagnostik mittlerweile zu den Kernaufgaben des Lehrerberufs. Individuelle Förderung von Schüler/innen ist ohne eine gewisse diagnostische Kompetenz von Lehrkräften schlicht nicht umzusetzen.

Weiterführende Literatur

Bundschuh, K. (2010): Einführung in die sonderpädagogische Diagnostik. Stuttgart: UTB.

10.2.1 Diagnostik bei Behinderungen/Entwicklungsstörungen

Sonderpädagogische Diagnostik wird immer dann erforderlich, wenn die von Eltern und Lehrer/innen gebotene Lernunterstützung nicht ausreicht, um eine Lernhemmung zu überwinden. Dabei geht es auch darum, die Bedingungen für das Zustandekommen von Lernstörungen zu verstehen. Sonderpädagogische Diagnostik ist ein professionell begründeter Weg, Informationen zu sammeln, um ein Kind oder einen Jugendlichen in seiner besonderen Lebens- und Lernsituation zu verstehen und ein Lehr- und Lernangebot zu gestalten, das den besonderen Bedürfnissen des Schülers gerecht wird. International spricht man daher auch von *special education* oder *special needs education*.

In der sonderpädagogischen Diagnostik unterscheidet man die Platzierungsdiagnostik, die Förderdiagnostik und die Normalisierungsdiagnostik.

Legasthenie

Unter Legasthenie versteht man eine spezielle, aus dem Rahmen der übrigen Leistungen fallende Schwäche beim Erwerb der Schriftsprache. Die betroffenen Personen (Legastheniker) haben Probleme mit der Umsetzung der gesprochenen zur geschriebenen Sprache und umgekehrt. Als Ursache werden eine genetische Disposition, Probleme bei der auditiven und visuellen Wahrnehmungsverarbeitung, der Verarbeitung der Sprache und vor allem bei der phonologischen Bewusstheit angenommen. Die Störung tritt isoliert auf, ohne dass es eine plausible Erklärung wie eine generelle Minderbegabung gibt. Bei frühzeitiger Erkennung können die Probleme durch Förderprogramme bearbeitet werden.

Dyskalkulie

Unter Dyskalkulie versteht man eine Entwicklungsstörung des mathematischen Denkens. Schüler mit Dyskalkulie zeigen eine beständige Minderleistung im Lernen des arithmetischen Grundlagenbereiches (z. B. Zahlbegriff, Grundrechenarten, Dezimalsystem) und machen aufgrund ihrer subjektiven Logik immer wieder ähnliche Fehler. Auch die Dyskalkulie ist durch spezielle Förder- und Interventionsprogramme zu lindern.

ADS/ADHS

Unter der Aufmerksamkeitsdefizit-/Hyperaktivitäts-Störung (ADHS) versteht man eine bereits im Kindesalter beginnende Störung, die sich durch Probleme mit Aufmerksamkeit und Konzentrationsfähigkeit sowie Impulsivität und häufig auch Hyperaktivität auszeichnet. Daneben existieren alternative Bezeichnungen und Abkürzungen, welche teilweise übereinstimmende Krankheitsbilder beschreiben, teilweise spezielle Ausprägungen bezeichnen. Verbreitet ist insbesondere die Bezeichnung Aufmerksamkeitsdefizit-Syndrom oder -Störung (ADS). Die Aufmerksamkeitsdefizit-Störung ist ein von mehreren Faktoren beeinflusstes Störungsbild, für dessen Verlauf und individuelle Ausprägung psychosoziale Faktoren und Umweltbedingungen eine wichtige Rolle spielen. Bezüglich der Diagnose und Behandlung von ADHS bzw. ADS gibt es unterschiedliche Sichtweisen, die teilweise auf Behandlung durch Medikamente, teilweise auf Modifikationen von Lernsituationen setzen.

10.2.2 Selektions- bzw. Platzierungsdiagnostik

Ziel der Selektions- bzw. Platzierungsdiagnostik ist es, Kinder und Jugendliche dahingehend zu untersuchen, ob ihre Eigenschaften und Kompetenzen bestimmten Anforderungsprofilen entsprechen. Die Anforderungsbereiche können Schultypen, besondere Förderprogramme oder Berufe sein. Die Platzierungsdiagnostik entspricht einer Entweder-oder-Logik: Die Kompetenzen eines Kindes oder Jugendlichen passen zu den Anforderungen oder nicht. Die Platzierungsdiagnostik hilft, um z. B. über die Aufnahme eines Kindes in eine Sonderschule zu entscheiden. Auch in inklusiven Schulen, wie sie zukünftig immer mehr zur Regel werden, wird die Platzierungsdiagnostik angewendet, wenn es darum geht, Förderangebote wie Therapien (Logopädie, Ergotherapie) oder Förderstunden bestimmten Kindern und Jugendlichen zukommen zu lassen.

10.2.3 Förderdiagnostik (Lernhemmungen)

Die Platzierungsdiagnostik wird durch das seit 2009 geltende Recht auf inklusive Beschulung immer stärker durch die Förderdiagnostik ersetzt. Ziel der Förderdiagnostik ist es, die veränderungsnotwendigen und veränderbaren Entwicklungs- und Lernbereiche eines Kindes oder Jugendlichen mit besonderem Förderbedarf möglichst genau und umfassend zu ermitteln und darauf basierend konkrete, kurz- und mittelfristige Bildungsziele und Förderpläne aufzustellen. In inklusiven Regelschulen ist es mittlerweile Standard, dass für Kinder mit besonderem Förderbedarf aufgrund einer körperlichen oder geistigen Behinderung, einer Lernstörung oder einer Hochbegabung individuelle Förderpläne entwickelt werden, die zieldifferentes, also individualisiertes Lernen ermöglichen und die Unterstützungsstrukturen jeweils individuell an den Bedürfnissen des einzelnen Kindes bzw. Jugendlichen ausrichten.

10.2.4 Normalisierungsdiagnostik

Ziel der Normalisierungs- und Integrationsdiagnostik ist die Gestaltung von Maßnahmen, die es einem Kind oder Jugendlichen mit einer bestehenden, nicht veränderbaren Behinderung im größtmöglichen Umfang ermöglicht, am Bildungsprozess und am gesellschaftlichen Leben teilzuhaben.

Weitere spezielle diagnostische Anwendungsfelder der Schule liegen in den Bereichen Schulfähigkeits- und Intelligenzdiagnostik.

10.2.5 Schulfähigkeitsdiagnostik

Während man bis vor einigen Jahren noch vom Begriff der »Schulreife« ausging, also einem bestimmten Zeitpunkt der biologischen Reifung, zu dem ein Kind sinnvoll beschult werden kann, spricht man mittlerweile von der »Schulfähigkeit«. Man geht davon aus, dass Umwelteinflüsse, z. B. die Förderbedingungen in Familien und Kindergärten, wichtig für die Entwicklung der Kompetenzen sind, die Kinder im Schulalltag benötigen. Unter Schulfähigkeitsdiagnostik versteht man die Diagnose des körperlich-seelischen, motivationalen, kognitiven und sprachlichen Entwicklungsstandes eines Kindes und bezieht dabei dessen Sozialisationsumgebung ein. Dazu existieren unterschiedliche Testverfahren (z. B. Kieler Einschulungsverfahren [KEV], Reutlinger Test für Schulanfänger [RTS]). In den meisten deutschen Bundesländern liegt der Stichtag der Einschulung in der Mitte des Jahres, in dem ein Kind das sechste Lebensjahr abgeschlossen hat. Falls Eltern ihr Kind zu diesem Zeitpunkt noch vom Schulbesuch zurückstellen möchten, können sie einen Test beantragen, in dem untersucht wird, ob das Kind schulfähig ist oder noch vom Schulbesuch zurückgestellt werden kann.

Die Schulfähigkeitsdiagnostik wurde in den vergangen Jahren vor allem im Bereich der Sprachdiagnostik erheblich professionalisiert. In den meisten Bundesländern werden vierjährige Kinder bezüglich ihrer sprachlichen Fähigkeiten getestet. Bei niedrigem Sprachniveau der Kinder greifen besondere Fördermaßnahmen, die in der Regel über die Kindergärten angeboten werden.

10.2.6 Intelligenzdiagnostik

Weiterführende Literatur

Holling, H./Preckel, F./Vock, M. (2004): Intelligenzdiagnostik. Göttingen: Hogrefe.

Holling, H./Preckel, F./Vock, M. (2007): Förderung Hochbegabter in der Schule: Evaluationsbefunde und Wirksamkeit von Maßnahmen. Göttingen: Hogrefe.

ODER

Unter Intelligenz versteht man die Feststellung der kognitiven Leistungsfähigkeit eines Menschen. Der Begriff ist nicht eindeutig definiert. In der Wissenschaft existieren unterschiedliche Intelligenzmodelle. Während die Mehrzahl der Forscher davon ausgeht, dass intelligentem Handeln eine messbare Variable zugrunde liegt, deren Ausprägung sich bei unterschiedlichen Individuen quantitativ voneinander unterscheidet (also »mehr« oder »weniger« intelligent), gibt es auch renommierte Forscher, wie den Harvard-Psychologen Howard Gardner, der davon ausgeht, dass Individuen über multiple Intelligenzen verfügen, die nicht im Kausalzusammenhang miteinander stehen.

Intelligenzdiagnostik wird mithilfe unterschiedlicher Testverfahren durchgeführt, die international eingesetzt und für die jeweiligen Länder jeweils einzeln zugelassen werden. Alle zugelassenen Tests werden jeweils an einer sehr großen Gruppe von Kindern bzw. Jugendlichen geeicht. Die Leistung innerhalb des Tests wird also verglichen mit den Ergebnissen von 100 Mitgliedern derselben Altersgruppe. Daraus berechnet sich der sogenannte Prozentrang. Die Werte zwischen den Prozenträngen 16 und 84 werden als normal bezeichnet. Leistungen darunter gelten als unterdurchschnittlich, darüber als überdurchschnittlich. Der Bereich der obersten zwei Prozent wird als sogenannte intellektuelle Hochbegabung bezeichnet. Da sich Wissen und Leistungsstand von Kindern im Laufe der Zeit verändern, müssen Testverfahren zur Intelligenzdiagnostik ständig aktualisiert werden. Um den Test nicht von der kulturellen Umgebung eines Kindes abhängig zu machen, werden häufig zusätzlich sprachfreie und kulturunabhängige Testverfahren eingesetzt. Bei der Erhebung des Begabungsprofils eines Kindes wird nicht nur der Zahlenwert der Intelligenz betrachtet, sondern auch die Arbeitsgeschwindigkeit und die Fähigkeit des vorausschauenden Planens und Handelns.

10.2.7 Diagnostik von Hochbegabung

Die Gleichsetzung von Hochbegabung mit Intelligenz wurde aufgrund von Studien inzwischen weitgehend aufgegeben. Man geht heute davon aus, dass mehrere Faktoren zusammenwirken müssen, wenn eine Hochbegabung (Renzulli 2003; Heller 2000) vorliegt. Unter Hochbegabung versteht man die Disposition, herausragende Leistungen erbringen zu können. Intelligenz spielt dabei sicher eine Rolle, aber ohne eine hohe Lern- und Leistungsmotivation, Anstrengungsbereitschaft und Stressbewältigungskompetenz, Kreativität im Denken und überdurchschnittliches Wissen und Können in einem oder mehreren Gebieten ist dies kaum möglich. Hochbegabung führt am ehesten zu besonderen Leistungen, wenn die Kinder und Jugendlichen in einem Umfeld aufwachsen, das ihre Begabung erkennt und fördert.

Begabungsfaktoren (nach Heller 2000)

- intellektuelle Fähigkeiten
- sozial-emotionale Fähigkeiten
- musisch-künstlerische Fähigkeiten
- musikalische Fähigkeiten
- Kreativität (sprachliche, mathematische, technische, gestalterische Kreativität)
- psychomotorische Fähigkeiten (Sport, Tanz, etc.)
- praktische Intelligenz

Wenn sich bei einem Schüler mehrere Faktoren, die auf eine besondere Begabung hindeuten, zeigen, besteht die Möglichkeit, durch ein diagnostisches Verfahren zu klären, ob eine Hochbegabung vorliegt. Diagnostische Verfahren helfen dabei, eine Hochbegabung so zu erkennen, dass begabte Kinder und Jugendliche durch Maßnahmen des Enrichment (Vertiefung/Erweiterung) und der Akzeleration (Beschleunigung) ihres spezifischen Begabungsprofils entsprechend gefördert werden können.

Hinweise auf eine Hochbegabung	
Denk- und Lernfähigkeit	• für das Alter ungewöhnlich ausdifferenzierter Wortschatz • gesteigertes Lernbedürfnis • kritische Denkfähigkeit • logisches Denken • schnelles Durchschauen von Ursache-und-Wirkungs-Mechanismen • schnelles Speichern von Fakten • Durchschauen von Zusammenhängen • Fähigkeit zum vernetzten Denken und zum Transfer • Fähigkeit zur Verallgemeinerung/Abstraktion
Arbeitsverhalten	• intrinsische Motivation: Wissensdrang und Leistungswillen • eigenverantwortliches Arbeiten, auch unabhängig von anderen • Streben nach Perfektion • Langeweile bei Routineaufgaben • Bevorzugung komplexer Aufgabenstellungen • Ideenreichtum • hohes Arbeitstempo • Zielstrebigkeit • Fähigkeit zur Selbstkritik • Interesse an »Erwachsenenthemen« • Flexibilität und Durchhaltevermögen
Sozialverhalten	• Freundschaften eher mit älteren, weiter entwickelten Kindern als mit Gleichaltrigen • Wunsch, Entscheidungen (auch für andere) zu treffen • Bereitschaft zur Verantwortungsübernahme • Prüfung und Hinterfragen anderer Meinungen • stark ausgeprägter Gerechtigkeitssinn

Entsprechende Tests werden z. B. in schulpsychologischen Beratungsstellen durch testpsychologisch geschultes Personal durchgeführt. Neben der Bestimmung des Intelligenzquotienten mithilfe von Intelligenztests wie dem HAWIK (»Hamburger Wechsler Intelligenztest für Kinder«) oder dem CFT (»Culture Fair Intelligence Test«) werden auch Eltern und Lehrkräfte zur Einschätzung der Umweltfaktoren und der nicht kognitiven Persönlichkeitsmerkmale befragt.

Der *HAWIK* testet über verschiedene Untertests, z. B. Bildergänzungen, Allgemeinwissen, rechnerisches Denken, praktische, verbale und allgemeine Intelligenz.

Der *CFT* misst die individuelle Fähigkeit eines Kindes zur Erkennung von Regeln und zur Identifikation bestimmter Merkmale. Er misst darüber hinaus, in welchem Maße das Kind zur nonverbalen Problemerfassung und -lösung fähig ist.

Gutachten zur Beurteilung einer Hochbegabung enthalten vor allem Aussagen über das Verhalten des Kindes während der Testsituation und die Untersuchungsergebnisse. Es hat sich eingebürgert, einen IQ von 130 als Grenzwert zur intellektuellen Hochbegabung anzusetzen.

Viele Experten, wie z. B. der amerikanische Begabungsforscher Joseph Renzulli (2003), gehen aber davon aus, dass diese Grenze willkürlich gezogen ist und dass begabte Kinder und Jugendliche auch bei einem niedrigeren Intelligenzquotienten individuelle Förderung benötigen, wenn andere Merkmale (z. B. sehr hohe Leistungsmotivation verbunden mit ausgeprägtem Wissen und Interesse in einem oder mehreren Bereichen) erkennbar sind.

10.3 Zum Nach- und Weiterdenken

1. »Diagnostik im Lehrerberuf«, diesen Titel einer Lehrveranstaltung entdeckt Katrin im Lehrangebot ihrer Hochschule und denkt sich: »Das passt zwar von der Zeit ganz gut rein, aber meine Schülerinnen und Schüler sind doch ganz normal. Ich werde Lehrerin an einer Realschule. Wozu sollte ich mich mit da mit diesem Thema beschäftigen.«
Setzen Sie sich mit der Einschätzung der Studentin auf der Grundlage dieses Buchkapitels kritisch auseinander.
2. Recherchieren Sie die Adresse bzw. Homepage der nächsten Schulpsychologischen Beratungsstelle im Umkreis Ihres Wohnortes.

11 Unterrichtsmethoden: Welche methodischen Zugänge sind angemessen?

11.1 Welche Bedeutung haben Unterrichtsmethoden für guten Unterricht?

Weiterführende Literatur

Helmke, A. (2010): Unterrichtsqualität und Lehrerprofessionalität. Diagnose, Evaluation und Verbesserung des Unterrichts. Seelze: Kallmeyer.

Meyer, H. (2004): Was ist guter Unterricht? Berlin: Cornelsen.

Aus der Forschung zu Qualitätsmerkmalen guten Unterrichts ist bekannt, dass eine Mischung aus unterschiedlichen methodischen Ansätzen die Lernmotivation von Schüler/innen erhöht. Ein Methodenwechsel macht Unterricht abwechslungsreicher und kurzweiliger. Vor allem kann es durch die Mischung unterschiedlicher Methoden gelingen, Schüler/innen in der Vielfalt ihrer Persönlichkeitsstrukturen, Begabungen und Interessen eher zu erreichen. Während ein wissbegieriger und auditiver Lerner den kompetenten Lehrervortrag als Gewinn empfindet, mag eine kommunikationsstarke und kreative Schülerin sich in der Projektarbeit am besten motiviert fühlen. Die Vielfalt und der Wechsel der Unterrichtsmethoden gewährleisten nicht nur, dass unterschiedliche Lernstile von Schüler/innen angemessen Berücksichtigung finden, sondern auch, dass sie durch die verschiedenen Formen der Aktivierung eine Bandbreite an Kompetenzen entwickeln können. Allerdings muss der Methodenwechsel und die Vielfalt pro Zeiteinheit wohl überlegt werden und das Potenzial haben, zielführend zu sein. Ein methodisches »Feuerwerk«, d. h. möglichst viele Methodenwechsel, führen nicht zu motivierendem Unterricht.

11.2 Welche Sozialformen kommen im Unterricht zur Anwendung?

Lernen ist nicht nur ein individueller, sondern auch ein sozialer Prozess. Während bestimmte Lerninhalte am besten alleine bearbeitet werden, lässt sich vieles im Dialog einer Lerngruppe tiefer kognitiv verarbeiten und durch die Vielfalt der Perspektiven auf den Gegenstand kreativer mit der Lebenswelt verbinden. In der Arbeitswelt von heute kommen sehr unterschiedliche Sozialformen zur Anwendung:

- Der Steuerberater, der die Steuererklärung eines privaten Klienten bearbeitet, tut dies in der Regel alleine am PC, muss aber immer wieder mit dem Kunden Rücksprache halten, um offene Fragen zu klären.

- Die Entwicklung eines neuen Elektroautos ist von einer Person alleine nicht zu leisten. Dazu ist ein Team von Menschen mit unterschiedlicher fachlicher Expertise notwendig. Im engen Dialog entstehen so neue Ideen, die experimentell getestet und im Team weiterentwickelt werden.
- Wenn in einer Stadt ein neues Theater gebaut werden soll, gibt es eine öffentliche Ausschreibung. Verschiedene Architekturbüros legen Entwürfe für das neue Theater vor. In einem wettbewerblichen Verfahren werden die drei besten Entwürfe prämiert. Der Gewinner erhält den Zuschlag und darf das neue Theater als Architekt bauen.

Die drei Beispiele zeigen, dass mindestens drei unterschiedliche Sozialformen die Absolventen des Schulsystems in der Arbeitswelt erwarten:

- das individuelle Arbeiten, bei dem eine Person alleine eine Leistung erbringt, sich aber in der Regel von anderen Menschen dazu Feedback geben lässt
- das kollegiale oder kooperative Arbeiten in Teams, in denen unterschiedliche Menschen gemeinsam und arbeitsteilig an einem Produkt oder einer Aufgabe arbeiten
- das Arbeiten im Wettbewerb, bei dem unterschiedliche Individuen oder Teams in einem Wettbewerb Leistungen erbringen, um ein Leistungsziel zu erreichen

Die Sozialformen der Arbeitswelt spiegeln sich in den schulischen Sozialformen wider.

11.2.1 Einzelarbeit

Bei der Einzelarbeit arbeitet ein Schüler alleine an einer Aufgabe, die er sich selbst gewählt hat oder die von der Lehrkraft gestellt wird. Einzelarbeit ermöglicht die Differenzierung der Aufgaben in der Lerngruppe, orientiert an der Lernentwicklung der Schüler/innen, ihren Begabungen und Interessen. So können Schüler/innen die Aufgaben in einem für sie passenden Tempo und Lernstil bearbeiten. Aufgaben können – an das Niveau der einzelnen Schüler angepasst – in unterschiedlichen Schwierigkeitsgraden gestellt werden. Einzelarbeit funktioniert nur im Wechsel mit anderen Sozialformen, da sie das atomisierte Arbeiten der Schüler/innen fördert und ihre Lernwirkung nur dann erreicht, wenn das isolierte Arbeiten des Schülers in eine Präsentation oder ein Feedbackgespräch mündet. Häufig werden zur Gestaltung von Einzelarbeitsphasen sogenannte »Lernverträge« oder »Lernkontrakte« eingesetzt, in denen sich ein Schüler und ein Lehrer auf ein gemeinsames Lernziel und einen Lernweg verständigen, den der Schüler dann selbstständig bearbeitet.

11.2.2 Partnerarbeit

In der Partnerarbeit arbeiten jeweils zwei Schüler/innen als Partner zusammen an einer Aufgabe. Der Dialog fördert die kognitive Aktivierung der Schüler/innen, da der Austausch von Ideen und Gedanken fester Bestandteil der Partnerarbeit ist. Partnerarbeit lässt sich auch kurzfristig im Unterricht einsetzen, um Schüler/innen die Möglichkeit zu geben, über einen Unterrichtsinhalt zu sprechen. Dabei wird dem natürlichen Kommunikationsbedürfnis der Schüler/innen Rechnung getragen. In der Partnerarbeit können Schüler/innen sich auch wechselseitig Feedback zu einer jeweils einzeln bearbeiteten Aufgabe geben. Genau wie beim kooperativen Lernen in Kleingruppen sollte bei der Partnerarbeit das Prinzip der individuellen Verantwortung gelten.

Prinzip der individuellen Verantwortung

Sowohl bei der Partnerarbeit als auch bei der Einzelarbeit gilt das Prinzip der individuellen Verantwortung. Auch wenn Schüler/innen zu zweit oder in der Kleingruppe zusammenarbeiten, ist doch jeder einzelne Schüler für das Arbeitsergebnis verantwortlich und muss in der Lage sein, über das Ergebnis der gemeinsamen Arbeit alleine, z. B. in Form einer Präsentation vor der Klasse, Rechenschaft abzulegen. Nur durch das Prinzip der individuellen Verantwortung lässt sich in der Partnerarbeit und im kooperativen Lernen das sogenannte »Trittbrettfahren« vermeiden. »Trittbrettfahren« bedeutet, dass einzelne Schüler/innen sich nicht an der Arbeit beteiligen in der Annahme, sie könnten sich hinter der Leistung der anderen Schüler/innen verstecken.

Partnerarbeit im Unterricht sollte bei jüngeren Schüler/innen mit kurzen Zeitsequenzen von fünf Minuten beginnen und langsam ausgeweitet werden. Weil es für Lehrkräfte schwierig ist, in zehn bis 15 Schülerdyaden (so nennt man die Zweiergruppe) im Einzelnen das genaue Aufgabenverständnis nachzuhalten, ist eine verständliche und detaillierte Aufgabenstellung, die sowohl mündlich vorgetragen als auch schriftlich vorgelegt wird, wichtig. Wenn Partner auf sehr unterschiedlichen Leistungsniveaus zusammenarbeiten, muss die Aufgabenstellung dies reflektieren, ohne einzelne Schüler/innen zu diskriminieren.

 **Beispiel**

Der in Mathematik leistungsstarke Peter arbeitet mit dem leistungsschwächeren Tom in einer Partnerarbeit zusammen. Die Aufgabenstellung lautet: »Arbeitet gemeinsam an der Lösung der Aufgabe. Wer von euch beiden den Lösungsweg erkennt, sollte seinem Mitschüler den Weg so anschaulich erklären, dass ihr beide die Lösung vor der Klasse präsentieren könnt.«

11.2.3 Gruppenarbeit, Gruppenunterricht und kooperatives Lernen

Unter Gruppenarbeit bzw. Gruppenunterricht versteht man die zeitlich befristete Zusammenarbeit einer Gruppe von drei bis sechs Schüler/innen zur kooperativen Lösung von Aufgaben oder Problemen. Unter dem Namen »Kooperatives Lernen« wurde diese Sozialform vor allem in den USA und in Kanada auf hohem Niveau entwickelt und empirisch erforscht. Das gemeinsame Lösen von Problemen wird in der amerikanischen Reformpädagogik als ein wichtiges didaktisches Instrument zur Entfaltung einer demokratischen Lernkultur angesehen. Offene Methoden explorativen Lernens in Gruppen verknüpfen die persönliche Welt jedes einzelnen Schülers mit dem Einüben demokratischer Kommunikationsprozesse.

Um sich über Vorstellungen zur Gestaltung der Lebenswelt auszutauschen, benötigen Menschen Kompetenzen, wie z. B. sich gegenseitig Fragen stellen, sich bewusst zuhören und sich ausreden lassen, etwas erzählen können, im Gespräch gemeinsam Ideen entwickeln und diese argumentativ abwägen, aktiv nach Kompromissen oder einem Konsens suchen können. Die soziale Kompetenz zu wirksamer Kommunikation in heterogenen Gruppen können Schüler/innen durch die alltägliche Zusammenarbeit mit Kindern und Jugendlichen lernen, die sich in zentralen Identitätsmerkmalen von ihnen unterscheiden.

Weiterführende Literatur

Brüning, L./Saum, T. (2009): Erfolgreich unterrichten durch kooperatives Lernen. Essen: Neue Deutsche Schule Verlagsgesellschaft.

Beispiel

Der Großraum Toronto in Kanada gehört zu den Regionen auf der Welt mit der meisten Zuwanderung. Dort gilt an den Schulen das explizite Prinzip: »Jeder Schüler lernt, mit jedem anderen Schüler zusammenzuarbeiten.« Diesen Leitsatz lernen Kinder bereits in Kindergarten und Grundschule kennen. Es ist dort selbstverständlich, dass Kinder unterschiedlicher kultureller und ethnischer Herkunft sowie Kinder mit und ohne Behinderung immer wieder in kooperativen Lernsituationen zusammen arbeiten. Kooperatives Lernen durch strategisches »Classroom Management«, also die bewusste Steuerung von sozialen Interaktionsprozessen im Klassenzimmer, ist an kanadischen Schulen ein zentrales Instrument einer Pädagogik demokratischer Inklusion (Bennett/Rolheiser/Stevahn 1991; Bennett/Smilanich 1994). Weil Schüler/innen in Pausen und außerhalb der Schule vor allem mit anderen Schüler/innen ihrer eigenen sozialen und ethnischen Gruppe kommunizieren und interagieren, wird dem Unterricht für die Integration einer heterogenen Bevölkerung besondere Bedeutung beigemessen. Angehende kanadische Lehrer/innen müssen in Lehrproben nachweisen, dass sie Formen des strategischen »Classroom Management« so einsetzen können, dass Schüler/innen unterschiedlichen Geschlechts, unterschiedlicher Ethnien und Religionszugehörigkeit sowie Schüler/innen unterschiedlicher Leistungsstärke regelmäßig in kooperativen Lernsettings zusammenarbeiten.

Seit einigen Jahren ist kooperatives Lernen in Kleingruppen auch an deutschen Schulen ein zentraler Baustein der Unterrichtskultur. Die empirische Unterrichtsforschung (Johnson/Johnson 1991) belegt die Wirksamkeit des kooperativen Lernens für:

- die Leistungsentwicklung, besonders von schwächeren Schüler/innen
- interkulturelle Kontakte zwischen Schüler/innen, gemessen an der Häufigkeit und Intensität interethnischer Freundschaftsbeziehungen
- soziale Fähigkeiten, wie Empathie oder Hilfsbereitschaft
- eine positive Sicht auf Heterogenität in der Zusammensetzung einer Klasse
- die Selbstwirksamkeitsüberzeugung im Hinblick auf Schulleistungen
- das Klassenklima, Wertschätzung der Klassengemeinschaft und des Lehrers
- anspruchsvolle kognitive Leistungen, wie z. B. die Fähigkeit, eigene Fragen zu Lerninhalten zu formulieren oder von unterschiedlichen Standpunkten zu gemeinsamen Schlussfolgerungen zu kommen

Marzano/Pickering/Pollock (2001) konnten zudem nachweisen, dass Schüler/innen komplexe Aufgabenstellungen in professionell angeleiteten kooperativen Lernsettings mit größerem Erfolg bewältigen als alleine auf sich selbst gestellt. Positive Ergebnisse belegen inzwischen auch Einzelstudien, die im Kontext deutscher Schulen durchgeführt wurden (z. B. Jürgen-Lohmann/Borsch/Giesen 2002).

Damit kooperatives Lernen wirken kann, sollte ein Klima der aktiven Mitbestimmung von Schüler/innen geschaffen werden. An Schulen, an denen eine Kultur der kooperativen Unterrichtsplanung im Kollegium existiert, zeigte kooperatives Lernen eine höhere Wirksamkeit als dort, wo dieses Lernprinzip nicht Teil einer insgesamt kooperativen Schulkultur war (Jürgen-Lohmann/Borsch/Giesen 2002, S. 379).

Kooperatives Lernen gelingt am besten unter professioneller Anleitung durch Lehrer: In der Phase der Erteilung des Arbeitsauftrags kommt es auf Präzision und Verständlichkeit an. Die Lehrkraft sollte vor Beginn der kooperativen Arbeitsphase sicherstellen, dass alle Schüler/innen den Auftrag und die zeitlichen Angaben verstanden haben. Soziale und kommunikative Fähigkeiten und Einstellungen können bei Schüler/innen nicht vorausgesetzt werden, sondern müssen durch explizites Modellieren und Üben internalisiert werden.

Definition: Positive Interdependenz

Eine Aufgabe muss so gestellt und strukturiert sein, dass alle Mitglieder einer Lerngruppe ihre wechselseitige Abhängigkeit in der Lösung der Aufgabe, d. h. ihre Interdependenz, erkennen.

---

dezidiert =
bestimmt, entschieden,
energisch

Während der Arbeitsphase sollten Lehrkräfte möglichst wenig in die Gruppenarbeit eingreifen. Durch die Vergabe dezidierter Rollen an einzelne Schüler/innen lässt sich Steuerungsverantwortung an die Schüler/innen der jeweiligen

Lerngruppe delegieren und auf diese Weise die Entwicklung von Handlungskompetenzen fördern.

> **Definition: Komplementäre Schülerrollen zur Selbstregulierung kooperativer Lernphasen**
>
> *Moderator:* moderiert den Gruppenarbeitsprozess
> *Zeitwächter:* achtet auf die Einhaltung der Zeitvorgaben
> *Materialmanager:* versorgt die Gruppe mit Arbeitsmaterial
> *Sozialmanager:* sorgt dafür, dass sich alle Beteiligen kennen und fair behandelt werden
> *Dokumentator:* dokumentiert das Arbeitsergebnis der Gruppe

Entwicklungsfördend

Zum Ende der kooperativen Arbeitsphase kommt es auf die Sicherung und die Integration der Arbeitsergebnisse in den weiteren Unterrichtsverlauf an. Prozessreflexion dient der Verbesserung der Prozesskompetenzen einer Lerngruppe. Dazu sollten Lehrer/innen die Ziele von Reflexion explizit erklären, bewusste Zeitfenster für Reflexion während oder nach einer Phase des kooperativen Lernens schaffen und Schüler/innen in Form von Reflexionsfragen oder -materialien ein konkretes Gerüst an die Hand geben, mit dessen Hilfe sie Aspekte der Zusammenarbeit in der Lerngruppe genauer unter die Lupe nehmen können. Lehrer/innen können auch einzelne Arbeitsgruppen beobachten und mithilfe eines Beobachtungsbogens Daten zusammentragen, um der Lerngruppe anschließend ein Feedback zu geben.

Beispiel I:
»Placemat«-Aktivität

Eine klassische Methode des kooperativen Lernens, die sogenannte »Placemat«-Aktivität, ermöglicht es Schüler/innen, zunächst allein und dann in einer kleinen Gruppe Antworten auf eine vorgegebene Fragestellung zu suchen. Die Methode – in fast allen Unterrichtsfächern und allen Altersstufen einsetzbar – kann zur Bearbeitung unterschiedlicher Aufgabentypen verwendet werden, z.B. zu einem Brainstorming innerhalb eines Projektes (»Wie lässt sich ein bestimmtes Problem lösen?«), zur Beantwortung einer Frage zu einem literarischen Werk (»Wie wäre die Geschichte wohl weitergegangen, wenn Hamlet sich anders verhalten hätte?«) oder zur Lösung einer mathematischen Aufgabe (»Welche Lösungsstrategien gibt es, um die Fläche einer Hauswand zu berechnen?«). Jede Vierergruppe erhält einen großen Bogen Papier und zeichnet sich eine »Placemat«: Jede/r der vier Schüler/innen hat darauf außen ein eigenes Feld, um in einer zeitlich genau festgelegten Phase eigene Gedanken zu der Fragestellung zu notieren. Erst in einer zweiten Phase nach der Einzelarbeit tauschen die Schüler/innen in der Gruppe ihre Ideen aus. Anschließend einigen sie sich auf diejenigen Antworten, die sie als gemeinsames Ergebnis in das mittlere Feld eintragen.

Beispiel II:
Das Gruppenpuzzle

Die »Jigsaw«-Methode (auch als »Gruppenpuzzle« bekannt) ist die am besten erforschte Methode des kooperativen Lernens (Jürgen-Lohmann/Borsch/Giesen 2002). Sie eignet sich in besonderer Weise zur Erarbeitung neuer Wissensinhalte. Ziel dieser Methode, von der es unterschiedliche Varianten gibt, ist, dass die Lernenden in einer Gruppe sich jeweils als »Expert/innen« in ein Thema einarbeiten, um sich dann in einer zweiten Phase gegenseitig ihr Expertenwissen weiterzuvermitteln. Besser als jede andere Methode des kooperativen Lernens bildet sie die produktive Komplementarität der demokratischen Gesellschaft ab, in der alle davon profitieren, dass unterschiedliche Menschen sich in ihrer Verschiedenheit an der Entwicklung des Gemeinsamen beteiligen, sodass im Idealfall die Summe gemeinsamer Arbeit mehr wird als ihre Teilmengen. Die Schüler/innen werden zunächst in Stammgruppen aufgeteilt. Der Lernstoff wird in unterschiedliche Aspekte bzw. Teilbereiche aufgebrochen. Zwei Beispiele sollen der Veranschaulichung dienen: Im Unterricht des Faches Religion befassen sich Schüler/innen der achten Klasse einer Hauptschule in Expertengruppen mit den »fünf Säulen des Islam«, also mit dem Glaubensbekenntnis, dem Gebet, dem Almosen, dem Fasten und der Pilgerfahrt. In einer Unterrichtseinheit zur politischen Theorie der Freiheit arbeiten Oberstufenschüler/innen mithilfe des Gruppenpuzzles zum Thema »Freiheit und Gerechtigkeit«. Es werden vier Expertengruppen gebildet, die in mehreren Unterrichtsstunden zusammenarbeiten: Eine Gruppe befasst sich mit dem Thema »Freiheit als Chance«, eine weitere mit dem Thema »Freiheit als Risiko«, eine dritte Gruppe mit »Freiheit und Gleichheit« und eine vierte mit »Freiheit und Individualität«. Jeder Schüler der Stammgruppe qualifiziert sich als »Experte« für eines der Teilthemen. Die »Expert/innen« aus den unterschiedlichen Stammgruppen treffen sich dann in Expertengruppen und erarbeiten dort selbstständig den Lernstoff. Dazu erhalten sie jeweils unterschiedliches Arbeitsmaterial zu »ihrem« Aspekt der übergreifenden Fragestellung. Das können je nach der verfügbaren Zeit jeweils einzelne Texte oder größere Materialpakete sein, die auch Bild- und Filmmaterial enthalten können. Manchmal bietet es sich an, den Expertenteams zusätzlich Forschungsaufträge zu erteilen, die sie mithilfe von Internet- oder Bibliotheksrecherchen bearbeiten.

Innerhalb einer Expertengruppe erarbeitet sich zunächst jeder Lernende selbst das Material, markiert Schlüsselbegriffe, macht sich Notizen und schreibt seine Fragen und Gedanken auf. Anschließend arbeitet die Expertengruppe gemeinsam mit dem Material, klärt offene Fragen und erstellt didaktisches Material (Präsentation oder Thesenpapier) zur Weitervermittlung des Stoffes in der nächsten Phase.

In der nächsten Phase wird nun jeder der Expert/innen Mitglied einer neuen Gruppe, die sich jetzt aus vier bis fünf Expert/innen für unterschiedliche Facetten des übergreifenden Themas zusammensetzt. In dieser Gruppe vermittelt jeder Einzelne sein Wissen an die anderen Gruppenmitglieder weiter und nutzt dabei das didaktische Material, das die Expertengruppe zusammen erarbeitet hat. Jeder der Lernenden soll auf diese Weise mit allen Facetten des Themas bekannt gemacht werden.

Auf diese Weise sind Lernende zugleich Lehrende, die sich zunächst Wissen aneignen, um es dann weiterzugeben. Die Methode basiert auf der Annahme, dass sich derjenige, der vor der Aufgabe steht, Wissen weiterzuvermitteln, nachhaltiger und grundsätzlicher mit diesem Wissen auseinandersetzt, und macht sich dabei ein Lernprinzip zunutze, das schon in der Antike Geltung hatte: »Wer lehrt, der lernt.«

Expertengruppen
↔
Stammgruppen

Nach den Präsentationen der unterschiedlichen Expert/innen in der neuen Lerngruppe sollten also alle Mitglieder dieser Gruppe alle Aspekte eines Themas kennengelernt haben und annähernd auf dem gleichen Wissensstand sein. Auf dieser Grundlage kann die Gruppe sich anhand von Fragen mit dem übergreifenden Gesamtthema befassen. Über ihren Lernprozess legen die Schüler/innen abschließend individuell Rechenschaft ab: In einem Wissensquiz, z. B. beantworten sie zum Abschluss des Gruppenpuzzles in neu gemischten Teams Fragen zum Gesamtthema und können dabei jeweils als Team einen Preis gewinnen.

So verbinden sich im Gruppenpuzzle die drei Formen des individuellen, des kooperativen und des wettbewerblichen Arbeitens. Jede der drei Arbeitsformen hat einen eigenen Sinn: Kooperativ lässt sich eine komplexe Materie besser erschließen: Was ein Schüler nicht versteht, kann wahrscheinlich eine andere Schülerin erklären. Im Anschluss an diese Phase des gemeinsamen Erarbeitens ist der Auftrag zur individuellen Vermittlung der Materie an andere Schüler/innen ein starker Anreiz, sich das Thema anzueignen. Das spielerische Wissensquiz zum Schluss schafft einen Anreiz, durch Zuhören und aktives Fragen ein Thema so zu durchdringen, dass man beim Quiz gewinnen kann. Auch die »kreative Demokratie« (Dewey 1997) lebt davon, dass kooperatives, individuelles und wettbewerbliches Handeln von Menschen sich gegenseitig ergänzen.

11.3   Welche Unterrichtsprinzipien gibt es?

Neben dem kooperativen Lernen gibt es eine Reihe weiterer Unterrichtsprinzipien, also Leitbilder von Unterricht, die sich durch die Anwendung von Unterrichtsmethoden gestalten lassen:

Weiterführende Literatur

Wichmann, J. (Hrsg.) (2010): Zwölf Unterrichtsmethoden. Weinheim und Basel: Beltz.

Reich, K. (2009): Konstruktivistische Didaktik. Lehr- und Studienbuch mit Methodenpool. Weinheim und Basel: Beltz.

- *Der darstellend-entwickelnde bzw. fragend-entwickelnde Unterricht* ist ein lehrerzentriertes Unterrichtsprinzip. Diese Form des Unterrichts war lange Zeit dominant an Schulen in Deutschland und wurde dann durch die Erkenntnisse der Lehr-Lern-Forschung und das konstruktivistische Paradigma in der Lerntheorie infrage gestellt. Lange Vortragsphasen mit Zwischenfragen führen in der Regel nicht zu einer breiten kognitiven Aktivierung aller Schüler/innen. Darstellend- bzw. fragend-entwickelnder Unterricht gilt heute als eine besonders voraussetzungsvolle Form der Unterrichtsgestaltung, die nur dann erfolgreich funktionieren kann, wenn ein Lehrer durch ein hohes Maß an fachlicher Expertise, eine anschauliche und abwechslungsreiche Vortragsweise, eine kluge Fragetechnik und die Fähigkeit zum Aufbau einer Beziehung zu den Lernenden viele Schüler/innen durch seinen Vortrag und seine Fragen fesseln kann.

  Die Videostudien, die im Zusammenhang mit den internationalen Schulleistungsstudien TIMMS und PISA durchgeführt wurden, konnten nachweisen, dass diese Unterrichtsform nicht selten nur eine kleine, besonders motivierte Schülergruppe erreicht. Heute geht man davon aus, dass eine gute Mischung aus kurzweiligen instruktiven, also lehrerzentrierten Phasen mit konstruktiven, also schüleraktivierenden Methoden die wirksamste Art der Unterrichtsgestaltung ist.

- *Entdeckendes Lernen* basiert auf der Grundannahme, dass Schüler/innen am besten lernen, wenn sie eigene Fragen an einen bestimmten Unterrichtsgegenstand richten und diese durch eigene Überlegungen, Hypothesenbildung, Recherchen und gegebenenfalls Experimente zu klären versuchen. Anstelle von direkten Instruktionen durch Lehrkräfte arbeiten die Schüler/innen in der Regel in kleinen Gruppen an der Lösung von Fragen und Problemen. Die Aufgabe des Lehrers ist nicht die des Wissensvermittlers, sondern desjenigen, der sorgfältig eine Lernumgebung vorbereitet und Schüler/innen dann ermutigt und befähigt, in dieser das Wissen selbst zu erkunden und zu entdecken. Methodisch inspiriert wurde das entdeckende Lernen durch die Arbeitsweise von Wissenschaftler/innen. Schüler/innen werden zu kleinen Wissenschaftler/innen, die Fragen an die Welt und die sie umgebende Realität richten und die Antworten darauf durch eigenes Tun suchen.

Experiment

Das Experimentieren ist eine klassische Form des entdeckenden Lernens. Es dient in der naturwissenschaftlichen Forschung der Erkenntnisgewinnung.

Im Unterricht werden Experimente unterschiedlich eingesetzt. Es gibt Experimente, die einen Sachverhalt verdeutlichen (Illustrationsexperimente), Experimente, um einen unbekannten Sachverhalt herauszufinden (Erkundungsexperimente) und Experimente, mit denen Hypothesen überprüft werden (Voraussageexperimente). Besonders authentisch sind Experimente, bei denen Schüler/innen selbst wie Naturwissenschaftler arbeiten und durch eigenes Tun neue Erkenntnisse gewinnen.

Problembasiertes Lernen

Problembasiertes Lernen (PBL), auch *problemorientiertes* Lernen, ist eine Lernform, bei der Schüler/innen selbstständig eine Lösung zu einem Problem finden sollen. Nach der sogenannten »Siebensprung-Methode« klären sie zunächst unbekannte Begriffe (1), definieren dann das Problem (2), sammeln in einem Brainstorming Hypothesen zur Problemlösung (3), ordnen und bewerten diese (4), formulieren Lernziele zum Lösen des Problems, legen also offen, welches Wissen und welche Kompetenzen erworben werden müssen, um das Problem zu lösen (5), bearbeiten dann in einer Lernzeit die notwendigen Aufgaben, um das Problem zu lösen, (6) und tragen dann die Ergebnisse ihrer Arbeit in einer Synthese (7) zusammen.

Abb. 28: Johann Heinrich Pestalozzi (1746–1827)

Handlungsorientierung ist ein konstruktivistisches Leitprinzip in der Unterrichtsgestaltung, das zu einem hohen Maß an Schüleraktivierung führt. Lehrer/innen und Schüler/innen vereinbaren Handlungsprodukte, die in einem schülerzentrierten Arbeitsprozess erarbeitet werden. Dabei wirken kognitives, affektives und psychomotorisches Lernen zusammen, also »Kopf, Herz und Hand«, wie schon von dem Pädagogen Johann Heinrich Pestalozzi im 18. Jahrhundert gefordert wurde.

Handlungsorientiertes Lernen wird daher auch als »ganzheitliches Lernen« bezeichnet.

Erkundung

Erkundungslernen ist ein Lernen außerhalb des Klassenzimmers, bei dem Schüler weitgehend selbstständig außerschulische Lernorte (einen Park, eine Großstadt) direkt und mit allen Sinnen erfahren. Ein zuvor erlerntes theoretisches Wissen kann beim Erkundungslernen durch die Schüler/innen überprüft und durch eigene Erfahrungen erweitert und fundiert werden.

Projektunterricht/Projektmethode

Projektunterricht basiert auf einer authentischen Frage oder Aufgabe, die Schüler/innen möglichst selbstständig bearbeiten, um dabei etwas Neues selbst zu schaffen. In der Erstellung eines Produkts oder einer Präsentation wenden die Schüler/innen ihr Wissen und Können an und erwerben neue Kompetenzen. Motiviert werden sie dabei durch die Bearbeitung von Aufgaben, die dann in irgendeiner Form in eine öffentliche Nutzung oder Präsentation münden, also einen »authentischen« Wert haben. Projektunterricht wird als besonders gute Vorbereitung auf die Arbeitswelt von heute gesehen, denn er erfordert die verantwortungsbewusste Arbeit in Teams, intensive Kommunikation und das Lösen von offenen, unstrukturierten Problemen. Lehrer/innen unterstützen das Projektlernen durch die Rolle als Lernbegleiter, der den Wissenserwerb und die Kompetenzentwicklung coacht und die Leistungen der Schüler/innen durch ein kritisch-wohlwollendes Feedback entwickelt. Zusätzliches Feedback erhalten sie von Mitschüler/innen und vom Publikum, dem das Projektergebnis zuletzt zugutekommt.

Werkstattunterricht

Im Werkstattunterricht steht den Schüler/innen eine durch den Lehrer vorbereitete Lernumgebung zur Verfügung, in der sie ihren Interessen und Bedürfnissen entsprechend mithilfe unterschiedlicher Materialien und Aufgabenstellungen selbstständig, eigenverantwortlich und in ihrem eigenen Lerntempo lernen können. Die Schüler/innen planen, organisieren und kontrollieren ihren Lernprozess mithilfe der bereitgestellten Materialien weitgehend selbst und übernehmen Verantwortung für ihr Lernen.

Planspiel

Planspiele dienen der Vermittlung komplexer Zusammenhänge in Wirtschaft, Politik und Gesellschaft. In einem vorgegebenen Lernszenario (z. B. einer Parlamentsdebatte oder dem Börsenhandel) übernehmen Schüler/innen die Rollen diverser Akteure. Im Prozess des Spielens können sie so abstrakte Vorgänge, wie z. B. ein Gerichtsverfahren, selbst erfahren. Planspiele können im Unterricht und in Projektwochen durchgeführt werden. Sie werden besonders für das bessere Verständnis von historischen, politischen und ökonomischen Fragestellungen genutzt und dienen auch der Entwicklung praktischer Fertigkeiten (z. B. Teamarbeit, freies Sprechen, kreatives Problemlösen).

Rollenspiel

Rollenspiele im Unterricht ermöglichen Schüler/innen, in unterschiedliche historische oder gesellschaftliche Rollen zu schlüpfen, die erfahren, gewechselt und verändert werden können. In szenischen Spielen können so Lerninhalte, die fern vom Leben der Schüler/innen sind, anschaulich nachempfunden und mit Leben gefüllt werden.

Lernen durch Engagement (»Service Learning«)
Lernen durch Engagement (engl. Service-Learning) ist eine Unterrichtsmethode, die gesellschaftliches Engagement von Schüler/innen mit fachlichem Lernen verbindet. Schüler/innen setzen sich in Projekten oder Diensten innerhalb und außerhalb der Schule für das Gemeinwohl ein. Diese Projekte sind Teil von Unterricht und eng verbunden mit fachlichem Lernen. Das Engagement der Schüler/innen wird im Unterricht geplant, reflektiert und mit Inhalten der Bildungs- und Lehrpläne verknüpft.

- *Lernen durch Lehren* ist ein Unterrichtsprinzip, nach dem Schüler/innen sich Wissen aneignen, in dem sie sich gegenseitig unterrichten. Schon aus der Antike ist der Satz »Qui docet, discet«, also »Wer lehrt, der lernt« bekannt. Um anderen etwas so zu erklären, dass sie es verstehen, muss man das zu Erklärende selbst ganz verstanden haben. Lernen durch Lehren wird häufig im Rahmen des kooperativen Lernens angewendet. Auch wenn Schüler/innen im Fremdsprachenunterricht eigenständig kleine Sequenzen des Unterrichts zu einem Thema ihrer Wahl selbstständig in der Fremdsprache vorbereiten und halten, ist das eine wirksame Form des Lernens durch Lehren.
- *Selbstbestimmtes Lernen* ist ein Unterrichtsprinzip, nach dem Schüler/innen aufgrund ihrer individuellen Erfahrung selbst entscheiden, was, wo und wie sie lernen möchten. Eng verwandt mit dem Begriff ist das selbstorganisierte bzw. selbstgesteuerte Lernen. Hier steht der Prozess des Lernens im Mittelpunkt. Schüler können selbst entscheiden, wie und manchmal auch wo sie lernen möchten. Dies funktioniert nur, wenn sie ein hohes Maß an Verantwortung für ihren eigenen Lernprozess übernehmen. In der Schulpraxis kommt Selbstbestimmung im Lernen in unterschiedlichem Maße vor: Teilweise beschränkt sich Selbstbestimmung auf die Auswahl von Aufgaben aus einem vom Lehrer vorgegebenen Repertoire, z. B. beim Stationenlernen oder bei der Wochenplanarbeit. Es gibt auch umfassende Formen des selbstbestimmten Lernens, wie z. B. die Arbeit mit Lernverträgen.

Freiarbeit
Während der Freiarbeitsphasen im Unterricht können die Schüler/innen Themen nach eigenen Interessen wählen und entscheiden, wann, wo, mit wem und wie sie etwas lernen. Man spricht auch von zieldifferentem Arbeiten, weil Schüler/innen unterschiedliche Lernziele umsetzen. Der Lehrer ist Unterrichtsbegleiter, er gibt den Schüler/innen Rückmeldungen über ihre Aktivitäten in der Unterrichtszeit. Bei der materialzentrierten Form der Freiarbeit wählen Schüler/innen aus einer vorbereiteten Lernumgebung Materialien aus und bearbeiten diese. In der Regel sind die Materialien so gestaltet, dass sie die Selbstkontrolle ermöglichen.

Stationenlernen

Beim Stationenlernen erhalten die Schüler/innen einen Arbeitsplan, der Pflicht- und Wahlaufgaben enthält (»Stationen«). Die Stationen bieten Schüler/innen Wahlmöglichkeiten hinsichtlich der Reihenfolge, in der die Aufgaben bearbeitet werden, der Sozialform und der Zeiteinteilung. Pflichtaufgaben dienen der Erarbeitung neuen Stoffs oder der Übung. Wahlaufgaben sind freiwillig und dienen der Erweiterung und Vertiefung. Die Aufgaben bilden in der Regel unterschiedliche Schwierigkeitsgrade ab.

Wochenplanarbeit

Wochenplanarbeit dient der Förderung des selbstgesteuerten Lernens der Schüler/innen. Dazu erhalten sie zu Beginn einer Woche einen Plan, in dem Aufgaben aus unterschiedlichen Fächern zusammengestellt sind. In bestimmten, für diese Arbeit reservierten Unterrichtsstunden arbeiten die Schüler/innen alleine oder in Kleingruppen an den Aufgaben. Der Lehrer steht als Helfer zur Verfügung. Die Kontrolle der Aufgaben erfolgt in der Regel durch die Schüler/innen selbst oder durch Mitschüler/innen.

Lernkontrakt/Lernvereinbarung

Ein Lernkontrakt ist eine Vereinbarung, die ein Lernender in erster Linie mit sich selbst schließt. In ihm werden die inhaltlichen und zeitlichen Lernziele, die Rahmenbedingungen zur Erreichung der Lernziele und die Unterstützungsleistungen durch Lehrer/innen, Eltern oder andere Personen festgeschrieben. Der Lernvertrag wird auch vom Lehrer und den anderen Unterstützer/innen im Lernprozess unterzeichnet.

11.4 Zum Nach- und Weiterdenken

1. Sie haben die Aufgabe, in einem fünften Schuljahr das Thema »Gesunde Ernährung« zu vermitteln. Durchdenken Sie vor dem Hintergrund der hier vorgestellten Konzepte, wie dies jeweils zu geschehen hat und entscheiden Sie sich für einen methodischen Zugang. Welche Argumente waren bei Ihrer Entscheidung maßgeblich?

2. Welche Rolle kommt der Lehrperson beim »entdeckenden Lernen« zu? Welche Aufgaben muss sie erfüllen?

3. Entwickeln Sie ein Freiarbeitsmaterial zum Thema »Addition im Zahlenraum bis 20«. Beachten Sie hierbei die Qualitätskriterien:
   - Das Material ist ansprechend/ästhetisch.
   - Das Material enthält eine Selbstkontrolle.
   - Das Material ermöglicht Erfahrungen bzw. ist handlungsorientiert.

12 Leistungsmessung, Leistungsbewertung, Leistungsrückmeldung: Wie lässt sich damit Lernen fördern?

12.1 Was bedeutet Leistung im Kontext der Pädagogik?

Allokation = Zuweisung
von finanzieller Mitteln,
Materialien usw.

Der Begriff der Leistung spielt im Kontext Schule eine zentrale Rolle. Leistungen werden von Schülerinnen und Schülern erwartet und erbracht. Sie werden gemessen und bewertet. Traditionell gilt in der Schule das »Leistungsprinzip«, also die Zuweisung von Vergütungen nach erbrachter Leistung. Die Leistungserbringung und Leistungsmessung dienen im deutschen Schulsystem traditionell der Selektions- und Allokationsfunktion von Schule, also der Zuweisung von Chancen in Form einer Selektion für bestimmte Bildungswege und Entwicklungsoptionen. In der traditionellen Leistungskultur der Schule werden somit real mess- und beobachtbare Fähigkeiten honoriert und nicht etwa Anstrengung und Anstrengungsbereitschaft.

Kinder und Jugendliche, die Leistungen zeigen, werden positiv bewertet und ihnen wird der Zugang zu höheren Bildungsgängen ermöglicht. Was dabei außer Acht bleibt, sind zum einen die sozialisations- und herkunftsbedingt sehr unterschiedlichen Lern- und Leistungsvoraussetzungen der Kinder und Jugendlichen einerseits und die Pluralität möglicher Leistungen andererseits, denn Menschen erbringen gute Leistungen auch in Feldern, die traditionell nicht im Zentrum des schulischen Leistungsbegriffes stehen. Die internationale empirische Schulleistungsforschung wie z. B. in Form der TIMSS- und der PISA-Studien hat mittlerweile zu einem sehr viel klareren Verständnis vom Zusammenhang zwischen Leistung und sozialer Herkunft geführt. Die Studien zeigen, dass sich Schulsysteme hinsichtlich des Zusammenhangs zwischen Leistung und Herkunft sehr stark voneinander unterscheiden: Während einige Schulsysteme, zu denen bis heute leider auch das deutsche gehört, wenig dazu beitragen, den Zusammenhang zwischen Schulleistung und den durch soziale Herkunft geprägten Lernvoraussetzungen zu durchbrechen, schaffen es andere Systeme (wie z. B. das kanadische) deutlich besser, soziale Herkunft und Schulleistung zu entkoppeln. Das bedeutet, dass es diesen Schulsystemen gelingt, möglichst viele Schülerinnen und Schüler – unabhängig von deren sozialer Herkunft – zu Leistungen auf hohem Niveau zu führen.

Weiterführende Literatur

Weinert, F.E. (Hrsg.) (2001): Leistungsmessungen in Schulen. Weinheim und Basel: Beltz..

Bohl, T. (2009): Prüfen und Bewerten im offenen Unterricht. Weinheim und Basel: Beltz.

Summative und formative Leistungsbeurteilung

Bei der *summativen Leistungsbeurteilung* geben Lehrkräfte den Lernenden nach Abschluss einer Lernsequenz Rückmeldung über ihre Kenntnisse und Fähigkeiten. Wenn z. B. am Ende einer Unterrichtseinheit zur »mathematischen Ungleichung« oder zu den Konditionalsätzen im Englischen eine Klassenarbeit geschrieben wird, dann dient die Beurteilung der Leistung von Schüler/innen in diesen Arbeiten der summativen Leistungsbeurteilung und Leistungsrückmeldung über ihren Lernerfolg in einer bestimmten Unterrichtseinheit. Die Beurteilungen werden in der Regel in Form von Noten erteilt.

Unter *formativer Leistungsrückmeldung* verstehen wir Verfahren, die Lernenden im laufenden Unterricht Rückmeldung über Kenntnisse und Fähigkeiten geben, die sie im Unterricht erwerben. Formative Verfahren informieren über die Differenz zwischen dem aktuellen und einem gewünschten Kenntnisstand und helfen Schüler/innen dabei, sich eigene Lernziele zu setzen und deren Umsetzung systematisch zu planen.

Das Spannungsverhältnis zwischen der Selektionsfunktion und den pädagogischen Aspekten von Leistungsmessung und Leistungsbeurteilung ist nicht aufhebbar. Der Diagnostikboom unter dem Vorzeichen der individuellen Förderung ist immer eingebunden in die Sorge, dass Eltern ihre Kinder sozial gut platzieren wollen. Der Aspekt des Vergleichs von Kindern, deren Einstufung und die Öffnung bzw. Schließung von Zugangswegen zu bestimmten Abschlüssen (z. B Abitur) bleibt bei allen positiven Ansätzen zur individuellen Förderung bestehen. Aus schulpädagogischer Perspektive können Leistungsbeurteilungen zur besseren Selbsteinschätzung beitragen, sie können motivieren und die Leistungsbereitschaft stärken. Auf der anderen Seite spielt die Erfahrung des eigenen Könnens eine entscheidende Rolle. Schülerinnen und Schüler, die beständig rückgemeldet bekommen, etwas nicht in ausreichendem Maße zu können, werden durch Leistungsbewertungen nicht gestärkt.

Grund für Diagnostikboom

Reflexion/Übung

Beurteilen Sie den (→ Download) Aufsatz, der zu einer Bildergeschichte angefertigt wurde. Wie beurteilen Sie den Text, den Dennis geschrieben hat? Lesen Sie anschließend den folgenden Text zu den Bezugsnormen. Welche Norm haben Sie angelegt?

 Vertiefung

Mehr zum Thema ist im Download-Bereich nachzulesen.

Den Leistungsbegriff eines Schulsystems oder einer Einzelschule kann man nur analysieren, wenn man die sogenannten »Bezugsnormen« mit ihren jeweiligen Vor- und Nachteilen kennt. Wenn Lehrer Leistungen von Schüler/innen bewerten sollen, können sie dies nicht ohne einen Maßstab tun, mit dem sie die erbrachte Leistung vergleichen können. Unter einer Bezugsnorm versteht man einen Maßstab, der angelegt wird, um eine Leistung zu bewerten. Leistungen sind also nicht an sich »gut« oder »weniger gut«. Zu einer Urteilsbildung über eine Leistung kann ich als Lehrkraft nur dann gelangen, wenn ich die Leistung mit einem Maßstab vergleichen kann. Unterschieden werden folgende Bezugsnormen:

Bezugsnormen

Die individuelle Bezugsnorm: Die aktuelle Leistung eines Schülers wird mit seinen eigenen früheren Leistungen verglichen. Die Lehrkraft bewertet den Lernfortschritt des Schülers. Eine Leistung ist gut, wenn der Schüler sich gegenüber seinen früheren Leistungen verbessert oder wenigstens nicht verschlechtert hat.

Die kriteriale bzw. sachliche Bezugsnorm: Die Leistungen eines Schülers werden an von außen vorgegebenen Kriterien gemessen. Dies können die Bildungsstandards sein, die in einer bestimmten Klassenstufe erreicht werden sollen. Kriterien können auch durch den Lehrer unter Einbeziehung der Klasse vor der Leistungserbringung in Form von Kompetenzrastern festgelegt werden. Die tatsächlich erbrachte Leistung eines Schülers wird dann mit den Stufen des Kompetenzrasters verglichen. Gut ist eine Leistung, die bestimmten Qualitätskriterien entspricht.

Die soziale Bezugsnorm: Die individuelle Leistung eines Schülers wird in Beziehung gesetzt zu den Leistungen der anderen Schüler in der Klasse, orientiert sich also am Durchschnitt der Klasse. Gut ist eine Leistung, wenn sie über dem Durchschnitt der Klasse liegt.

Vergleicht man Leistungsbewertung an deutschen Schulen mit Schulen in Skandinavien oder Kanada, so fällt auf, dass hierzulande die soziale Bezugsnorm nach wie vor einen hohen Stellenwert hat. Noten kommen häufig dadurch zustande, dass Schüler/innen innerhalb eines Klassenverbands oder einer Lerngruppe miteinander verglichen werden. »Die verbreitete Leistungsbeurteilung nach der sozialen Norm ist vermutlich ein Stück heimlicher Lehrplan unserer kompetitiven und leistungsorientierten Gesellschaft« (Sacher 1996, S. 51). Die soziale Bezugsnorm wird in einem System, das auf frühe Selektion der Schüler/innen in unterschiedliche Schulformen setzt, begünstigt. Aus Sicht der internationalen Lehr-Lern-Forschung gilt eine Dominanz der sozialen Bezugsnorm als überholt, denn bei Schüler/innen, die immer wieder geringere Leistungen zeigen als ihre Klassenkameraden und daher schlechtere Noten erhalten, kann die soziale Bezugsnorm Lernmotivation schwächen. Ein Schüler beispielsweise, der sich innerhalb von wenigen Wochen von vierzig Fehlern im Diktat auf nur noch zwanzig Fehler verbessert, hat ohne Zweifel eine Leistung gezeigt. Im Vergleich zu den Mitschüler/innen ist diese Leistung aber noch immer »mangelhaft«. Für die Lernmotivation dieses Schülers, seine zukünftige Anstrengungsbereitschaft und sein Selbstkonzept wird es wichtig sein, diese Leistungssteigerung des Schülers anzuerkennen. Die Einschätzung »Ich bekomme in Deutsch halt immer eine fünf – egal, wie sehr ich mich anstrenge« kann leicht zu einer selbsterfüllenden Prophezeiung werden.

Der Fall zeigt deutlich, dass von professionellen Lehrkräften eine bewusste und reflektierte Anwendung der unterschiedlichen Bezugsnormen erwartet wird. Während die soziale Bezugsnorm auf leistungsstarke Schüler/innen häufig motivierend wirkt, kann sie die Lernmotivation leistungsschwächerer Schüler/innen nachhaltig blockieren. Angemessen ist daher ein flexibler Umgang mit den Bezugsnormen, immer mit dem Ziel, das Lernen und die Entwicklung jedes einzelnen Kindes und Jugendlichen zu fördern und zu ermöglichen. International spricht man derzeit von einem Paradigmenwechsel von »assessment of learning« zum »assessment for learning«.

Vom »Assessment of Learning« zum »Assessment for Learning«

in einer sehr einflussreichen Studie konnten die beiden englischen Bildungsforscher Paul Black und Dylan William 1998 in einer empirischen Metaanalyse von vielen hundert Studien aus unterschiedlichen Ländern zeigen, dass die bis dahin dominante »summative Leistungsrückmeldung« in Form von Noten Lernprozesse deutlich weniger fördert als »formative Leistungsrückmeldung«. Bei der formativen Schülerbeurteilung spielt die Art der Rückmeldung an die Lernenden eine wichtige Rolle. Sie sollte aufgabenorientiert erfolgen, also den Lernenden Informationen darüber geben, was sie im Einzelnen besser machen können. Bei der formativen Leistungsrückmeldung nutzen Lehrkräfte die Informationen über die Leistungen eines Schülers also gezielt als Feedback zur Modifizierung von Lernaktivitäten. Leistungsbewertung ist dabei kein Selbstzweck sondern dient grundsätzlich dazu, das Lernen von Schüler/innen zu fördern. Man spricht auch von »assessment for learning«. Black und Wiliam konnten zeigen, dass alle Schüler/innen durch ein gezieltes Feedback sowie Informationen über ihre nächsten Schritte im Lernprozess ihr Lernen verbessern können.

Die Kultur der formativen Leistungsrückmeldung hat folgende Elemente:

- Die soziale Bezugsnorm tritt gegenüber der individuellen und der kriterialen in den Hintergrund. Lehrkräfte geben Schüler/innen eine differenzierte Rückmeldung zu ihrem Lernstand und den nächsten Schritten zur Verbesserung der Leistung und beziehen sich dabei auf die Vorleistung des Schülers oder auf Bildungsstandards.
- Schüler/innen übernehmen mehr Verantwortung für ihr eigenes Lernen. Das Monopol der Leistungsrückmeldung durch den Lehrer wird aufgehoben. Mithilfe von Kompetenzrastern und Checklisten bewerten Schüler/innen ihre eigene Leistung und lassen sich von ihren Mitschüler/innen eine Rückmeldung geben. (Peer Assessment). Auf dieser Grundlage setzen die Schüler/innen sich eigene Lernziele.
- Lern- und Leistungsräume werden voneinander getrennt. In langen Lernphasen erhalten die Schüler/innen formatives Feedback in Form von differenzierten schriftlichen oder mündlichen Kommentaren. Erst im »Leistungsraum« am Ende einer Lerneinheit wird für die Leistung eine Note gegeben.
- Das positive Gefühl, sich zu entwickeln, und die weitere Motivation zum Lernen entstehen vor allem dann, wenn die Rückmeldungen den Lernenden zeigen, wie sie selbst zu ihrem Erfolg beigetragen haben. Formative Rückmeldung kann durch die Rückkopplung über Lernprozesse dazu beitragen, das Selbstkonzept von Schüler/innen zu verbessern.

Leistungsrückmeldung in der Schule wird heute international in einem klaren Zusammenhang mit der Lernförderung gesehen: Leistungsmessung soll dem Lernen selbst dienen und nicht als Selbstzweck betrachtet werden. Dennoch bleibt es Aufgabe der Schule, Leistungen zu messen und auch summativ zu bewerten, denn noch immer hat die schulische Leistungsbewertung neben den zentralen Funktionen der Lernförderung, der Rückmeldung und der Diagnose auch die Funktion der Allokation von Berechtigungen, also des Zugangs zu bestimmten Ausbildungswegen und Berufsfeldern. Um einen möglichst hohen Grad an Genauigkeit in der Leistungsmessung zu gewährleisten, verwendet man unterschiedliche Verfahren, die bestimmte Gütekriterien erfüllen.

Gütekriterien in der Leistungsbewertung

Objektivität
Das Ergebnis einer Leistungsüberprüfung ist unabhängig von den Personen, die den Test leiten und auswerten. Jeder Kandidat bearbeitet das gleiche Testmaterial unter den gleichen Bedingungen (z. B. Bearbeitungszeit). Werten verschiedene Auswerter den Test aus, so erzielen sie vergleichbare Testresultate.

Reliabilität
Ein bestimmtes Merkmal wird ziemlich genau und zuverlässig erfasst. Wird ein relativ stabiles Merkmal (z. B. Intelligenz) gemessen, so führen mehrfache Messungen mit demselben Intelligenztest zu vergleichbaren Ergebnissen.

Validität
Ein Messinstrument misst das, was es zu messen vorgibt. Der Intelligenztest soll Intelligenz und nicht etwas anderes, z. B. Ausdauer oder Kreativität, erfassen.

Sämtliche Untersuchungen zeigen jedoch, dass dieser Anspruch sehr schwer einzulösen ist und dass selbst die Güte der internationalen Schulleistungsuntersuchungen sehr kritisch diskutiert wird.

Für Lehrer/innen sind die klassischen Beurteilungsfehler wichtig zu kennen:

Beurteilungsfehler

Tendenz zur Mitte/Tendenz zu Extremurteilen
Die Lehrperson neigt dazu immer Noten im mittleren Bereich zu vergeben, d. h. sie vergibt keine sehr guten bzw. sehr schlechten Beurteilungen (Tendenz zur Mitte). Diese Lehrer/innen erklären z. B. zu Beginn des Schuljahrs, dass man bei ihnen die Note »sehr gut« nicht erhalten kann. Bei der Tendenz zu Extremurteilen wird das mittlere Notenspektrum nicht ausgeschöpft.

Strengefehler/Mildefehler
Hier fallen die Beurteilungen tendenziell immer zu streng oder zu mild aus.

Haloeffekt

Hier fließen in die Beurteilung Kriterien ein, die mit der Leistungssituation in keinem Zusammenhang stehen. Hierzu zählt beispielsweise das Schriftbild oder die generelle Einschätzung des Leistungsstands eines Schülers.

Reihungsfehler

Die Leistung eines Schülers, die zuvor von der Lehrperson zur Kenntnis genommen wurde, beeinflusst die Beurteilung – beispielsweise eine Lehrperson korrigiert einen Aufsatz, bei dem das Thema verfehlt wurde und der gänzlich schwach ist, wenn man die Sachnorm anlegt. Beim nächsten zu lesenden Aufsatz, der mittelmäßig ist, findet eine bessere Beurteilung statt, weil die vorangegangene Korrektur das Urteil beeinflusst.

Die Ergebnisse der Leistungsmessung oder Leistungsbewertung werden dokumentiert und interpretiert und erfüllen unterschiedliche Aufgaben – von der Unterstützung des Lehrens und Lernens bis hin zur Diagnose bildungspolitischer Entwicklungen.

Pädagogischer Leistungsbegriff

Unter pädagogischer Perspektive sollte die Leistungsmessung und Leistungsbeurteilung einen Beitrag zur Stärkung der Person erbringen:
Schüler/innen...
– machen Könnenserfahrungen.
– erleben ihre Selbstwirksamkeit.
– erkennen Zusammenhänge zwischen Anstrengungsbereitschaft und Arbeitsergebnis.
– sind motiviert, weiterzulernen und Anstrengung zu erbringen.
– erfahren, wo sie im Augenblick stehen und gewinnen eine realistische Selbsteinschätzung.

12.2 Vergleichsarbeiten

In den letzten Jahren sind auf Schul- und Schulsystemebene immer mehr sogenannte »Vergleichsarbeiten« eingeführt worden; ein Konzept, das keine Neuerung darstellt. Bereits in den 1970er-Jahren wurden in manchen Bundesländern Vergleichsarbeiten durchgeführt. Vergleichsarbeiten dienen nicht primär der Leistungsrückmeldung an die einzelnen Schüler/innen, sondern vielmehr dem System-Monitoring.

 **Weiterführende Literatur**

LISUM et al. (Hrsg.) (2008): Bildungsmonitoring, Vergleichsstudien und Innovationen: Von evidenzbasierter Steuerung zur Praxis. Berlin: Berliner Wissenschaftsverlag.

> ### Definition: Bildungs-Monitoring
>
> Unter »Bildungs-Monitoring« versteht man eine systematische Erhebung ausgewählter qualitätsrelevanter Indikatoren des Bildungssystems. Diese werden periodisch erhoben, beobachtet, analysiert und bewertet (evaluiert). Bildungs-Monitoring dient der Gewinnung eines objektiven Verständnisses eines Bildungssystems und seiner Weiterentwicklung.
>
> In der Praxis besteht Bildungs-Monitoring aus den folgenden vier Elementen:
> - nationalen und internationalen Bildungsstatistiken
> - regelmäßigen standardisierten Schülerleistungsmessungen
> - periodischen Befragungen von Schüler/innen, Lehrer/innen und Eltern
> - repräsentativen Befragungen der Bevölkerung zu Schul- und Bildungsfragen
>
> Die Bildungspolitik nutzt diese Daten zu Steuerungs- bzw. Entwicklungsentscheidungen. Bildungsforscher gewinnen aus diesen Daten theoretisches Wissen über mögliche Erklärungszusammenhänge. Einzelschulen und Lehrenden liefern Vergleichsstudien von Schülerleistungen Referenzdaten für lokale oder regionale Schulentwicklungsprojekte.

genutzt von

Darüber hinaus dienen zentrale Prüfungen dazu, die Vergabe von Berechtigungen (z. B. dem Abitur) auf einen einheitlichen Maßstab zu beziehen. Das Zentralabitur, bei dem die schriftlichen Prüfungsaufgaben von zentralen Behörden wie den Kultusministerien der Bundesländer vorbereitet werden, was mittlerweile in 15 von 16 Bundesländern praktiziert wird, hat diese Funktion.

> ### Beispiel einer Lernstandserhebung: VERA
>
> Die Abkürzung »VERA« steht für »VERgleichsArbeiten in der Grundschule«. Mit Testaufgaben, die sich an den Bildungsstandards orientieren, werden die Schülerleistungen in Mathematik und Deutsch bei Schüler/innen der dritten Klassen überprüft. Die Ergebnisse der Vergleichsarbeiten dienen Lehrkräften als Grundlage zur Unterrichtsentwicklung und helfen dabei, ihre Schüler/innen aus einem anderen Blickwinkel zu bewerten. So können Lehrkräfte den Lernstand ihrer Schüler/innen, ihrer Klasse und ihrer Schule im Vergleich mit anderen einschätzen. Derzeit nehmen rund 500 000 Schüler/innen an den durch das Zentrum für empirische pädagogische Forschung an der Universität Koblenz-Landau durchgeführten Vergleichsarbeiten teil. Die Vergleichsarbeiten werden im zweiten Schulhalbjahr der dritten Klasse geschrieben, um den Lehrkräften objektive Informationen über den Lernstand ihrer Schüler/

innen zu liefern und um gegebenenfalls einen Förderbedarf bestimmter Schülergruppen in bestimmten Lernbereichen zu verdeutlichen. Die Tests werden nicht benotet. Es geht primär um eine Rückmeldung für die Lehrkräfte, inwieweit ihre Schüler/innen die in den Bildungsstandards formulierten Kompetenzen bereits erworben haben. Die Aufgaben beziehen sich daher nicht auf den direkt in den vorangegangenen Unterrichtsstunden behandelten Stoff, sondern auf die bundesweit festgelegten Bildungsstandards.

Die Vergleichsarbeiten werden von den Lehrkräften auf der Grundlage von Korrekturhinweisen korrigiert und auf Internetseiten in einem geschützten Bereich eingegeben. Die Schule erhält dann die Auswertung des wissenschaftlichen Teams. Nur die Lehrkräfte können die Ergebnisse einem bestimmten Kind zuordnen. Eltern erhalten einen Rückmeldebogen, dem sie entnehmen können, wie ihr Kind abgeschnitten hat. Die Bewertung erfolgt durch die Zuordnung zu einer Kompetenzstufe, die keine Entsprechung in Schulnoten hat.

Quelle: http://www.projekt-vera.de [22.8.2010]

Allerdings muss festgestellt werden, dass ein Effekt dieser Erhebungen auf die konkrete Unterrichtsarbeit kaum nachweisbar ist. Das ist in der aktuellen Diskussion ein ernstzunehmender Befund, der gelegentlich auch gar nicht mehr zur Kenntnis genommen wird und die immensen Anstrengungen im Bereich der Leistungsvergleiche relativiert.

Im Folgenden werden zwei Formen der Leistungsrückmeldung vorgestellt, die im Zuge der bereits erläuterten Stärkung der formativen Rückmeldung gegenüber der summativen Rückmeldung einen immer wichtigeren Stellenwert in Schulen erhalten: Lernbericht und Portfolio.

12.3 Lernberichte

An Schweizer Schulen sind Lernberichte mittlerweile gängige Praxis. Auch immer mehr Schulen in Deutschland nutzen Lernberichte zur Stärkung der Lernkultur. Dabei steht der einzelne Schüler in seiner gesamten Entwicklung mit seinen Stärken und Schwächen im Mittelpunkt. Lernberichte sind ein Mittel der Individualisierung von Lern- und Rückmeldeprozessen. Je nach Alter und Entwicklungsstand der Schüler/innen sind Lernberichte unterschiedlich gestaltet. Sie enthalten neben Berichtsteilen, die über die Lernentwicklung im Unterricht informieren, auch Aussagen zum Sozial- und Arbeitsverhalten. In Lernberichten wird eine Rückmeldung formuliert, die an der individuellen und kriterialen Bezugsnorm orientiert ist und eine Bilanz zur Lernentwicklung eines Schülers in einem bestimmten Zeitraum zieht.

Sprachlich sollten Lernberichte nicht in der Expertensprache der Lehrkräfte geschrieben, sondern für Schüler/innen und Eltern lesbar und verständlich sein. An der Laborschule Bielefeld z. B. umfasst ein Lernbericht in der

Regel zehn bis 15 Seiten pro Schüler und wird halbjährlich erstellt. Schüler/innen erhalten mithilfe der Lernberichte eine differenzierte und zugleich ganzheitliche Rückmeldung zu ihrem Lern- und Entwicklungsprozess. Lernberichte dienen als Grundlage für Gespräche zwischen Schüler/innen, Lehrkräften und Eltern, in denen nächste Lernziele im Dialog festgelegt und konkrete Maßnahmen der Unterstützung des Schülers durch die Lehrkräfte und Eltern geplant werden.

12.4 Portfolios

Weiterführende Literatur

Endres, W./Wiedenhorn, T. und Engel, A. (2008): Das Portfolio in der Unterrichtspraxis: Präsentations-, Lernweg- und Bewerbungsportfolio. Weinheim und Basel: Beltz.

Brunner, I./Häcker, T./Winter F. (Hrsg.) (2006): Das Handbuch Portfolioarbeit: Konzepte – Anregungen – Erfahrungen aus Schule und Lehrerbildung. Seelze: Kallmeyer.

Unter einem Portfolio versteht man eine Mappe, in der unterschiedliche Leistungen eines Schülers nach bestimmten Kriterien und zu bestimmten Zwecken über einen längeren Zeitraum gesammelt werden. Der Begriff stammt aus dem Bereich der Kunst: Künstler und Architekten nutzen Portfolios schon seit der Zeit der Renaissance, um ihre künstlerische Entwicklung zu dokumentieren und zu präsentieren.

Das Portfolio in der Schule zeigt ebenso wie das künstlerische Portfolio Kompetenzen, Arbeitsweise und Entwicklung von Schüler/innen auf. Kompetenzen werden jedoch mithilfe des Portfolios nicht nur dokumentiert, sondern vor allem weiterentwickelt. Für Schüler/innen bringt das Portfolio den Rollenwechsel von einem Objekt, das von anderen geprüft und beurteilt wird, hin zu einem Subjekt, das Verantwortung übernimmt für die Entwicklung und die Darstellung eigener Kompetenzen. Lange Zeit wurden Portfolios in der Schule als »alternative Formen der Leistungsbeurteilung« gesehen. In den letzten Jahren haben sie sich jedoch in vielen Schulsystemen der Welt zu einer zentralen Säule der Kultur von Leistungsdokumentation und Leistungsrückmeldung entwickelt. Neben Portfolios in Form von Ordnern, in denen Dokumente abgeheftet und Artefakte gesammelt werden, setzen sich mittlerweile auch elektronische Portfolios immer mehr durch. An der Sacred Heart Community School, einer sechsjährigen Grundschule in Saskatchewan/Kanada, führt jeder Schüler ein elektronisches Portfolio. Neben eigenen Texten und Bildern werden dort z. B. auch Audiodokumente über die Entwicklung der Lesekompetenz von Schüler/innen gesammelt. Diese Sammlung an Audiodokumenten lässt sich zu diagnostischen Zwecken nutzen, um einen Schüler beim Lesenlernen gezielt zu unterstützen. An vielen kanadischen Schulen können sich auch die Eltern in die im Internet stehenden elektronischen Portfolios ihrer Kinder einloggen, um ihre Kinder durch gezielte Information beim Lernen besser zu unterstützen.

Portfolioarbeit in der Schule durchläuft in der Regel mehrere Prozessschritte:

- Sie beginnt mit der Definition des Kontextes, in dem ein Portfolio erstellt wird.

- Darauf folgen das Sammeln und Auswählen von Lernprodukten und die Reflexion als Kernelement der Portfolioarbeit.
- In Portfoliogesprächen stellt der Schüler sein Portfolio Lehrkräften und Eltern vor, erhält ein Feedback und bespricht nächste Schritte auf dem Lernweg sowie die Unterstützung dabei durch Lehrer/innen und Eltern.

Varianten des Portfolios in der Schule

Portfolios können unterschiedlich gestaltet sein und unterschiedliche Funktionen in Lern- und Entwicklungsprozessen erfüllen. Im Folgenden sind einige Varianten von Portfolios aufgeführt. In der Realität kommen häufig Mischformen dieser Varianten vor.

- **Lern- und Reflexionsportfolio**

Unter einem Lern- bzw. Reflexionsportfolio versteht man eine Mappe, auch virtuell, in der ein Lernender seine Lernprozesse aus eigener Motivation heraus regelmäßig dokumentiert und reflektiert. Kennzeichnend für Lernportfolios sind Aufgabenstellungen und Übungen, die vom Lernenden selbst generiert werden, und die dazu gehörigen Reflexionen.

selbst

- **Beurteilungs- bzw. Prüfungsportfolio**

Dieses Portfolio enthält ebenfalls eine Reihe unterschiedlicher Aufgabenstellungen und Übungen, wird jedoch nicht nur zur Selbstreflexion des Lernenden, sondern auch zur Beurteilung seiner Leistung genutzt. Lernaufgaben und Bewertungskriterien sind häufig von außen vorgegeben. So können z. B. Leistungen mithilfe von Kompetenzrastern und Beurteilungsbögen im Rahmen des Portfolios beurteilt werden.

von außen

- **Entwicklungsportfolio**

Das Entwicklungsportfolio ist häufig eine Mischform aus Lern-, Reflexions- und Beurteilungsportfolio. Das Portfolio soll die Entwicklung eines Schülers über einen längeren Zeitraum sichtbar machen und beim Schüler selbst die Verantwortung für seine eigene Lernentwicklung stärken. Der Schüler erbringt und dokumentiert im Rahmen des Portfolios seine Leistungen, reflektiert seine Entwicklung dabei mithilfe von Materialien, die zur Reflexion anleiten. Zudem erhält er von Lehrer/innen, Mitschüler/innen und Eltern formatives Feedback zu den erbrachten Leistungen und setzt sich auf dieser Grundlage nächste Lernziele.

selbst + von außen

- **Präsentations- bzw. Bewerbungsportfolio**

Dieser Portfoliotyp dient vor allem als sogenannte »direkte Leistungsvorlage« der Präsentation eigener Leistungen gegenüber Außenstehenden. Präsentationsportfolios kommen häufig in Bewerbungsverfahren zum Einsatz, um durch die Vorstellung eigener Leistungen einen Eindruck von der eigenen Person zu vermitteln. In der Regel sind Präsentationsportfolios sogenannte »Showcase-Portfolios« in denen in erster Linie besonders gute und vorzeigbare Leistungen aufbereitet sind, um einen möglichst positiven Eindruck von einem Bewerber zu hinterlassen.

Derzeit werden Portfolios häufig noch von einzelnen Lehrkräften in einzelnen Fächern oder für einzelne Unterrichtsprojekte eingesetzt. Pädagogisch stark entwickelte Schulen haben fächer- und jahrgangsübergreifende Portfolio-modelle eingeführt, in denen die Entwicklung eines Schülers ganzheitlicher dokumentiert und reflektiert wird.

12.5 Zum Nach- und Weiterdenken

1. Welche Gütekriterien sollen bei der Beurteilung von Schülerleistungen erfüllt sein?
2. Nennen Sie Bezugsnormen und geben Sie Beispiele.
3. Was versteht man unter einem »pädagogischen Leistungsbegriff«?
4. Diskutieren Sie Vor- und Nachteile des Beurteilungs- bzw. Prüfungsportfolios.

13 Individualität – Heterogenität – Diversität: Wie können alle Kinder und Jugendlichen optimal gefördert werden?

13.1 Von der Homogenität zur Diversität

Das Bildungssystem der Bundesrepublik Deutschland ist traditionell geprägt durch eine Kultur der Homogenität von Lerngruppen und die Separierung von Schülern im Alter von zehn bis zwölf Jahren in unterschiedliche Schulformen. Auch wenn ein Rückblick auf die Kulturgeschichte Deutschlands eine Geschichte ethnischer, sprachlicher und religiöser Vielfalt offenbart, so hat doch das Leitbild der Homogenität in der Schule eine lange und dominante Tradition. Das gegliederte Schulsystem hat lange das Paradigma der »homogenen Lerngruppe« aufrechterhalten.

Der Ausgangspunkt dieses Paradigmas ist die Annahme, dass das Lernen in homogenen Lerngruppen am effektivsten sei. Schon Johann Friedrich Herbart (1776–1841) formulierte als Hauptproblem des Unterrichts die »Verschiedenheit der Köpfe«. Ernst Christian Trapp (1745–1818), der erste deutsche Pädagogik-Professor, empfahl deshalb »den Unterricht auf die Mittelköpfe zu kalkulieren« (zit. nach Tillmann 2006, S. 1). Für unterschiedliche Leistungspotenziale etablierten sich unterschiedliche Schulen, die durch ein fiktives mittleres Niveau den Schülerinnen und Schülern am besten entgegenkommen sollten.

Heute gehen wir aufgrund der Ergebnisse der empirischen Bildungsforschung davon aus, dass die Realität viel komplexer ist: Schüler lassen sich aufgrund ihrer unterschiedlichen Lernvoraussetzungen, komplexen Begabungsprofile und verschiedenen Interessen nicht in homogene Gruppen einteilen. Die vermeintliche Homogenität ist also gar keine. Die Begleitforschung zur PISA-Studie zeigt: Trotz der gezielten Separierung und Selektion liegt innerhalb jeder Schulform eine deutliche Leistungsstreuung vor: Leistungsstarke Realschüler zeigen beispielsweise in vielen Fällen bessere Leistungen als leistungsschwache Gymnasiasten (Baumert/Stanat/Watermann 2006).

Gleiche Lernziele, ein übereinstimmender Lerninhalt, gleiche Lernschritte und dieselbe Lernzeit für alle Lernenden einer Klasse sind Relikte des frühen

 Weiterführende Literatur

Prengel, A. (2006): Pädagogik der Vielfalt. Verschiedenheit und Gleichberechtigung in Interkultureller, Feministischer und Integrativer Pädagogik. Wiesbaden: VS Verlag für Sozialwissenschaften.

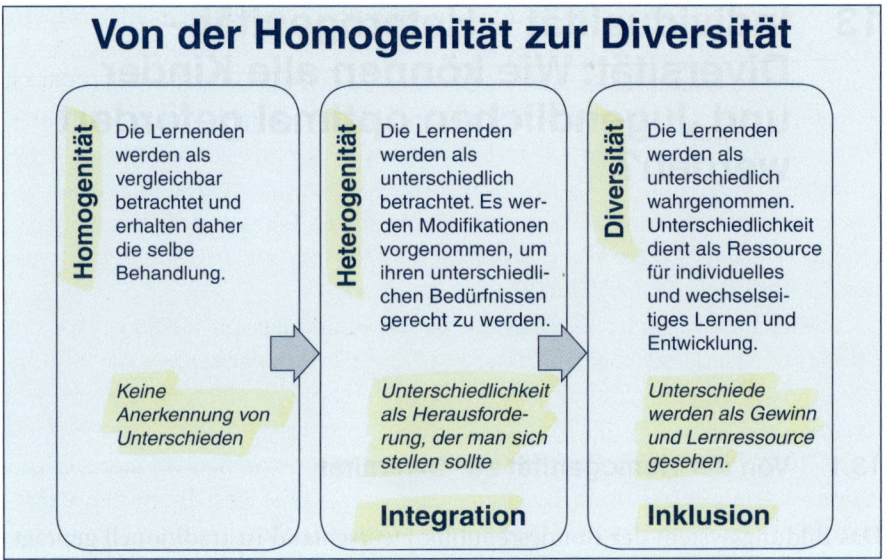

Abb.29: Von der Homogenität zur Diversität (nach Sliwka 2010)

19. Jahrhunderts, die trotz vieler Veränderungen bis heute in unserem Schulsystem wirksam sind. Die Lehr-Lern-Forschung postuliert, dass Lernwege individuell sind und dass Lernmotivation in einem komplexen Zusammenspiel von Lernausgangsbedingungen, Vorwissen, Interesse, Begabung und individueller Förderung entsteht und blüht.

Maßnahmen, wie Sitzenbleiben, Zurückstellungen und Überweisungen an »niedrigere Schularten« (vom Gymnasium auf die Realschule, von der Realschule auf die Hauptschule) dienen noch immer dazu, möglichst homogene Lerngruppen zu schaffen. Unterschiedliche Studien bestätigen, dass die Orientierung an einem »Durchschnittsschüler« heute nahezu unmöglich ist, wenn man die kulturellen, sozioökonomischen und sprachlichen Grundlagen in den Klassen betrachtet (z. B. Gomolla 2005). Eine Selektion in Schulformen zeigt ihre Grenzen schon dann, wenn ein mathematisch sehr begabter Schüler aus einer Einwandererfamilie aufgrund seiner mangelnden Kenntnisse der deutschen Sprache in einer Hauptschule beschult wird. Seit 2006 bezieht die Bildungsberichterstattung diese Daten zunehmend mit ein, da das Diversitätsbewusstsein nun erheblich ansteigt (Sliwka 2010).

Auch die aktuelle psychologische und neurowissenschaftliche Forschung hebt die Rolle des einzelnen Kindes als Individuum mit einem ausgeprägten Lern- und Entwicklungspotenzial hervor. Dies führt dazu, dass die Vielfalt in Schulklassen zunehmend als eine solche wahrgenommen wird und als Ausgangspunkt einer neuen Lernkultur dient. Heterogenität wird nun als Herausforderung angesehen, der man sich stellen sollte. Populäre Schlagwörter wie »individuelle Förderung«, »Binnendifferenzierung« und »zieldifferenter Unterricht« verdeutlichen dies. Viele Grundschulen beziehen verstärkt didaktische Ansätze von Reformpädagogen mit ein, wie z. B. den Unterricht in jahrgangsgemischten Klassen der Jena-Plan-Pädagogik oder die Freiarbeit zu Aufgaben, die den jeweiligen Schüler auf dem richtigen Anspruchsniveau herausfordern. Auch in der Lehrerbildung liegt der Blick mittlerweile eher auf unterschiedlichen Entwicklungsphasen von Kindern und Jugendlichen als auf den unterschiedlichen Schulformen. Deutschland hat sich auf dem Weg gemacht, von der Fokussierung auf die Homogenität zur Auseinandersetzung mit der Heterogenität zu kommen.

In vielen Ländern hat das Leitbild der Diversität das der Heterogenität abgelöst: Im Paradigma der Diversität wird die Unterschiedlichkeit der Schülerinnen und Schüler nicht mehr als Problem, sondern vielmehr als normale Realität und sogar als »Bildungsgewinn« wahrgenommen. Die Diversität der Individuen hinsichtlich ihrer herkunftsbedingten Sozialisation, ihren ethnischen und religiösen Wurzeln, ihrer Begabungsprofile und Interessen innerhalb einer Schule kann so zu einer Lernressource werden. Um dem Leitbild der Diversität im Schulsystem Raum zu geben, ist vor allem eine veränderte Organisation des Lernens erforderlich:

Maßnahmen einer Pädagogik der Diversität

- verstärkte Individualisierung und Personalisierung von Lernprozessen
- formative Rückmeldung anhand der individuellen und der kriterialen Bezugsnorm
- Förderung der wechselseitigen Unterstützung der Schüler durch Peer Learning
- Stärkung der Wahlbereiche im Curriculum

Wichtig ist eine öffentliche Anerkennung von Diversität, verknüpft mit einem pluralistischeren Leistungsbegriff. Wir wissen heute zum Beispiel, dass Kinder und Jugendliche in vielfacher Hinsicht unterschiedlich sind und dass Motivation und Interesse am Lernen sehr stark davon abhängen, ob es Lehrkräften gelingt, Kinder und Jugendliche in ihrer Unterschiedlichkeit zu erkennen und ihnen individuelle Lernwege zu ermöglichen. Kinder unterscheiden sich hinsichtlich ihres Geschlechts, ihrer sozialen Herkunft, ihres kulturellen und ethnischen Hintergrundes und ihrer Interessen, um nur einige Faktoren zu nennen.

Als Beispiel für einen positiven, aufgeklärten Umgang mit Diversität sei die Entwicklung im Bereich des geschlechtersensiblen Unterrichtens genannt.

z. B. geschlechtersensibler Unterricht

Ursprünglich wurden Jungen und Mädchen in getrennten Schulen unterrichtet. Bis weit ins 20. Jahrhundert noch gab es relativ viele reine Mädchen-bzw. Jungenschulen. Bis Ende der 1960er Jahre wurde in ganz Deutschland, mit nur noch wenigen Ausnahmen, die so genannte Koedukation, also das gemeinsame Unterrichten von Mädchen und Jungen eingeführt. Ein Ziel dabei war

auch die Chancengleichheit von Mädchen und Jungen in der Bildung zu erreichen. Zu dieser Zeit war man darauf aufmerksam geworden, dass vor allem
Mädchen in ländlichen Regionen hinsichtlich ihrer Bildungsbiographie stark
benachteiligt waren.

Als die gemeinsame Beschulung von Mädchen und Jungen zur Regel geworden war, stellten Lehrkräfte und Wissenschaftler/innen fest, dass Jungen
und Mädchen jeweils besser gefördert werden, wenn man sie nicht einfach nur
gemeinsam beschult, sondern geschlechtsbezogene Unterschiede und Erwartungen wahrnimmt und reflektiert (»Reflexive Koedukation«). So unterscheiden sich Mädchen und Jungen zum Beispiel in ihrer biologischen Entwicklung
während der Pubertät, die bei den Mädchen früher einsetzt als bei den Jungen.
Unterschiede, die im Bereich der sprachlichen und naturwissenschaftlichen
Kompetenzen wahrgenommen wurden, führt man heute vor allem darauf zurück, dass Interessen von Mädchen und Jungen sehr stark durch soziale Rollen-
vorbilder geprägt werden. So konnten die Wissenschaftlerinnen Karin Richter
und Monika Plath (2007) beispielsweise feststellen, dass die Lesemotivation
von Jungen in der Grundschule sich positiv entwickelt, wenn Leseinteressen
von Jungen gezielt Berücksichtigung im Unterricht findet.

Inzwischen gehen Schulen sehr differenziert mit Geschlechtsunterschieden
um: Geschlechtergerechtigkeit kann dabei bedeuten, dass man Jungen und
Mädchen für kurze Unterrichtssequenzen trennt (zum Beispiel, wenn es um
Sexualität in der Pubertät geht) oder dass man Jungen und Mädchen ermutigt,
wechselseitig in Berufsfelder hineinzuschnuppern, die als »typisch männlich«
oder »typisch weiblich« galten, um Stereotypen aufzubrechen und neugierig
auf Berufe zu machen (z. B., wenn Mädchen beim »Girls' Day« einen Praxistag
in einem Ingenieurbüro erleben oder Jungen einen »Boys' Day« an einem
Kindergarten). Geschlechtersensibles Unterrichten kann aber auch bedeuten,
dass man Kindern und Jugendlichen im Unterricht möglichst oft Wahlmöglichkeiten bietet: Dann kann jedes Kind das Buch auswählen, das es interessiert
– ganz unabhängig von Geschlechterstereotypen.

Traditionell ist an deutschen Schulen ein hierarchischer Leistungsbegriff
verbreitet, der fast ausschließlich auf dem kognitiven Leistungspotenzial der
Kinder basiert. Fähigkeiten und Fertigkeiten, die nicht mess- und testierbar
sind, werden schnell als Randphänomen wahrgenommen. Der Begabungs-
und Leistungsbegriff muss, um die Vielseitigkeit des Individuums zu berücksichtigen, soziale, ästhetische, musische und moralische Dimensionen ebenfalls mit in sich aufnehmen und im schulischen Lernsetting berücksichtigen.
Die vielfältigen Eigenschaften, Erfahrungen und Fähigkeiten der Kinder sind
Ausgangspunkte für die Entwicklung eines positiven Selbstkonzepts und einer
persönlichen und beruflichen Identität.

Um jede Schülerin und jeden Schüler individuell optimal zu fördern, ist es
wichtig, theoretische Modelle zu kennen, die Aufschluss über die Leistungsfähigkeit und -bereitschaft geben. Der Motivationspsychologe Csíkszentmiha-

lyi (1990) beschreibt das »Flow«-Erlebnis als idealen Zustand, um optimale Leistungen zu erbringen. Diese Erfahrung wird beschrieben als »völliges Aufgehen in einer Tätigkeit. Das Handeln wird als ›Fließen‹ von einem Augenblick zum nächsten erlebt« (Csíkszentmihalyi/Schiefele 1993, S. 209). Für das Erleben eines »Flows« muss eine Aufgabe für den Lernenden immer eine angemessen hohe Herausforderung darstellen. Das erwartete Ergebnis muss also durch die vorhandenen Kompetenzen zu erreichen sein, darf aber nicht ohne Anstrengung erzielt werden. Sind Herausforderung und individuelle Kompetenzen in keinem ausgeglichenen Verhältnis erlebbar, kann es zu Angstzuständen, apathischem Verhalten oder Langeweile kommen, die das Lernen verhindern (vgl. Abb. 34).

[handschriftliche Notiz am Rand: apathisch = abwesend, reaktionslos]

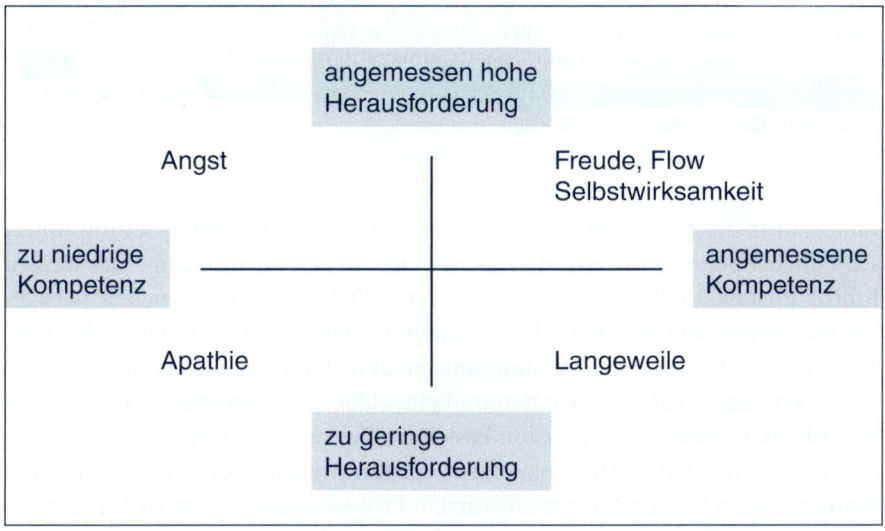

Abb. 30: Herausforderung

In Bezug auf einen pluralistischen Leistungsbegriff ist es wichtig, jedem Individuum sein eigenes »Flow-Erlebnis« zu ermöglichen. Dazu müssen die Lehrenden und Lernenden den Gedanken verinnerlicht haben, dass jedes Kind und jeder Jugendliche Leistungen erbringen kann, die einen eigenständigen Wert haben. Die Vielfalt der Menschen spiegelt eine Vielfalt an Leistungen wider. Unterschiedliche Stärken, Schwächen, Vorlieben und Lernwege sollen in Schulen als Selbstverständlichkeit erlebt werden. Die Gesellschaft profitiert letztlich von der Unterschiedlichkeit der Leistungen, da viele unterschiedliche Aufgaben bearbeitet werden müssen, um in wirtschaftlicher, sozialer und gesellschaftlicher Hinsicht Lebensqualität zu ermöglichen.

Pluralistisches Leistungsverständnis

In kanadischen Schulen ist ein gemeinsamer Unterricht von behinderten und nicht behinderten Kindern Alltag. Jedes Kind erfährt Anerkennung und Wertschätzung. Der Leistungsbegriff berücksichtigt dort auch die soziale Komponente und betont die Komplementarität einer jeden individuellen Leistung für die gesamte Gesellschaft.

An einer Schule in den Rocky Mountains z. B. sind Kinder mit schweren geistigen Behinderungen inkludiert. Aufgrund ihrer Behinderungen erhalten sie spezifischen, auf sie zugeschnittenen Unterricht in der Schule, sind aber nicht separiert, sondern in das Schulleben integriert. Eine ihrer Aufgaben ist beispielsweise, dass sie jeden Morgen gemeinsam mit ihren Lehrern eine bestimmte Anzahl von Muffins backen, diese dann mit einer Kerze schmücken und all denjenigen Schülerinnen und Schülern bringen, die an diesem Tag Geburtstag haben.

Dieser wertschätzende Beitrag für die gesamte Schülerschaft zeigt nicht nur den behinderten Schülerinnen und Schülern, dass sie an einem regulären Schulleben aktiv teilhaben können, sondern lässt auch nicht behinderte Kinder erfahren, dass jeder Mensch für die positive Gestaltung der Gemeinschaft wichtig ist, egal, welche Voraussetzungen er oder sie mitbringt.

Eine Kultur der Diversität, verknüpft mit der individuellen Förderung unterschiedlicher Schülerinnen und Schüler, ist nur in einer Schule mit einer starken Kultur professioneller Zusammenarbeit möglich. In professionellen Lerngemeinschaften denken Lehrkräfte zu festen Zeitfenstern jede Woche oder vierzehntägig gezielt über die Abläufe und Strukturen an ihrer Schule nach und entwickeln langfristige Prioritäten und eine dauerhafte gemeinsame Richtung, die auf einer gemeinsamen Vision basieren (DuFour/Eaker 1998).

Professionell eingeführte Standards der Kommunikation und Kooperation können diesen Prozess zusätzlich stützen. Professionalität zeigt sich in der Bereitschaft, regelmäßig und kontinuierlich gemeinsam konzeptionell an der Entwicklung der Schule zu arbeiten. Das Prinzip der Diversität gilt dabei auch für Lehrer: Auch Lehrer/innen haben unterschiedliche Stärken und Schwächen, Eigenheiten und Wesensmerkmale. Es wird immer wieder darauf ankommen, in einer von Anerkennung und Respekt getragenen Atmosphäre die einzelne Schule zu entwickeln.

13.2 Ganztagsschulen als Orte der Diversität

Eine Reform, die im Nachklang zu PISA in Deutschland gestartet wurde war die Erhöhung der Zahl der Ganztagsschulen durch staatliche Förderprogramme. Dies basiert auf der Annahme, dass Ganztagsschulen mehr Zeit und Raum zur individuellen Förderung von Kindern und Jugendlichen in ihrer Unterschiedlichkeit bieten und eine Erweiterung des Lernbegriffs um Dimensionen jenseits des kognitiven Lernens ermöglichen, um mehr Raum für sozia-

---

 **Weiterführende Literatur**

Holtappels et al. (Hrsg.) (2008): Ganztagsschule in Deutschland: Ergebnisse der Ausgangserhebung der "Studie zur Entwicklung von Ganztagsschulen" (StEG). Weinheim: Juventa.

Coelen, T. und Otto, H.-U. (2008): Grundbegriffe Ganztagsbildung. Wiesbaden: VS Verlag für Sozialwissenschaften.

les Lernen, für musische und sportliche Aktivitäten und für individuelle Förderung zu schaffen.

Traditionell sind Schulen in Deutschland keine »Ganztagsschulen«, das heißt, dass der Unterricht sich auf den Vormittag beschränkt. International sind Schulen fast immer Ganztagsschulen, das heißt das Angebot der Schule beginnt am morgen und endet am Nachmittag, meist gegen 15 oder 16 Uhr. Die deutsche Kultusministerkonferenz (KMK) hat 2003 den Begriff Ganztagsschule neu definiert: Ganztagsschulen sind Schulen im Primar- oder Sekundarbereich, die über den vormittäglichen Unterricht hinaus an mindestens drei Tagen in der Woche ein ganztägiges Angebot haben, das täglich mindestens sieben Zeitstunden und ein Mittagessen umfasst. Unterschieden wird zwischen der gebundenen Ganztagsschule mit verpflichtender Teilnahme am Ganztagsangebot und der offenen Ganztagsschule, in der die Teilnahme am Nachmittagangebot freiwillig ist. In der teilgebundenen Ganztagsschule ist das Ganztagsangebot nur für einzelne Klassenzüge verbindlich.

Ganztagsschulen haben die Möglichkeit durch »Rhythmisierung« Sequenzen der Anstrengung und der Entspannung, sowie unterschiedliche Formen des Lernens in ein neues – Schüler/innen und Lehrerkräften angemessenes – Gleichgewicht zu bringen.

Besonders Grundschulen, aber auch viele Sekundarschulen haben in den letzten Jahren ihre Ganztagsangebote in Umfang und Breite ausgebaut. Die meisten dieser Schulen kooperieren nun systematisch mit außerschulischen Partnern: Durchschnittlich kommen auf jede Ganztagsschule inzwischen sechs Kooperationspartner, z.B. Sportvereine, Kunst- und Musikschulen, Theater oder lokale Unternehmen. Die StEG-Studie zur Evaluation der neu eingerichteten Ganztagsschulen untermauert die arbeits- und familienpolitische Bedeutung der Ganztagsschule: Besonders stark nutzen Kinder erwerbstätiger Eltern und Alleinerziehender die Ganztagsangebote. Schüler und Eltern sind mit den Ganztagsangeboten umso zufriedener, je intensiver die Kinder die Angebote und je besser die beteiligen Partner professionell in der Gestaltung der Schule und ihrer Kultur zusammenarbeiten. Gemeinsame Familienaktivitäten und das Familienklima werden durch die Ganztagsschule nicht beeinträchtigt. Vor allem in der wichtigen Entwicklungsphase zwischen der 5. und der 7. Klasse verbessern Ganztagsangebote nach dieser Studie das Sozialverhalten der Schüler sowie Schulfreude und Schulmotivation. Die regelmäßige Teilnahme an diesen Angeboten reduziert in der Sekundarstufe I das Risiko der Klassenwiederholung.

In den nächsten Jahren werden viele weitere Schulen sich zu Ganztagsschulen werden. Entscheidend für deren Erfolg ist, ob es gelingt, diese Schulen zu positiven Orten der Diversität und der individuellen Förderung und Persönlichkeitsentwicklung zu machen.

Beispiel: Grundschule »Kleine Kielstraße«

Eine andere Schule, die bewiesen hat, dass das Schulleben nicht statisch ist, sondern aktiv verändert werden kann, ist die Grundschule »Kleine Kielstraße« in Dortmund, die 2006 den deutschen Schulpreis erhielt. In der Schule lag zu dieser Zeit der Anteil an Schüler/innen mit Migrationshintergrund bei 83 Prozent, die Übergangsquote auf Gymnasien war verschwindend gering. Ausgangspunkt der Veränderung war hier die Frage: »Wie muss eine Schule aussehen, die für diese Schüler/innen in diesem Stadtteil funktioniert?« Zur Verbesserung der Bildungssituation für die Kinder im Stadtteil im Dortmunder Norden wurde unter anderem die Elternarbeit intensiviert, jahrgangsübergreifender Unterricht eingeführt, diagnostische Verfahren etabliert, die der individuellen Förderung dienen sollten, individuelle Wochenpläne erstellt, interkulturelle Projekte durchgeführt und ein System zur Entwicklung von Selbst- und Sozialkompetenz etabliert. Der Schwerpunkt lag also ganz deutlich auf der Wahrnehmung der einzelnen Kinder und auf ihrer intensiven Förderung. Heute wird die Heterogenität der Schülerschaft nicht mehr als problematisch wahrgenommen, sondern dient als Katalysator für ihre kulturelle und soziale Entwicklung. Die Grundschule »Kleine Kielstraße«, die heute im Kontext der Frage nach Bildungserfolg unabhängig von sozialer Herkunft sicher »best practice« für Deutschland repräsentiert, ist zu einer »Magnetschule« geworden.

13.3 Zum Nach- und Weiterdenken

1. Diskutieren Sie Argumente für bzw. gegen die Ganztagesschule.
2. Auf Seite 143 sind Maßnahmen einer »Pädagogik der Diversität« benannt. Wählen Sie eine Maßnahme aus und versuchen Sie, diese zu konkretisieren.
3. »Spezialschulen (Förderschulen) für spezielle Behinderungen stellen die beste Förderung für Kinder und Jugendliche bereit.« Setzen Sie sich mit diesem Argument vor dem Hintergrund von Konzepten auseinander, die die Diversität als Chance begreifen.

14 Schule in der Gesellschaft: Warum ist eine vernetzte Schule effektiver?

14.1 Vernetzung und Hybridisierung von Bildung

»It takes a village to raise a child«, dieses Sprichwort, das Hillary Clinton als Titel ihres Buchs über Erziehung wählte, spiegelt unser heutiges Wissen über Bildungsprozesse gut wider: Wie bereits im Kapitel über Lernen dargestellt, weiß man, dass Menschen nicht nur explizit in formalen Arrangements wie dem schulischen Klassenzimmer lernen, sondern ganz wichtige Kompetenzen quasi beiläufig durch Beobachten anderer Menschen und durch eigenes Handeln und Problemlösen entwickeln. Die Grenzen zwischen explizitem und implizitem Lernen, zwischen formalen und informellen Lernsituationen sind durch die Lehr-Lern-Forschung der letzten Jahre durchlässiger geworden.

- Wirksame Bildungsinstitutionen machen sich die Erkenntnis zunutze, dass Lehrer kein Wissensmonopol haben, sondern vielmehr Organisatoren, Begleiter und Türöffner von Bildungsprozessen sind.
- Warum sollte ich als Lehrerin die Unterrichtseinheit zum Thema »Aids« alleine halten, wenn eine Ärztin vom städtischen Gesundheitsamt in die Schule kommen und vortragen kann?
- Warum sollte ich Schülern in einer Unterrichtseinheit des Sachunterrichts Fotos von Rehen zeigen, wenn die Klasse in einem nahe gelegenen Wildpark die Tiere quasi in freier Wildbahn beobachten kann?
- Wieso sollte ich eine Unterrichtseinheit zum Thema »Altern in unserer Gesellschaft« ausschließlich mithilfe des Schulbuchs durchführen, wenn die Schüler mit den alten Menschen in einem der Schule nahe gelegenen Pflegeheim sprechen und gemeinsame Aktivitäten erleben können?

Die Lehr-Lern-Forschung geht heute davon aus: Lernen wird durch eine gute Mischung möglichst anschaulich vermittelten Wissens (Instruktion) und durch eigenes Problemlösen in authentischen Handlungskontexten (Konstruktion) am besten gefördert. Das 21. Jahrhundert bietet viele Möglichkeiten für die Gestaltung von nachhaltigen Bildungsprozessen. Dazu gehört die »Öffnung von Schule« durch ihre Vernetzung mit außerschulischen Lernorten und Partnern.

14.2 Was bedeuten Vernetzung und Hybridisierung von Schule?

Netzwerke ermöglichen Schulleitungen und Lehrkräften, Ressourcen für die Gestaltung von Bildungsprozessen zu mobilisieren, auf die ein nach innen gerichtetes Lehrerkollegium sonst nicht zugreifen kann. Die schulische Innovationsforschung zeigt, dass die Vernetzung einer Schule mit der Außenwelt ihre Innovationsfähigkeit positiv beeinflusst. Aus diesem Grund ist eine zentrale Strategie in der Qualitätsentwicklung von Schulen die Entwicklung eines Netzwerks an verlässlichen Partnern rund um Schule. Bestimmte Aufgaben kann die Schule schlicht nicht alleine bewältigen:

- Die bestmögliche Förderung von Kindern erfolgt, wenn Eltern und Schule an einem Strang ziehen. Durch Elternworkshops, Erziehungsverträge, Elternprojektwochen, Eltern als freiwillige Lernhelfer können Eltern zu Partnern der Schule werden.
- Psychologische und mentale Probleme von Schülerinnen und Schülern können besser erkannt und professionell bearbeitet werden, wenn die Schule mit schulpsychologischen und sonderpädagogischen Beratungsstellen sowie den Einrichtungen der Familien- und Jugendhilfe systematisch zusammenarbeitet.
- Der Übergang von der Schule in den Arbeitsmarkt gelingt am besten, wenn die Schule in einem Netzwerk mit regionalen Arbeitgebern und zivilgesellschaftlichen Organisationen wie den Service Clubs (z. B. Rotary, Lions) Berufsinformationsveranstaltungen, Berufspraktika und Bewerbungstrainings für Jugendliche organisiert.

14.2.1 Hybridisierung von Schule

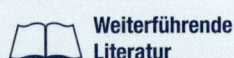

Weiterführende Literatur

Petko, D. (Hrsg.) (2010): Lernplattformen in Schulen: Ansätze für E-Learning und Blended Learning in Präsenzklassen. Wiesbaden: VS Verlag für Sozialwissenschaften.

Die technischen Möglichkeiten des Internet eröffnen Schulen vielfältige Möglichkeiten, in der Förderung des Lernens neue Wege zu beschreiten.

Beim sogenannten *blended learning*, wird Unterricht in der Schule mit Lernangeboten online verknüpft. Dabei verbinden sich die Vorteile der Präsenzphasen in der Schule (z. B. die Möglichkeit zur direkten sozialen Interaktion) mit den Vorteilen virtuell aufbereiteter Lernangebote (z. B. Verfügbarkeit auch außerhalb der Schulzeit). In einem sinnvollen Gesamtarrangement sollten dabei Präsenzphasen mit online aufbereitetem Material möglichst passgenau aufeinander abgestimmt sein. Während der Unterricht vor Ort in der Schule vielfältige Möglichkeiten der methodischen Gestaltung einer sozialen Lernsituation in der Gruppe bietet (z. B. kooperatives Lernen, wechselseitige Präsentationen) kann auf der Online-Plattform durch das Bereitstellen von Lernmaterialien und Selbststudieneinheiten ein viel flexibleres Wissensmanagement angeboten werden, als das im Klassenzimmer möglich ist.

Vorteile von **Präsenzphasen**	Vorteile von **virtuellen Lernangeboten**
Lehrkräfte und Schüler lernen sich persönlich kennen. Sie können direkten sozialen Kontakt aufnehmen.	Die Schüler können die Lernzeit individuellen Bedürfnissen anpassen und Lernzeiten und Lernorte auswählen, an denen sie besonders effektiv lernen können.
Die Lehrkraft kann aus der Mimik und Gestik der Schüler wichtige Signale erkennen. Die Kommunikation ist ganzheitlicher.	Durch die virtuelle Aufbereitung vielfältiger Lehr-Lern-Materialien können die Schüler eigene Interessenschwerpunkte in der Bearbeitung des Materials setzen.
Die Lehrkraft kann unmittelbar auf Verständnisschwierigkeiten, Nachfragen, Anregungen und Kritik der Schüler reagieren.	Jeder Schüler kann selbst entscheiden, in welchem Lerntempo er Aufgaben bearbeitet.
Durch den regelmäßigen persönlichen Kontakt kann die Lehrkraft virtuelle Lernangebote passgenauer vorbereiten.	Durch ein vielfältiges Angebot an Materialien kann jeder Schüler so lange und so viel lernen, wie er möchte (»enrichment«).
Die Schüler können sich durch direkte Peer-to-Peer-Lernprozesse wechselseitig unterstützen.	Die Vernetzung ermöglicht einen punktuellen Zugang von Lehrkräften, aber auch Eltern und anderen Lernpartnern des Schülers, die auf elektronischem Wege Schülerarbeiten kommentieren und formatives Feedback geben können.
In der Klasse können sich spontan interessante Diskussionen entwickeln.	

Es gibt viele Möglichkeiten, die elektronischen Medien für die Entwicklung von Schule und Unterricht zu nutzen. So können Schüler z. B. das Internet als Informationsquelle zur Vorbereitung von Präsentationen verwenden. Elektronische Whiteboards bieten Lehrern die Möglichkeit, Informationen aus dem Internet unmittelbar im Unterricht einzusetzen. So kann eine Unterrichtseinheit über Astronomie durch die Einbeziehung der Webseite der *NASA* anschaulicher gestaltet werden.

Eine andere Möglichkeit, das Internet zur Verbesserung des Lernens einzusetzen, bieten elektronische Newsletter, die die Schule regelmäßig an Eltern versendet. Neben dem Bericht über aktuelle Unternehmungen der Klasse, über die Eltern informiert sein sollten, informiert der Newsletter Eltern auch über aktuelle Unterrichtseinheiten und Lernprojekte und hebt dabei besonders hervor, auf welche Art und Weise Eltern die Lehr-Lern-Prozesse ihrer Kinder, passend zu den jeweiligen Lernzielen, unterstützen können, sodass schulische und außerschulische Lernprozesse produktiv ineinandergreifen (Kohärenz).

14.3 »Service Learning«: Lernen durch Engagement

📖 **Weiterführende Literatur**

Sliwka, A./Frank, S. (2004): Service Learning. Verantwortung lernen in Schule und Gemeinde. Weinheim und Basel: Beltz.

Ein Ansatz der Schulöffnung, dessen positive Wirkung auf die Persönlichkeitsentwicklung von Schülern empirisch belegt ist, ist das zuerst an nordamerikanischen Schulen entwickelte »Service Learning«. Unter dem Namen »Lernen durch Engagement« setzt es sich auch an Schulen in Europa immer stärker durch.

📝 **Beispiele**

- Grundschüler bauen Gemüse in einem Garten an, verkaufen dieses selbst auf dem Markt und spenden das Geld an eine gemeinnützige Organisation. Sie lernen dabei unterschiedliche curriculare Inhalte kennen: Pflanzenwachstum, Ernährung, Gemüseanbau, den Wirtschaftskreislauf auf dem Markt: Kaufen und Verkaufen, Umgang mit Geld; Armut und Not; praktische Solidarität
- Schüler der neunten Klasse einer Hauptschule arbeiten einen Nachmittag in der Woche als Lernmentoren für Kinder, deren Muttersprache nicht Deutsch ist. Im Unterricht reflektieren sie diese Erfahrung gemeinsam und befassen sich mit dem Thema »Migration«.
- Elftklässler an einem Gymnasium entwickeln im Wirtschaftsunterricht eine Marketingstrategie für die Produkte einer Werkstätte für Behinderte der »Lebenshilfe«. Ein Schüler gestaltet im Rahmen seiner Facharbeit eine Internetseite, mit deren Hilfe die Werkstätte ihre Produkte online vermarkten kann. Im Deutschunterricht schreiben die Schüler/innen journalistische Texte über die Arbeit der »Lebenshilfe« und veröffentlichen diese in regionalen Zeitungen.
- Schüler einer zehnten Klasse einer Realschule entwickeln eine Ausstellung zum Thema »Naturphänomene« mit Ausstellungswänden und Experimenten und gehen mit dieser Ausstellung jeweils tageweise auf Tournee in Grundschulen und auf die Kinderstation eines Krankenhauses.

Lernen durch Engagement bedeutet: Schüler engagieren sich im Rahmen schulischer Bildung für das Gemeinwohl, erarbeiten dadurch curriculare Lerninhalte und entwickeln verschiedene Kompetenzen. Viele Studien belegen inzwischen den Erfolg dieser Lernmethodik. Projekte stimulieren die Motivation der Lernenden am wirkungsvollsten, wenn sie auf ein authentisches Problem oder eine echte Herausforderung in Schule oder Gemeinwesen reagieren.

 Auf den Punkt gebracht:
»Lernen durch Engagement« (»Service Learning«)

- Die »Lernen durch Engagement«-Projekte reagieren auf einen echten Bedarf. Die Schüler/innen übernehmen eine sinnvolle, nützliche Aufgabe.
- Die Projekte sind nicht extracurricular, sondern Teil des Unterrichts und werden gezielt mit Inhalten des Curriculums verknüpft.

- Die Projekte führen die Schüler/innen aus der Schule hinaus in die Gemeinde an neue Lernorte. Sie erhalten dort die Möglichkeit, in der Schule erlerntes Wissen in authentischen Kontexten anzuwenden.
- Im Rahmen von Schule und Unterricht erhalten die Schüler/innen regelmäßig Gelegenheit zur Reflexion ihrer Handlungserfahrungen.
- Für ihre gemeinnützige Arbeit erhalten die Schüler/innen öffentliche Anerkennung. Ihre in den Projekten erworbenen Kompetenzen werden differenziert zertifiziert.

Beim »Lernen durch Engagement« wird der Dienst am Gemeinwohl für die Erreichung fachlicher und überfachlicher Lernziele genutzt und führt diese Inhalte direkt einer »sozialen Nutzung« zu. So kann sich Schüler/innen die soziale Bedeutung schulischer Bildungsinhalte am eigenen Handeln erschließen.

Doch erst durch Reflexion werden Handeln und Lernen zu einer komplexen Erfahrung verknüpft. In regelmäßigen Abständen reflektieren die Schüler/innen im Unterricht systematisch ihre Erfahrungen und Lernprozesse.

Reflexionsfragen im »Lernen durch Engagement«

- Was haben die Schüler erlebt? Was wurde erreicht?
- Wie haben die Schüler die Arbeit erlebt? Wie interpretieren sie ihre Erfahrungen?
- Was haben sie dabei über sich selbst, über andere Menschen, über die Lerninhalte gelernt?
- Wo könnten sie die neu erworbenen Kenntnisse und Fähigkeiten sonst noch anwenden?
- In welchem Zusammenhang mit größeren ethischen, sozialen und gesellschaftspolitischen Fragen steht das Handeln der Schüler?

Reflexionen dieser Art machen Schüler/innen ihren Lernprozess bewusst und lassen sie eigene Fähigkeiten, Stärken und Schwächen erkennen. Unterstützt wird dieser Prozess durch formative Rückmeldung, die sie von ihren Mitschülern, Lehrern und den Partnerorganisationen in der Gemeinde, also den Menschen, für die sie arbeiten, erhalten. So lernen sie etwas über sich selbst und entwickeln Handlungsfähigkeit.

Über die Wirkung von »Lernen durch Engagement« ist eine Vielzahl von wissenschaftlichen Untersuchungen durchgeführt worden. Die stärkste und beständigste Wirkung hat »Lernen durch Engagement« auf die persönlichen Eigenschaften und sozialen Kompetenzen von Schüler/innen. Die entwicklungspsychologische Forschung zeigt, dass Selbstwirksamkeitserfahrungen sowohl die intellektuelle als auch die soziomoralische Entwicklung beteiligter Jugendlicher positiv beeinflussen.

14.4 Freiwillige in der Schule

Genauso wie Schüler/innen sich im Gemeinwesen engagieren, um Probleme zu lösen oder Dienstleistungen zu erbringen, kann sich die Schule auch für ehrenamtliches Engagement öffnen. In vielen Ländern der Welt gehören »volunteers«, also freiwillige Helfer in Klassen und Schulen, zum normalen Schulalltag. Nach einem Gespräch mit der Schulleitung, dem Vorlegen von Referenzen und einem erweiterten polizeilichen Führungszeugnis sind ehrenamtliche Helfer in vielen Schulen hochwillkommen. Häufig engagieren sich Pensionäre, aber auch Studenten und berufstätige Mitglieder von Service-Clubs oder Mitarbeiter/innen von lokalen Unternehmen für bessere Bildungschancen vor Ort.

Beispiele

- Zwei pensionierte Juristinnen engagieren sich vier Stunden wöchentlich als Lesepaten in einer Grundschule. Sie üben Lesen mit kleinen Schülergruppen oder einzelnen Schüler/innen.
- Die Mitglieder des örtlichen Rotary-Clubs organisieren Berufsorientierungstage für die Schüler der Klasse 11 eines Gymnasiums.
- Ein lokales Unternehmen übernimmt eine Frühstückspatenschaft für eine Schule im sozialen Brennpunkt. Kinder, die morgens ohne Frühstück zur Schule kommen, können auf Kosten des Unternehmens vor Beginn des Unterrichts einen kleinen Imbiss einnehmen.

14.5 Übergang Schule – Beruf

Weiterführende Literatur

Online Handbuch Übergangsmanagement. Im Internet: www.uebergangsmanagement.info [Abruf am 10.4.2011]

Ein besonders wichtiger Bereich der Öffnung von Schulen liegt im Übergang zwischen Schule und Beruf. Damit Schüler/innen sinnvolle Entscheidungen über ihre berufliche Entwicklung treffen können, versucht man seit einigen Jahren, sie durch »Übergangsmanagement« im Wechsel von der Schule in die Arbeitswelt gezielt zu begleiten und zu unterstützen.

In Berufspraktika sammeln die Schüler/innen dabei schon vor dem Schulabschluss konkrete Erfahrungen in der Arbeitswelt. Das hilft ihnen, ihre häufig von unrealistischen Vorstellungen getragenen Berufswünsche zu überprüfen. In Betriebspraktika oder in Lerntagen, die komplett an einem Arbeitsplatz außerhalb der Schule verbracht werden, lernen Schüler/innen, ihre Interessen, Begabungen, Motive und Fähigkeiten besser einzuschätzen. Die wechselseitige Kooperation zwischen der Schule und unterschiedlichen potenziellen Arbeitgebern der Schüler/innen macht es möglich, dass die an den außerschulischen Lernorten erworbenen Kenntnisse, Fähigkeiten und Kompetenzen in die schulische Leistungsbewertung miteinbezogen werden und dass die Schüler/innen neben der schulischen Leistungsbewertung auch das authentische Feedback zukünftiger Arbeitgeber erhalten.

Berufliches Übergangsmanagement ermöglicht Schülerinnen und Schülern:

- authentische Praxiserfahrungen an außerschulischen Lernorten
- individuelle Beratung und Begleitung in der Planung des Berufswegs
- die Entwicklung einer realistischen Selbsteinschätzung auf der Grundlage von Feedback
- die Stärkung von sozialen Kompetenzen
- die Analyse ihres Potenzials und ihrer Kompetenzen
- die bewusste Planung und Steuerung des Übergangs von Schule in den Beruf
- die Dokumentation ihrer individuellen Kompetenzentwicklung (z. B. im Berufswahlpass oder im Portfolio)

14.6 Community Schools: Schulen als soziale Zentren

International weit verbreitet sind inzwischen sogenannte »Community« oder »Full-service Schools«. Darunter versteht man eine Schule, die sich zur Gemeinde hin in doppelter Hinsicht öffnet: Einerseits werden unterschiedliche soziale Dienste von außen in die Schule hereingeholt und integriert, andererseits fungiert die Schule als Gemeindezentrum und öffnet sich – manchmal an sieben Tagen in der Woche – für die (Bildungs-)Aktivitäten der Bürgerinnen und Bürger einer Gemeinde.

Community bzw. Full-Service Schools werden vor allem in Orten und Stadtvierteln eingerichtet, in denen viele Kinder und Jugendliche in Familien mit geringem ökonomischem, kulturellem und sozialem Kapital aufwachsen. Finanziert werden Community Schools typischerweise durch eine systematische Partnerschaft zwischen dem Schulträger und der Gemeinde sowie weitere Einrichtungen. In der Regel fließen Finanzmittel aus den Budgets der Sozial- bzw. Kinder- und Jugendhilfe in diese Schulen ein.

Der ganzheitliche Ansatz der Schulen stärkt zum einen die Persönlichkeit von Kindern und Jugendlichen durch die Organisation einer komplexen Unterstützungsstruktur, zum anderen macht er die Schule zu einem sozialen und integrativen Zentrum eines Gemeinwesens. Entscheidend für den Erfolg dieses Schulkonzepts ist eine enge Kooperation der beteiligten Partner aus Schule, Kommune und anderen Organisationen.

In den USA, Kanada, England und den Niederlanden werden Community- bzw. Full-Service-Schulen seit einigen Jahren systematisch wissenschaftlich begleitet und evaluiert. Dabei zeigt sich, dass sie – bei gutem Management –

 Weiterführende Literatur

Spies, A./Pötter, N. (2011): Soziale Arbeit an Schulen. Wiesbaden: VS Verlag für Sozialwissenschaften.

Calfee, C./Meredith, M./ Wittwer, F. (2008): Building a Full-Service School: A Step-by-Step-Guide. San Francisco: Jossey-Bass.

positive Wirkungen auf die kognitive und psychosoziale Entwicklung von benachteiligten Kindern und Jugendlichen zeigen.

Funktionen von Full-Service bzw. Community-Schulen

- Kooperation und Integration von Schule und unterschiedlichen sozialen und medizinischen Dienstleistern (z. B. Logopädie, Kinderärzten, Psychotherapeuten) zur Verbesserung der Lernvoraussetzungen benachteiligter Kinder und Jugendlicher
- innerschulische Familien- und Erziehungsberatung
- Organisation von Schulprojekten im Gemeinwesen
- Öffnung des Schulgebäudes als Gemeindezentrum für Vereine und andere zivilgesellschaftliche Aktivitäten

---

14.7 Zum Nach- und Weiterdenken

1. Besuchen Sie die Homepage der Grund- und Hauptschule Altingen (http://inhalt. altinger-konzept.de/berufsfindung.html). Dort ist vorgestellt, dass die Schule eine Schülerfirma gegründet hat. Welche Argumente finden Sie in diesem Kapitel für die Sinnhaftigkeit eines solchen Konzepts?
2. Die Schule lädt auch Schauspieler an die Schule ein sowie Dichter. Frau Müller, eine Mutter, erklärt: »Das ist doch die Arbeit der Lehrerinnen und Lehrer.« Was würden Sie entgegnen?

15 Wissenschaftstheorie: Was ist eine Wissenschaft, und welche allgemeinen Perspektiven, Ansätze, Theorien liegen vor?

15.1 Fragestellung

Theorien bestimmen viele Teile unseres Lebens. Dabei handelt es sich um Aussagen über die Wirklichkeit, die wir aus bestimmten Gründen für richtig erachten. Diese Aussagen können sehr individuell und subjektiv sein und für einen einzelnen Menschen gelten. Wir sprechen dann von subjektiven Theorien. Beispielsweise könnten Sie die Theorie haben, dass Männer besser kochen als Frauen; dass Schwiegermütter problematisch sind, dass ein Lehrer erst mal so richtig streng sein sollte, bevor er freundlich zu werden beginnt. Das sind Annahmen, die eine einzelne Person für zutreffend halten kann. Sie sind jedoch nicht überprüft bzw. werden in der Regel bei Ereignissen, die in diesen Annahmenkomplex passen, bestätigt. Subjektive Theorien erleichtern den Alltag, weil Ereignisse rasch einzuordnen und bewertbar sind und weil Menschen unter Handlungsdruck nicht lange überlegen brauchen. Subjektive Theorien können aber auch völlig unzutreffend sein.

Deshalb stellt sich die entscheidende Frage: Wie komme ich zu zutreffenden Aussagen über Ausschnitte der Welt? Solche Aussagen zu Weltausschnitten nennt man Objekttheorien. Wir interessieren uns hier für den Ausschnitt »Schule und Unterricht«. Schultheorien oder didaktische Theorien sind Objekttheorien, weil sie einen bestimmten Weltausschnitt in den Blick nehmen. Vergleicht man alle Objekttheorien miteinander, so kann man Gemeinsamkeiten und Unterschiede feststellen, wie die Theorie »gemacht« ist: Theorien unterscheiden sich darin, wie man zu Erkenntnissen kommen kann und welche Erkenntnisinteressen vorhanden sind. Die »Selbstreflexion« über den wissenschaftlichen Zugang findet innerhalb der Wissenschaftstheorien statt. Sie stellen Metatheorien dar, weil sie disziplin- und gegenstandsübergreifend Aussagen über die »Bauart«, »die Konstruktion«, »die Machart« von Objekttheorien machen.

Weiterführende Literatur

Kron, F.W. ([2]1999): Wissenschaftstheorie für Pädagogen. München: Reinhardt.

Krüger, H.-H. ([3]2002): Einführung in Theorien und Methoden der Erziehungswissenschaft. Opladen: Leske + Budrich.

Plöger, W. (2003): Grundkurs Wissenschaftstheorie für Pädagogen. Paderborn: W. Fink.

Tschamler, H. ([3]1996): Wissenschaftstheorie. Eine Einführung für Pädagogen. Bad Heilbrunn: Klinkhardt.

Wissenschaftstheorien

Die Begründung und Charakterisierung (Ziele, Methoden/Erkenntnisgewinn) des wissenschaftlichen Zugangs erfolgt in den *Wissenschaftstheorien*.

Metatheorien /
Wissenschaftstheorien

Objekttheorien

Subjektive Theorien
der Handelnden

Handlungsprozesse /
Praxis

Abb. 31: Theorieebenen

Wir stellen hier drei wissenschaftstheoretische Ansätze steckbriefartig vor. Das Thema »Wissenschaftstheorie« aufzunehmen, ist im Rahmen einer Einführung in die Schulpädagogik schwierig, weil der Platz knapp bemessen ist. Uns ist es aber wichtig, dass gerade Studienanfänger auf die Theorieebenen hingewiesen werden. Wir reißen deshalb hier an: die geisteswissenschaftliche Pädagogik, die empirisch-analytische Erziehungswissenschaft sowie die kritische Theorie.

15.2 Schulpädagogik als geisteswissenschaftliche Pädagogik: Schulwirklichkeit verstehen

Weiterführende Literatur

Haan, G. de/Rülcker, T. (Hrsg.) (2002): Hermeneutik und Geisteswissenschaftliche Pädagogik. Ein Studienbuch. Frankfurt a.M.: Peter Lang.

Im Kern dieser Wissenschaftstheorie steht der Begriff des Verstehens. Nun könnte man argumentieren, dass jedes Erkenntnisinteresse auf Verstehen ausgerichtet ist. Betrachten wir zunächst den Verstehens- und Erkenntnisbegriff im Rahmen der geisteswissenschaftlichen Tradition. Verstehen wird hier als hermeneutischer Prozess begriffen. Erkenntnisse werden gewonnen, indem die aktuelle Praxis als geschichtlich gewordene Wirklichkeit begriffen und zu verstehen gesucht wird. Dies geschieht in einem interpretativ-deutenden Prozess. Hier liegt dann aber auch auf der Hand, dass das Ergebnis der Überlegungen an das Vorverständnis des Wissenschaftlers gebunden ist: sein Vorwissen, seine Sprache, seine Wertungen bilden die Basis und den Ausgangspunkt für weitere Überlegungen. Dieser Prozess wird als ein Zirkel beschrieben, weil neue

Erkenntnisse immer auf vorhandenen Einsichten und Prämissen beruhen. Betrachten wir zunächst unser Beispiel:

Das Beispiel im Rahmen geisteswissenschaftlicher Wissenschaftstradition

Ein Wissenschaftler, der der geisteswissenschaftlichen Pädagogik verpflichtet ist, will sich der »Ermahnung im Unterricht« widmen. Wie geht er vor?

Hier würde der Wissenschaftler zunächst bedenken, was eine Ermahnung überhaupt ist, wie sie sich von anderen Hinweisformen unterscheidet und welche Bedeutung die Ermahnung im Leben des Menschen überhaupt hat. Vor diesem Hintergrund kann dann die Ermahnung im Kontext von Schule und Unterricht begriffen werden.

»Wenn wir zunächst vom unbefangenen Sprachgebrauch ausgehen, so ist das Ermahnen ein gesteigertes Mahnen. Und ein solches Mahnen gibt es nicht nur im erzieherischen Zusammenhang: Ich mahne jemand an eine zu zahlende Schuld oder an die Einlösung eines Versprechens. Jedes Ermahnen ist darin zugleich ein Erinnern, und beide Begriffe gehen in der Tat – und nicht nur im pädagogischen Zusammenhang – fließend ineinander über. (...) Ich erinnere jemand an etwas, was er vergessen hat, aber ich ermahne ihn zu etwas, was er unterlassen hat. Hierin liegt der Charakter des Nachzuholenden, der für die Zeitstruktur der Ermahnung so bezeichnend ist: Es ist der Rückgriff auf die Vergangenheit, insofern der Mensch durch die Ermahnung aufgefordert wird, das nachzuholen, was er schon längst hätte tun sollen und doch bisher nicht getan hat. (...) Die Ermahnung wendet sich an ein Wesen, zu dem die Möglichkeit gehört, schuldhaft gegenüber seinem Seinsollen zurückzubleiben, und dem dann die Aufgabe erwächst, im neuen Anlauf das Versäumte nachzuholen.«

Aus: Bollnow, Otto-Friedrich (61984): Existenzphilosophie und Pädagogik. Stuttgart: Kohlhammer. (Erste Auflage: 1959), S. 63 f.

Ausgangspunkt aller Überlegungen ist die Erziehungswirklichkeit; hier die Ermahnung. Theoretische Überlegungen basieren auf dem Verstehensprozess, zu dem diese Wirklichkeit Anlass gibt. Damit ist klar: Theorien werden angesichts der pädagogischen Praxis gebildet und nicht umgekehrt. Friedrich Schleiermacher hat hier die Wendung von der »Dignität der Praxis« geprägt. Die pädagogische Praxis wird durch die Theorie bewusster, und so entsteht ein Korrespondenzverhältnis zwischen Theorie und Praxis innerhalb der geisteswissenschaftlichen Theorietradition. Friedrich D. Schleiermacher fasst diese Verzahnung in seinen »Pädagogischen Schriften« (1826/1984) zusammen, wenn er sagt: »Nichts ist praktischer als eine gute Theorie.«

In der Schulpädagogik war die geisteswissenschaftliche Pädagogik bis in die 1960er-Jahre sehr bedeutsam und mit Namen wie Hermann Nohl, Eduard Spranger und Wolfgang Klafki verbunden. Wissenschaftstheoretische Ansätze in Lehrer-Schüler-Verhältnissen werden auch an Universitäten und Hochschulen tradiert. Der Begriff »Geisteswissenschaft« geht auf Wilhelm Dilthey zurück.

Die Kritik an der geisteswissenschaftlichen Pädagogik richtete sich vor allem auf die Subjektivität des Wissenschaftlers. Die Aussagen konnten nicht über Messverfahren geprüft werden. Deutlich wird an dieser Kritik bereits ein Kriterium, das hier angelegt wird: die intersubjektive Überprüfbarkeit bzw. die Gütekriterien, die ein empirisch ausgerichtetes Wissenschaftsverständnis fordert. Die geisteswissenschaftliche Pädagogik war vor und nach der Zeit des Nationalsozialismus führend in Deutschland; es gab auch Vertreter, deren Position nach 1945 zu wenig aufgearbeitet wurde. Es kommt hinzu, dass das Verstehen auf der Grundlage von Geschichte zu wenig die Distanznahme von Gegebenheiten ermöglicht. Diese Kritikpunkte sind wiederum in zwei anderen wissenschaftstheoretischen Ansätzen ausgeräumt. Wir wenden uns zunächst dem empirisch-analytischen Wissenschaftsverständnis zu.

15.3   Schulpädagogik als empirisch-analytische Erziehungwissenschaft: Schulwirklichkeit beschreiben

Die empirisch-analytische Erziehungswissenschaft strebt Aussagen an, die auf der Grundlage der empirischen Erforschung der Schul- und Unterrichtswirklichkeit entstehen. Der Forschende hat keine Werturteile zu fällen oder subjektive Einschätzungen einzubringen. Das diskursive wie auch das hermeneutische Element werden als Basis für den Erkenntnisgewinn abgelehnt. Mit diesem Ansatz wurde ein neues Paradigma eingeführt. Die Rede von der »realistischen Wende« markiert die Neuorientierung; sie ist mit dem Namen Heinrich Roth verbunden. Ausgelöst wurde diese Entwicklung wiederum mit einer Kritik am deutschen Bildungssystem: die geisteswissenschaftliche Theorietradition war nicht geeignet, Schule und Unterricht so zu unterfüttern, dass die Konkurrenzfähigkeit deutscher Wirtschaft und deutscher Entwicklungen gewährleistet war. Die Aufmerksamkeit richtete sich auf eine Analyse des Ist-Standes und auf messbare Effekte. Dieses Spannungsverhältnis griff Heinrich Roth mit den Attributen »idealistisch« (geisteswissenschaftliche Pädagogik) und »realistisch« (empirische Erziehungswissenschaft) auf. Er beschreibt dieses Verhältnis im Jahr 1963 folgendermaßen: »Antworten auf diese Fragen (...) bleiben nur dann nicht bloße Meinungen oder leere Behauptungen, wenn die pädagogische Theorie das Kreisen in sich selbst aufgibt, ihre Aussagen an den

---

Heinrich Roth (1906–1983) – Realistische Wende

Heinrich Roth bemühte sich um eine Integration zwischen geisteswissenschaftlicher Pädagogik und empirischer Pädagogik. Er stieß damit eine Entwicklung hin zur Schulpädagogik als empirisch ausgerichteter Disziplin an. Diese Zäsur wird als »realistische Wende« bezeichnet. Ein ähnlicher Schub erfolgte mit der Veröffentlichung der PISA-Ergebnisse; die empirische Lehr-Lern-Forschung gewann an Bedeutung.

Früchten der Praxis kontrolliert, die in ihrem Namen geschieht. Nur so bleibt sie kritisch und wach und vor Dogmatisierung bewahrt« (S. 117).

Etliche Pädagogen, die ursprünglich der geisteswissenschaftlichen Tradition verpflichtet waren, haben die Entwicklungslinien aufgenommen und fortgeführt (z. B. Wolfgang Klafki, Klaus Mollenhauer). Daneben entwickelte sich in Anlehnung an den kritischen Rationalismus von Karl-Raimund Popper eine Strömung, die sich radikal von der geisteswissenschaftlichen Tradition abwendete und sie gänzlich ablehnte. Normative Aussagen waren unzulässig; ausschließlich Aussagen, die aufgrund der Datenlage gesichert sind bzw. einer kritischen Prüfung stand halten, wurden akzeptiert. Programmatisch war hier die Schrift von Wolfgang Brezinka (1971): »Von der Pädagogik zur Erziehungswissenschaft«. Damit sind Aussagen zum Erziehungs- und Bildungsbegriff schwer möglich. Die sich entwickelnde empirische Pädagogik brachte eine starke Verzahnung mit anderen empirisch arbeitenden Sozialwissenschaften mit sich. Zunächst setzte ein Boom an Forschungsergebnissen ein. 1964 wurde das »Deutsche Institut für Internationale Pädagogische Forschung« (DIPF) mit Sitz in Frankfurt gegründet.

Die empirisch ausgerichtete Erziehungswissenschaft stand jedoch bald vor dem sogenannten »Theorie-Praxis-Problem«: Wie kann Wissen verwendet werden? Ist wissenschaftlich gewonnenes Wissen überhaupt in die Praxis transferierbar? Etliche Versuche eines unmittelbaren Transfers Anfang der 1970er-Jahre scheiterten. Auch heute ist dieses Problem nicht behoben. Die Vielzahl der Forschungsergebnisse mündet nicht in Konzepte zur Verbesserung von Schule und Unterricht. Dieses Selbstverständnis als empirischer Sozialforscher fokussiert Ist-Stands-Analysen oder Effekte, zunächst unabhängig von einem Veränderungsinteresse. Dadurch ist jedoch die Chance geschmälert, dass eine Brücke zwischen Theorie und Praxis gesucht wird, weil diese Aufgabe sich außerhalb der Empirie bewegt: Alle Aussagen zur Veränderung von Schule und Unterricht sind interpretierend, führen über den Forschungsbefund hinaus und fügen sich deshalb nicht nahtlos in diesen wissenschaftstheoretischen Ansatz ein. Greifen wir nun unser obiges Beispiel wieder auf:

Das Beispiel im Rahmen empirisch-analytischer Pädagogik

Ein Wissenschaftler, der der empirisch-analytischen Pädagogik verpflichtet ist, will sich der »Ermahnung im Unterricht« widmen. Wie geht er vor? Hier wird zunächst die Forschungsfrage präzisiert (Definition von Ermahnung; Messung der Häufigkeit von Ermahnungen; Messung der Wirkungen von Ermahnungen) der Forschungsstand gesichtet, ein Design entwickelt und die Untersuchung durchgeführt.

15.4 Schulpädagogik und kritische Theorie: Schulwirklichkeit bewerten, Missstände aufdecken, Wirklichkeit verändern

Aus der Perspektive des dialektischen Wissenschaftsverständnisses kommt der Wissenschaftstheorie die Aufgabe zu, ein kritischer Beobachter »zweiter Ordnung« zu sein. Damit ist gemeint, dass auch Wissenschaft von Interessen geleitet ist. Wissenschaftstheorie ist aufgefordert, die gesellschaftliche Praxis kritisch in den Blick zu nehmen. Die Theorie ermöglicht die notwendige Distanz zur Praxis, und es gilt, die Praxis auf den Prüfstand zu stellen. Empirische bzw. positivistische Forschung als Element gesellschaftlicher Verhältnisse trägt in dieser Sicht – ohne kritisches Korrektiv – zur Stabilisierung bestehender Verhältnisse bei. Die Objektivität der Forschung und deren vermeintliche Wertfreiheit relativieren sich. Möchte man eine Praxis kritisch sehen und bewerten, bedarf es eines Maßstabs. Der ist mit dem Begriff der »Emanzipation« gegeben bzw. im Ansinnen, Menschen aus Zwängen zu befreien. Die gesellschaftliche Wirklichkeit wird an der Norm gemessen, ob sie Selbstbestimmung ermöglicht bzw. Entfremdung keinen Raum gibt. Die Aufdeckung und die Benennung von Missständen sollen zu Veränderungen führen. Die kritische Theorie zielt somit auf Gesellschaftskritik, auf Veränderung, auf Emanzipation.

Die Hauptvertreter dieses Ansatzes sind Jürgen Habermas, Theodor Adorno und Herbert Marcuse (»Frankfurter Schule«). Die kritische Theorie hatte ihre Blütezeit in den 1970er-Jahren. Die Schulkritik war ein zentrales Thema (vgl. auch Kap. 17). Der Weg, Erkenntnisse zu gewinnen, erfolgt durch Ideologiekritik. Hierbei wird das Augenmerk auf Herrschaftsverhältnisse und Zwänge (auch im System bzw. in der bürgerlich-kapitalistischen Gesellschaft) gelegt, die Akteure unfrei machen. Unterdrückungsmechanismen gilt es offenzulegen. Das Ziel besteht darin, dass Prinzipien ausgehandelt werden, bei denen die Akteure ihre Selbstbestimmtheit wahren. Habermas spricht vom herrschaftsfreien Diskurs.

Das Beispiel im Rahmen der kritischen Erziehungswissenschaft (Theorie)

Ein Wissenschaftler, der der kritischen Erziehungswissenschaft verpflichtet ist, will sich der »Ermahnung im Unterricht« widmen. Wie geht er vor?
Schule könnte hier als gesellschaftliche Einrichtung betrachtet werden, die Zwänge ausübt und damit so strukturiert ist, dass die Schülerinnen und Schüler sich über Störungen wehren bzw. von Lehrpersonen konstruierte Regeln brechen. In der Konsequenz wird das Entfremdungspotenzial von Schule und Unterricht herausgearbeitet. Ein herrschaftsfreier Diskurs wird angemahnt.

15.5 Welcher wissenschaftstheoretische Standpunkt ist »der richtige«?

Wissenschaftler sind in der Regel der einen oder anderen Wissenschaftstradition verpflichtet. Häufig tradiert diese sich über Lehrer an Hochschulen und Universitäten. Wir vertreten hier die Position, dass jeder der drei Ansätze seine Berechtigung hat und immer auch die Schwachstellen der anderen Betrachtungsweisen aufdeckt. Positiv gewendet liegen die Vorzüge der empirisch-analytischen Schulpädagogik in belastbaren Aussagen über die schulische Wirklichkeit. Das ist nicht hinreichend, denn damit ist noch kein Beitrag zur Verbesserung dieser Wirklichkeit geleistet. Hierauf macht die kritisch-dialektische Schulpädagogik aufmerksam, und schließlich setzt Veränderung voraus, dass die Bedeutung von Ergebnissen interpretiert und in den Horizont einer aktuellen Lebenswelt gerückt wird. Dies gelingt jedoch nur, wenn historische Entwicklungslinien und mannigfaltige Interpretationsweisen aufgenommen werden. Somit vertreten wir hier einen Ansatz von »mixed theories«, d. h. jeder dieser Zugänge muss unter Abgrenzung von anderen Theorien vorgenommen werden und dann doch wieder in einen inklusiven Prozess münden: Empirisch forschen klappt nur, wenn Vorannahmen und Werturteile ausgegrenzt werden.

Die Wirklichkeit kritisch betrachten klappt nur, wenn ein Verstehen und eine Akzeptanz von Realitäten als historisch gewachsen ausgegrenzt werden. Die Wirklichkeit verstehend betrachten klappt nur, wenn zunächst die Veränderungsabsicht nicht in den Vordergrund gestellt wird. Es sind demnach drei Denkbewegungen, die getrennt voneinander vorgenommen und dann zueinander ins Verhältnis gesetzt werden sollten.

Im Augenblick herrschen (noch) Schulen und Selbstverständnisse und damit Abwertungen und Ablehnungen anderer wissenschaftstheoretischer Ansätze vor. Es kommt hinzu, dass es keine einheitliche Begrifflichkeit mehr gibt. Dies war im Kontext der Forschungsmethoden bzw. Forschungsparadigmen ähnlich. Die Annäherungen dort sind in vollem Gange. Hinsichtlich der wissenschaftstheoretischen Ausrichtung liegt der Schwerpunkt momentan bei der empirisch ausgerichteten Schulpädagogik. Die Pendelbewegungen stellen sich folgendermaßen dar:

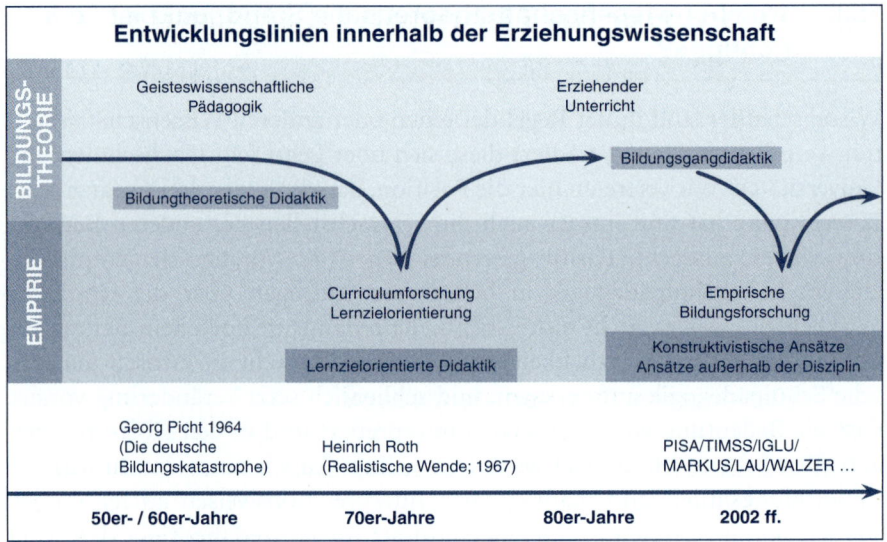

Abb. 32: Entwicklungslinien wissenschaftstheoretischer Pendelbewegungen innerhalb der Erziehungswissenschaft

15.6 Zum Nach- und Weiterdenken …

Vertiefung

Mehr zum Thema finden Sie im Download-Bereich.

1. Ordnen Sie die Textpassagen (Download) einem wissenschaftstheoretischen Ansatz zu. Weshalb haben Sie die jeweilige Zuordnung so und nicht anders vorgenommen?
2. Welcher Ansatz überzeugt Sie? Weshalb?
3. An einer Universität wurde von einem Ministerium eine Studie zur Leistungsfähigkeit des dreigliedrigen Schulsystems in Auftrag gegeben. Bei einer Besprechung wird den Wissenschaftlern gesagt, dass sie ja wüssten, welche Ergebnisse gewünscht seien. Betrachten Sie diese Begebenheit vor dem Hintergrund der kritischen Theorie.

16 Didaktische Theorien: Kann man allgemeine Merkmale von Schule und Unterricht theoretisch erfassen?

16.1 Didaktische Theorien als Modelle

Ein Modell ist ein Abbild eines Originals. Im Allgemeinen erfassen Modelle nicht alle Attribute des Originals. Es werden die Attribute erfasst, die für den Modellzweck wichtig sind. Auf der anderen Seite treten im Modell Attribute hinzu, die ursprünglich nicht dem Original zu eigen sind.

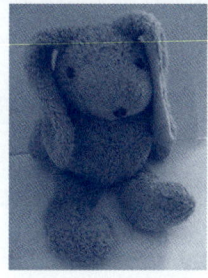 

© Warner Bros.

Abb. 33: Modellbeispiele

Hierzu ein Beispiel: Sie sehen hier das Modell eines Hasen. Das Plüschtier wird als Hase identifiziert, weil die besonderen Merkmale des Hasen (die Ohren bzw. Löffel) hervorgehoben sind, ebenso das Gebiss. Andere Merkmale des Originals treten in den Hintergrund (z. B. Beschaffenheit des Fells). Der »Hase« rechts stammt aus dem Film »Keinohrhasen«. Die fehlenden Ohren werden im Film als bedeutsames Modellmerkmal thematisiert und der Hase (rechts) daher als defizitär wahrgenommen. Welche Attribute hervorgehoben werden, welche zurücktreten, hängt davon ab, welchen Zweck das Modell erfüllen soll. Modelle reduzieren Wirklichkeitsausschnitte, indem Sie im Hinblick auf den Modellzweck Wichtiges hervortreten lassen und Unwichtiges zurückstellen. Stachowiak (1973) formuliert in seiner Modelltheorie: »X ist Modell des Originals Y für den Verwender V in der Zeitspanne t bezüglich der Intention Z!« Präzisiert man diese Bestimmungen für didaktische Modelle, so ist

- ein Modell von Lehr-Lern-Prozessen in institutionellen Kontexten
- für Personen in Forschung und Lehrtätigkeit
- mit dem Ziel der Erkenntnisgewinnung und Erkenntnisverwertung.

 Weiterführende Literatur

Gudjons, H./Winkel, R. (¹²2006) (Hrsg.): Didaktische Theorien. Hamburg: Bergmann+Helbig.

Kron, F.W. (⁴2004): Grundwissen Didaktik. München: Reinhardt.

Stachowiak, H. (1973): Allgemeine Modelltheorie. Wien: Springer Verlag.

Betrachten wir nun eine Lehr-Lern-Situation aus der Modellperspektive. Eine Reduktion von Komplexität stellt beispielsweise das sogenannten »didaktische Dreieck« dar. Man erkennt die Lehr-Lern-Situation auf der Strukturebene: Es geht in Lehr-Lern-Prozessen um den Lernenden, den Lehrenden und um die Sache – Letztere wird vermittelt über das Medium Schulbuch. Und man bemerkt es auf der Akteursebene: Didaktische Situationen sind Zeigehandlungen. Hierbei ist die »Prädominanz des Inhaltsaspekts« (Hopmann 1999) kennzeichnend für die deutsche Didaktik und damit die Idee, dass sich Bildung durch die Auseinandersetzung mit der Sache vollziehe. Ein Zeigen braucht immer einen inhaltlich-thematischen Bezug.

Abb: 34: Modellperspektive

Was die Lehrperson zeigt und was das Kind sieht, wissen wir nicht. Zeitunabhängig lässt sich sagen, die Strukturmomente *Schülerin*, *Lehrperson*, *Lerngegenstand* sind in einer didaktischen Situation immer vorhanden. Dieses Modell vom didaktischen Dreieick reduziert ein gesamtdidaktisches Arrangement auf drei elementare Komponenten und arbeitet drei Strukturmomente von Lehr-Lern-Prozessen heraus. Welches die zentralen Aspekte sind, die hervorgehoben werden sollen, sind somit Entscheidungen bei der Modellkonstruktion. So wird in der neueren Literatur vom »didaktischen Viereck« gesprochen; die Medien sind hier aufgenommen. Lehr-Lern-Prozesse sind jedoch auch eingebettet in institutionelle oder gesellschaftliche Kontexte. Neuerdings – im zeitgemäßen Sprachgebrauch insbesondere der Governance-Forschung – sprechen wir von Mikro-, Meso- und Makroebene (vgl. 7.4.2).

Diese Einbettung ist immer gegeben. Wenn man beispielsweise fragt, was gelernt werden soll, antizipiert man die Zukunft des Lernenden – in Bezug auf individuelle Entwicklungsaufgaben, aber auch in Bezug auf die gesellschaftlichen Herausforderungen. Didaktische Modelle, die innerhalb der Erziehungswissenschaft vorliegen, fokussieren je nach Konzept unterschiedliche Ebenen und Schwerpunkte. Dies geschieht, um Lehr-Lern-Situationen besser analysieren und planen zu können.

> ### Definition: Didaktisches Modell
>
> Ein didaktisches Modell ist eine Theorie über Lehr-Lern-Prozesse. Es fokussiert bestimmte Aspekte didaktischen Handelns und lässt andere zurücktreten. Ein didaktisches Modell modelliert Lehren und Lernen so, dass die theoretischen Aussagen generalisierbar und praktisch anwendbar sind. Sie gelten für alle pädagogischen Handlungsfelder. Deshalb wird auch von »allgemeiner« Didaktik gesprochen. Didaktische Theorien zielen darauf ab,
> – strukturelle Merkmale von Lehr-Lern-Situationen fachunabhängig in den Blick zu nehmen.
> – Entscheidungshilfen bei der Analyse, Planung und Gestaltung von Unterricht zu geben.
> – einen kritischen, distanzierten Blick auf Schule und Unterricht zu gewinnen.
>
> Didaktische Theorien stellen somit eine strukturierende Tätigkeit dar, die auf Praxisrelevanz und auf Kritikfähgkeit zielten. Die Unterschiede der verschiedenen Ansätze liegen im gewählten Fokus, im Allgemeinheitsgrad sowie in den wissenschaftstheoretischen Bezugspunkten.

Zumeist führen sie ihren Fokus in der Bezeichnung mit sich. Kron unterscheidet in der neuesten Auflage (2008) inzwischen 46 didaktische Theorien bzw. Modelle. Fünf dieser Modelle stellen wir im Folgenden »steckbriefartig« vor: die bildungstheoretische bzw. kritisch-konstruktive Didaktik, die lernzielorientierte Didaktik, die lehr-lern-theoretische Didaktik, die konstruktivistische Didaktik und die Bildungsgangdidaktik. Hierbei betonen wir vor allem den spezifischen Blickwinkel, den die Theorie einnimmt.

16.2   Fünf didaktische Modelle zur Einführung

16.2.1 Die bildungstheoretische/kritisch-konstruktive Didaktik (Wolfgang Klafki)

Die bildungstheoretische Didaktik wurde von Wolfgang Klafki (*1927) entwikkelt. Sie fokussiert die Sache. Mit welcher Sache sollen sich die Schülerinnen und Schüler beschäftigen? Diese Frage zu beantworten ist wichtig, weil die potenziellen Wissensbestände ständig expandieren, sodass sehr sorgfältig eine Auswahlentscheidung getroffen werden muss. Wolfgang Klafki (1958) gibt eine einfache und eindeutige Antwort: Schülerinnen und Schüler sollen sich mit den Dingen beschäftigen, die einen *Bildungsgehalt* haben. Was bedeutet

Abb. 35: Wolfgang Klafki (© Hans Klafki)

Weiterführende Literatur

Meyer, M./Meyer, H. (2007):Wolfgang Klafki. Eine Didaktik für das 21. Jahrhundert? Weinheim und Basel: Beltz.

aber »Bildung«, und wann hat eine Sache einen *Bildungsgehalt*? Hierzu werfen wir einen Blick auf den Bildungsbegriff, den Wolfgang Klafki in seiner Theorie entwickelt. In der Erziehungswissenschaft werden zwei Konzepte von Bildung unterschieden: die formale und die materiale Bildung bzw. formale und materiale Bildungstheorien.

Definition: Materiale und formale Bildungstheorien

Materiale Bildungstheorien gehen davon aus, dass eine Person gebildet ist, wenn sie über umfangreiche Wissensbestände verfügt. Viele Spiele greifen gelegentlich die materiale Seite der Bildung auf. Hierbei kann man noch unterscheiden, ob man insgesamt viel weiß (enzyklopädisches Wissen; bildungstheoretischer Objektivismus) oder vor allem das weiß, was als »klassische Kulturgüter« in der Gesellschaft bewertet wird.

Formale Bildungstheorien stellen nicht das Gewusste in den Blickpunkt der Aufmerksamkeit, sondern die Ausschöpfung der Entfaltungsmöglichkeiten des Menschen. Gebildet ist demnach, wer seine Kräfte (körperlich, geistig, seelisch) entfaltet *(funktionale Bildung)*. Gebildet ist, wer sich zurechtfindet, indem er Wege (Methoden) kennt, um zu handeln *(methodische Bildung)*.

Bezogen auf das Thema »Schnecke« zählt es beispielsweise zur materialen Bildung, zu wissen, dass Schnecken zu den Wirbellosen zählen. Zur formalen Bildung gehört es, das Gehäuse in Form und Ästhetik zu »verinnerlichen« und

> »Bildung ist kategoriale Bildung in dem Doppelsinn, daß sich der Mensch eine Wirklichkeit ›kategorial‹ erschlossen hat und daß eben damit er selbst – dank der ›kategorialen‹ Einsichten, Erfahrungen, Erlebnisse – für diese Wirklichkeit erschlossen ist.« (Klafki 1963, S. 44)

Klafki argumentiert folgendermaßen: Beide bildungstheoretischen Ansätze bedingen und brauchen einander. Er spricht von kategorialer Bildung. Vor diesem Hintergrund sind Erziehungsziele festzulegen. Hierbei sind für Wolfgang Klafki folgende Zielperspektiven bedeutsam: die Erziehung zu Selbstbestimmung, Solidarität, Mitbestimmung, die Gewinnung von Individualität und Gemeinschaftlichkeit sowie die Argumentations- und Kritikfähigkeit. Erziehungs- und Bildungsbegriffe wie »Mündigkeit« lassen sich zwar begründen, sind aber dennoch argumentative Setzungen. Deshalb beinhaltet der Ansatz Wolfgang Klafkis normative Anteile. Auf die Frage: »Was ist Bildung?« antwortete Wolfgang Klafki folgendermaßen:

> Bildung ist »selbsttätig erarbeiteter und personal verantworteter Zusammenhang dreier Grundfähigkeiten« Diese sind die Fähigkeit zur Selbstbestimmung, Mitbestimmung und Solidarität. (Wolfgang Klafki 1996, S. 52).

Wolfgang Klafki ist ein Schüler von Erich Weniger und kommt damit zunächst aus der geisteswissenschaftlichen Theorietradition (vgl. Kap. 15).

Geht es um die Wahl der Inhalte, muss geklärt werden, ob sie einen Bildungsgehalt haben. Hierzu hat Wolfgang Klafki Fragen entwickelt, deren Beantwortung dazu beiträgt, den Bildungsgehalt der Sache herauszuschälen. Wolfgang Klafki nennt diese Prüfung des Bildungsgehalts durch die Fragen, die an den Unterrichtsgegenstand gestellt werden sollen, didaktische Analyse. Wiewohl der Ansatz bereits ein halbes Jahrhundert alt ist, fließen die Fragen der didaktischen Analyse auch heute noch in die ausführliche Darstellung und Begründung von Unterricht (Unterrichtsentwurf) ein. Folgende Fragen gilt es im Rahmen der didaktischen Analyse zu beantworten:

Tab. 4: Die fünf Grundfragen der didaktischen Analyse nach Wolfgang Klafki (erstmals publiziert 1958) → Download »Didaktische Analyse aus einem Unterrichtsentwurf«

Fragen der didaktischen Analyse nach Wolfgang Klafki

Gegenwarts-bedeutung	Welche Bedeutung hat der betreffende Inhalt bereits im geistigen Leben der Kinder meiner Klasse, welche Bedeutung sollte er – vom pädagogischen Gesichtspunkt aus gesehen – darin haben?
Zukunfts-bedeutung	Worin liegt die Bedeutung des Themas für die Zukunft der Kinder?
Struktur des Inhalts	Welches ist die Struktur des Inhalts?
Exemplarische Bedeutung	Welchen allgemeinen Sachverhalt, welches allgemeine Problem erschließt der betreffende Inhalt?
Zugänglichkeit	Welches sind die besonderen Fälle, Phänomene, Situationen, Versuche, in oder an denen die Struktur des jeweiligen Inhaltes den Kindern interessant, fragwürdig, zugänglich, begreiflich, »anschaulich« werden kann?

 Weiterführende Literatur

Klafki, W. (1958): Didaktische Analyse als Kern der Unterrichtsvorbereitung. In: Die Deutsche Schule. 50. Jg. 1958, H. 10, S. 450–471.

Hier wird deutlich, dass die Planung von Unterricht bedeutet, Entscheidungen zu begründen. Die ersten drei Fragen fokussieren Entscheidungen hinsichtlich der Inhalte; die letzten beiden die Struktur der Sache und die methodischen Zugangsmöglichkeiten.

Die bildungstheoretische Didaktik wurde intensiv rezipiert, aber auch kritisiert. Die Kritik richtete sich vor allem darauf, dass der Ansatz einer vorhandenen gesellschaftlichen Situation das Wort rede und keine Distanz zu gegebenen Verhältnissen ermögliche. Weiterhin wurde Mitte der 1970er-Jahre kritisiert, dass der Bildungsbegriff abstrakt und der gesamte Ansatz für die Planung und Analyse für Unterricht wenig geeignet sei. Die Voraussetzungen der Schülerinnen und Schüler seien nicht aufgegriffen.

Wolfgang Klafki nahm diese Kritik auf und entwickelte seinen Ansatz weiter; deutlich markierte er diese Erweiterung in der Bezeichnung seiner Theorie: Er nennt sie nun »kritisch-konstruktive Didaktik«. Er nahm die Kritikpunkte auf, indem er ein Perspektivenschema zur Unterrichtsplanung entwickelte und somit alle Komponenten, die für die Planung von Unterricht bedeutsam sind, aufgreift.

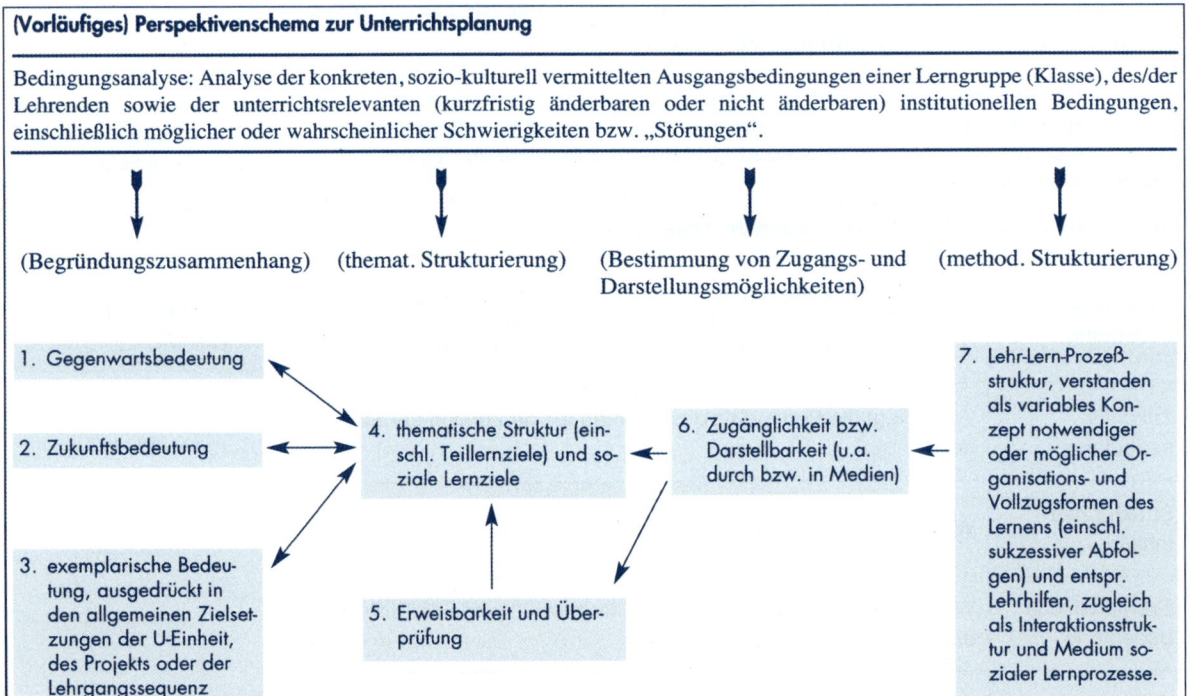

Abb. 36: Perspektivenschema zur Unterrichtsplanung nach Wolfgang Klafki im Rahmen der kritisch-konstruktiven Didaktik; Klafki (2006, S. 18).

16.2.2 Die lehrtheoretische Didaktik (Wolfgang Schulz)

Dieser didaktische Ansatz rückt den Lernbegriff ins Zentrum (nicht die Bildung) und wurde mithin aus der Kritik an der bildungstheoretischen Didaktik heraus entwickelt. Er wurde in Berlin von Paul Heimann (1901–1967) entwickelt und später an der Universität Hamburg von dessen Schüler Wolfgang Schulz (1929–1993) weiterentwickelt, sodass auch vom Berliner und später vom Hamburger Modell die Rede ist. Wolfgang Schulz nahm im Zuge der Modellentwicklung eine Umbenennung zur »lehrtheoretischen Didaktik« vor.

Die lehrtheoretische Didaktik wurde von Wolfgang Schulz immer wieder als Handlungstheorie beschrieben, was bedeutet, dass durch die Analyse der Bedingungen unterrichtliches Handeln verbessert werden kann. Unterrichts- und schulbezogenes Handeln gehen nach Schulz eine Interaktion ein und haben dialogischen Charakter.

Wolfgang Schulz sprach von der Verständigung von Lehrer/innen und Schüler/innen über die Handlungsmomente Unterrichtsziele (UZ), Ausgangslage (AL), Vermittlungsvariablen (VV) und Erfolgskontrolle (EK). Hier hat die Lehrperson didaktische Entscheidungen zu treffen: Welche Zielperspektiven verfolge ich (UZ = Unterrichtsziele)? An welchem Thema soll dies geschehen? Welche methodischen Zugänge sind angemessen? Welche Medien sind geeignet (VV = Vermittlungsvariablen)? Wolfgang Schulz ([12]2006) benennt *Entscheidungsfelder*.

Daneben existieren Rahmenbedingungen, die das Unterrichtsgeschehen beeinflussen. Sie sind jedoch gegeben (*Bedingungsfelder).* Gemeint sind zum einen die institutionellen Bedingungen (räumliche Gegebenheiten, Ausstattung der Schule). Diese Bedingungen müssen einbezogen werden, da sie sonst den Unterricht stören können. Besonders bedeutsam sind auch die gesellschaftlichen Rahmenbedingungen (»Produktions- und Herrschaftsverhältnisse«). Unterricht kann eine Emanzipation von Herrschaft nicht erreichen, jedoch emanzipatorisch relevant sein, indem bestehende Zustände relativiert werden.

Wissenschaftstheoretisch ist der Ansatz ursprünglich einer positivistischen Position zuzuordnen. Damit ist es nicht möglich, Normen zu kritisieren; eine Bildungstheorie ist auf der Oberflächenebene nicht im Ansatz vorgesehen und wird auch dezidiert abgelehnt. Wolfgang Schulz verließ diese Position in den 1970er-Jahren. Die Absichten des Unterrichts fokussieren nun auf *Kompetenz, Autonomie* und *Solidarität* der Schülerinnen und Schüler. Diese Intentionen werden mittels *Sacherfahrung, Gefühlserfahrung* und *Sozialerfahrung* einzulösen versucht.

Der Kern des Ansatzes besteht nun in der Überlegung, dass die Entscheidungsfelder in einem Interdependenzverhältnis stehen. Veränderungen in einem Bereich machen Veränderungen in einem anderen Bereich notwendig. In der optischen Modellation zeichnet sich dieses Modell durch sehr viele Pfeile aus: Sie weisen auf die *Interdependenzen* hin. Diese Interdependenz bemerkt jeder, der Unterricht sorgfältig und intensiv plant, denn hier müssen Zielperspektiven, Voraussetzungen der Schülerinnen und Schüler, Medien, Formen der Erfolgskontrolle sowie institutionelle Rahmenbedingungen in ein Passungsverhältnis gebracht werden; zunächst unabhängig davon, an welcher Stelle die Planung einsetzt. Während des Planungsprozesses werden immer wieder Alternativen und damit neue Passungen erwogen und geprüft.

Was bedeutet dies für die Planung von Unterricht? Die im Ansatz entwickelten Strukturelemente konstituieren den Unterricht. Die Interdependenzen generieren eine enorme Abhängigkeit der Strukturelemente voneinander. In der Konsequenz haben Planungsentscheidungen in *einem* Bereich Auswirkungen auf die schon getroffenen oder künftigen Entscheidungen in den anderen Bereichen. Weiterhin differenziert das Modell vier Planungsebenen: die Perspektivplanung (Ebene der Unterrichtseinheiten), die Umrissplanung (der einzelnen Unterrichtseinheit), die Prozessplanung (des Unterrichts) sowie die Planungskorrektur (während des Unterrichtsprozesses).

16.2.3 Die lernzielorientierte Didaktik (Christine Möller)

Weiterführende Literatur

Mager, R.F. (1973): Zielanalyse. Weinheim und Basel: Beltz.

Die lernzielorientierte Didaktik entstand in der Zeit, nachdem Georg Picht »die deutsche Bildungskatastrophe« ausgerufen hatte. Didaktische Theorien, die von einem Bildungsbegriff ausgingen, erschienen nicht geeignet, die schulischen Leistungen der Schülerinnen und Schüler hervorzubringen, die gewünscht wurden. Der neue Ansatz setzte darauf, möglichst genau anzugeben, was die Schülerinnen und Schüler wissen, können und verstanden haben sollten. Der Grundgedanke war, dass die Präzision bei den Zielangaben in der Konsequenz zu besserem Unterricht führt. Robert F. Mager (1973), ein amerikanischer Psychologe, brachte diese Kernidee auf den Punkt, indem er schrieb: »Wer nicht genau weiß, wohin er will, braucht sich nicht zu wundern, wenn er ganz woanders ankommt!« (Mager 1973) Aus diesem Grund ist es wichtig, sich der Ziele des Unterrichts zu vergewissern, und das bedeutet, sie möglichst präzise zu benennen. Hierbei geht es nicht nur um eine Auflistung der Inhalte bzw. dessen, was gelernt werden soll, sondern um die Beschreibung eines erwünschten *Verhaltens*, an dem sichtbar und erkennbar ist, ob die Ziele auch erreicht sind. Konkret bedeutet dies bei der Planung und Analyse von Unterricht, dass die Zielperspektiven operationalisiert benannt werden:

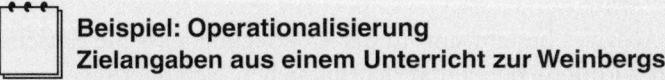

Beispiel: Operationalisierung
Zielangaben aus einem Unterricht zur Weinbergschnecke

Kognitive Lernziele
- Schülerinnen und Schüler können die Körperteile der Schnecke erkennen und benennen (Augenfühler, Tastfühler, Gehäuse, Kriechfuß, Eingeweidesack, Mund mit Raspelzunge, Atemhöhle).
- Die Schülerinnen und Schüler wissen, dass die Schnecke sich durch die Muskelbewegungen des Fußes fortbewegt.

Die Operationalisierung wird an den gewählten Verben deutlich: »können benennen«, »wissen«. An dieser Stelle wird deutlich, dass dieses Modell wissenschaftstheoretisch an den Behaviorismus gebunden ist. Die Beobachtbarkeit und Überprüfbarkeit stellen hier wichtige Bestimmungsstücke des Ansatzes dar.

Neben die Operationalisierung tritt nun die Dimensionierung. Ziele lassen sich sortieren. Dimensioniert wird nach kognitiven, psychomotorischen und emotionalen Lernzielen.

Weiterhin kann man Lernziele über Hierarchisierungen präzisieren. Hier wurden in der lernzielorientierten Didaktik Begriffe wie »Richtziel«,»Grobziel«, »Feinziel« und »Feinstziel« eingeführt.

 Beispiel:
Zielangaben aus einem Unterricht zur Weinbergschnecke

Kognitive Lernziele
Grobziel
- Die Schülerinnen und Schüler können die Körperteile der Schnecke erkennen und benennen.
- Die Schülerinnen und Schüler wissen, dass die Schnecke sich durch die Muskelbewegungen des Fußes fortbewegt.

Feinziel
– Sie benennen Augenfühler, Tastfühler, Gehäuse, Kriechfuß, Eingeweidesack, Mund mit Raspelzunge und Atemhöhle.
– Sie können sagen, dass die Muskelbewegungen wellenförmig verlaufen.
– Sie können sagen, dass die Muskelbewegungen von hinten nach vorn verlaufen.

Feinstziel
– Sie können Lücken in einem Arbeitsblatt ausfüllen.

In ausführlichen Unterrichtsentwürfen der 1970er-Jahre bilden die Zielperspektiven ein Kernstück bei der schriftlichen Darstellung von Unterricht. Die Logik, dass etwas Bestimmtes gelernt wird, wenn die Ziele präzise formuliert und am Verhalten erkennbar sind, erscheint zunächst plausibel.

Dieser Ansatz erwies sich jedoch nicht als tragfähig. Ein Problem lag darin, dass in schriftlichen Darstellungen von Unterricht lange Listen an Zielangaben entstanden, bei denen versucht wurde, die Systematik der Hierarchie der Ziele durchgängig zu übernehmen. Weiterhin wurde versucht, Ziele in allen Dimensionen zu formulieren. Dieser Umstand führte gelegentlich dazu, dass im psychomotorischen Bereich Angaben gemacht wurden, die sich eigentlich erübrigten (etwas ausschneiden können). Zwei Argumente waren jedoch besonders problematisch: Zum einen lassen sich nicht alle Ziele operationalisieren. Greifen wir hierzu das obige Beispiel nochmals auf.

> **Beispiel:**
> **Zielangaben aus einem Unterricht zur Weinbergschnecke**
>
> *Erzieherische Intention:*
> Die Schülerinnen und Schüler erfahren die Weinbergschnecke als lebendiges Tier
> mit Fähigkeiten, Besonderheiten und Bedürfnissen. Dieses Wissen und diese Erfah-
> rung zielen darauf ab, dass die Schülerinnen und Schüler die Schnecke als Lebewe-
> sen wahrnehmen und wertschätzen. Der Unterricht leistet einen Beitrag, dass die
> Kinder Verantwortung für ein Lebewesen und Respekt vor dem Lebendigen entwi-
> ckeln bzw. vertiefen. Eine Perspektive, dass Tiere einen artgerechten Lebensraum
> benötigen, wird grundgelegt.

Wie sollten diese Zielperspektiven operationalisiert formuliert werden? Es lässt sich nicht beobachten, jedenfalls nicht im Kontext des Unterrichts, ob Schülerinnen und Schüler »Respekt vor dem Lebendigen entwickeln«.

Ein weiteres Problem liegt in der Curriculumtheorie und der Curriculumforschung. Woher sollten die Ziele genommen werden? Wie sind sie begründet? Hierzu wurde die Idee entwickelt, sie abzuleiten von künftiger Notwendigkeit im Leben der Schülerinnen und Schüler (Saul B. Robinsohn 1975). Sie sollten das lernen, was sie in ihrem Leben benötigen. Auch diese Idee wirkt zunächst überzeugend, aber die schulpädagogische Diskussion führte in diesen Jahren zunehmend zu der Erkenntnis, dass sich eine wissenschaftlich begründete Ableitung von Zielen aus einer antizipierten künftigen Lebenspraxis nicht realisieren ließ.

16.2.4 Die Bildungsgangdidaktik (Meinert Meyer)

Weiterführende Literatur

Meier, M. (1999): Bildungsgangdidaktik. Auf der Suche nach dem Kern der Allgemeinen Didaktik. In: Die Deutsche Schule. Zeitschrift für Erziehungswissenschaft, Bildungspolitik und Pädagogische Praxis. 91. Jg., 5. Beiheft, S. 123–140.

Der Blick, den die Bildungsgangdidaktik auf Lehren und Lernen wirft, fokussiert den Bildungsgang der Lernenden sowie der Lehrenden. Die Bildungsgangdidaktik nimmt in den Blick, dass Lehren und Lernen an Voraussetzungen gebunden sind, die im Fluss sind: Menschen entwickeln sich und stehen vor Entwicklungsaufgaben, die zu bewältigen sind. Diese Theorie stellt damit die Begriffe »Entwicklung«, »Lehren und Lernen« und »Bildung« ins Zentrum der Aufmerksamkeit. Folgende Entwicklungsaufgaben weisen Hericks und Spörlein (2001) für Jugendliche (12- bis 18-Jährige) aus:

- tragfähige Beziehungen zu Altersgenossen entwickeln
- die eigene Geschlechtsrolle finden
- den eigenen Körper akzeptieren
- sich allmählich emotional, wertemäßig oder ökonomisch von den Eltern lösen
- einen Partner/eine Partnerin finden und intime Beziehungen zu ihm/zu ihr vorbereiten und realisieren

- sich auf einen Beruf vorbereiten
- ein Wertesystem/eine Ethik als Richtschnur für das eigene Verhalten aufbauen
- Verantwortungsbereitschaft entwickeln
- einen tragfähigen Selbstbezug, ein Verständnis für die eigene Rolle und die eigenen Wirkmöglichkeiten entwickeln.

Dieses didaktische Modell wurde von Meinert Meyer in Anlehnung an den amerikanischen Soziologen und Erziehungswissenschaftler Robert J. Havighurst (1900–1991) entwickelt. Das Spannungsverhältnis zwischen gesellschaftlichen Ansprüchen und individueller Entwicklung, Bedürfnissen, Interessen und Zielperspektiven (vgl. Kap. 1) muss gelöst werden.

> »Die Heranwachsenden bereiten sich auf eine zukünftige Berufstätigkeit und auf andere gesellschaftliche Aufgaben vor. Sie bringen ihre eigene Lebensgeschichte, ihre Persönlichkeit, ihre sich entwickelnden Stärken und Schwächen in die unterrichtliche Lernsituation ein. Dabei ist ihnen mehr oder weniger klar bewusst, dass sie lernen, um den gesellschaftlichen Ansprüchen zu genügen. Das Entscheidende dabei ist, dass in der Lösung von Entwicklungsaufgaben individuelle Biographie und Gesellschaft zusammenkommen.«
>
> Aus: Meyer, M.A. (2010): Guter Unterricht aus der Perspektive der Bildungsgangdidaktik. In: Jürgens, E./ Standop, J. (Hrsg.): Was ist »guter« Unterricht? Bad Heilbrunn: Klinkhardt, S. 121 f.

Die Bildungsgangdidaktik enthält das Potenzial, eine Brücke zur Lehr-Lern- bzw. Unterrichtsforschung zu schlagen, denn sie ist darauf ausgerichtet, Bildungsgänge zu erforschen bzw. zu rekonstruieren.

> »Zielsetzung der Bildungsgangdidaktik als Handlungswissenschaft für praktizierende und zukünftige Lehrerinnen und Lehrer ist die Erforschung der Bildungsprozesse Heranwachsender aus der Perspektive des Lehrens und Lernens.«
>
> (Meyer 1999, S. 228)

Ein besonderes Augenmerk richtet Meinert Meyer auf bildungstheoretische Fragen im Kontext seines Ansatzes. Das Kernproblem des Generationenverhältnisses liegt in der Unabschätzbarkeit von Wichtigem und Notwendigem einerseits (»Was sollen Kinder heute erfahren, verstehen, wissen, um künftig gestalten und bewahren zu können?«) und in der Bürde und Last, den Verfehlungen und Egoismen der Erwachsenengeneration, die weitergereicht werden an die nachwachsende Generation. An dieser Stelle geht Meyer auf die ethische Seite didaktischer Theoriebildung ein, denn es geht immer auch um ein Generationenverhältnis. Er fordert eine »Ethik solidarischer Kommunikation mit Blick auf die Entwicklungsaufgaben«.

Weiterführende Literatur

Reich, K. ([3]2006): Konstruktivistische Didaktik. Lehr- und Studienbuch mit Methodenpool. Weinheim und Basel: Beltz.

16.2.5 Konstruktivistische Didaktik (Kersten Reich)

Der Fokus der konstruktivistischen Didaktik liegt in der subjektiven Aneignungslogik des Lernenden. Im Zentrum steht auch der Lernbegriff, jedoch als Vorgang, der vom Lernenden abhängt – denn das Lernen liegt radikal bei ihm. Lernen wird als eine Art Auf- und Umbauprozess begriffen: Es geht um Konstruktion, Dekonstruktion und Rekonstruktion. Gemeint ist damit, dass beim Lernen alte Vorstellungen gegebenenfalls dekonstruiert werden müssen (z. B.: Die Erde ist der Mittelpunkt des Sonnensystems.), und neue Vorstellungen werden konstruiert oder in Anlehnung an vorhandene Überlegungen rekonstruiert. Das Besondere dieses Ansatzes liegt in der Selbstverfügung des Lernenden über den Lernprozess. Dadurch wird die Idee relativiert, dass ein geplantes Lehr-Lern-Arrangement aufgenommen und umgesetzt wird. Der Lerner in seiner Autonomie tritt als bedeutsam für das Ergebnis hervor. In der Konsequenz muss es beim Unterrichten darum gehen, Lernprozesse zu ermöglichen. Rolf Arnold und Ingeborg Schüßler sprechen daher von einem »Ermöglichungsrahmen« bzw. von »Ermöglichungsdidaktik«.

Wissenschaftstheoretisch ist der Ansatz dem Konstruktivismus verpflichtet (vgl. Kap. 15). Damit kommt dem Lernenden die aktive Rolle zu. Die Lernkompetenzen, die Lernpotenziale liegen beim Lerner, und so fordert Reich (2006) die Mündigkeit des Lernenden. Lehrerinnen und Lehrer haben Unterricht so zu gestalten, dass die Eigentätigkeit und die Kommunikation mit Mitschüler/innen wie Lehrer/innen im Zentrum stehen. Insgesamt steigt die Verantwortlichkeit des Lernenden für seinen Lernprozess in diesem Ansatz enorm.

Kritisch und relativierend muss angemerkt werden, dass Schule und Unterricht zum Ziel haben, dass die nachwachsende Generation anknüpft an vorhandene Wissens- und Könnensbestände. Die Rekonstruktion ist nicht beliebig und zeitoffen. Damit zusammenhängend bieten Schule und Unterricht Strukturen bzw. Systematiken an und rücken Inhalte in den Fokus der Aufmerksamkeit der Schülerinnen und Schüler. Lernen wird initiiert, angestoßen und eingeordnet. Hier bietet die konstruktivistische Didaktik keine Anknüpfungspunkte. Allerdings muss auch berücksichtigt werden, dass es nicht »den« Konstruktivismus gibt, sondern sehr vielfältige Strömungen. Außerdem finden Brechungen beim Übergang von der Theorie zur Praxis der Unterrichtsplanung statt.

16.3 Zur aktuellen Situation der Allgemeinen Didaktik

Obwohl die allgemeine Didaktik Bestandteil von Denominationen ist, namensgebend für Institute, obwohl Einführungen und Vorlesungen zur allgemeinen Didaktik zum Standardangebot an Hochschulen und Universitäten zählt, die Lehrer/innen ausbilden, ist innerhalb der Erziehungswissenschaft

der Notstand ausgerufen. Hierbei geht es nicht nur um eine kritische Auseinandersetzung mit der einen oder anderen Theorie. Nein, es geht um eine Legi-
timationskrise; die Bedeutung allgemeindidaktischer Modelle ist zurück-
gegangen, und es gibt Stimmen, die ihren Zweck generell infrage stellen. Die
These vom Bedeutungsverlust allgemeindidaktischer Theoriebildung wird
vor allem durch drei Argumentationslinien genährt:

Zum einen wird die *Qualität der Theorieentwicklung* infrage gestellt. So
habe sich die Theorielage, wie Blömeke, Herzig und Tulodziecki konstatieren,
nur marginal verändert (ebenso Terhart 1999 und 2004). Es wird moniert,
dass gesellschaftliche Veränderungen zu wenig aufgenommen seien (Medien-
didaktik). Weiterhin sei die allgemeine Didaktik aus dem Spiel, weil die Entwicklungen anderer Disziplinen, insbesondere die Lehr-Lern-Forschung an
ihre Stelle, getreten sei; Didaktik wird durch Classroom-Management ersetzt,
und die Fachdidaktiken ersetzten die allgemeine Didaktik. Und schließlich
wird kritisiert, dass die allgemeine Didaktik zu abstrakt und zu praxisfern sei
– eine substanzloses, komplexes Theoriegebilde, was sich in der Metapher
vom »Stricken ohne Wolle« manifestiert. Diese Einschätzungen führten zu der
Forderung, den Stellenwert der allgemeinen Didaktik neu zu vermessen. Die
Diskussion innerhalb der Erziehungswissenschaft wurde insbesondere durch
die Beiträge von Ewald Terhart, Barbara Koch-Priewe, Hanna Kiper und Karin
Nölle angestoßen. Wolfgang Klafki nannte 1963 die allgemeine Didaktik »das
Herzstück der Pädagogik«. Welche Bedeutung spielt sie heute in der Lehrerbildung? Warum sollen Studierende durch dieses Buch angeregt werden, sich mit
allgemeiner Didaktik zu beschäftigen, wenn die Theorieentwicklung stagniert,
sie durch andere Disziplinen substituiert und ihre praktische Bedeutsamkeit
bezweifelt wird?

16.4   Zur Qualität und Notwendigkeit didaktischer Theorien

Welche Aufgaben kommen einer allgemeinen Didaktik heute zu, welche An-
forderungsstruktur resultiert daraus für die Theoriekonstruktion, und welche
Konsequenzen ergeben sich für das Lehramtsstudium?

Geht man davon aus, dass didaktische Modelle Komplexität reduzieren,
dann kann dies ja nicht beliebig sein. Es geht *nicht* um ein Instrument beliebi-
ger Komplexitätsreduktion. Hierfür muss es Maßstäbe geben: Modelle akzentuieren bedeutsame Merkmale, die sich mit dem Original (der Wirklichkeit
von »Lehr-Lern-Prozessen«) decken. Diese Entsprechung muss empirisch und
theoretisch rekonstruierbar sein. Didaktische Konzepte müssen an eine empirische Perspektive anbindungsfähig sein. Das gilt nicht nur für den Mikrobe-
reich, den die Lehr-Lern-Forschung in den Blick nimmt, sondern auch für
empirische Schulforschung und für Analysen gesellschaftlicher Entwicklungen.

Nun könnte man argumentieren, dass didaktische Theorien gleichsam alle Fragen der Erziehungswissenschaft bearbeiten: lerntheoretische Fragen, schultheoretische Fragen, gesellschaftstheoretische, wissenschaftstheoretische und bildungstheoretische Fragen. Sind solche »Supertheorien« denn überhaupt brauchbar, oder sollte man nicht besser auf sie verzichten, weil sie einen omnipotenten Anspruch formulieren und weil das große Maß an Abstraktion sich in Handlungssituationen nicht bewährt? Das Allgemeine an der allgemeinen Didaktik macht sie womöglich unbrauchbar. Was kann eine Theorie schon leisten, die über alles eine Aussage macht, die einen weiten Geltungsanspruch in unterschiedlichsten pädagogischen Handlungsfeldern anstrebt? Was bieten didaktische Theorien mehr – worin besteht der Überschuss im Vergleich zu Bildungstheorie, Schultheorie, Gesellschaftstheorie und Fachdidaktiken, Professionstheorie oder Lerntheorie? Was leisten sie? Warum didaktische Modelle konstruieren? Wonach bestimmt sich die Qualität didaktischer Modelle? Welchen Sinn macht es, sie zu konstruieren und zu lehren? Wir nehmen hier drei Argumentationsstränge in den Blick:

Erstens: Didaktische Theoriebildung hat die Funktion, strukturelle Zusammenhänge von Lehr-Lern-Prozessen herauszuarbeiten. Willmann (1923, S. IX) hat diese Funktion sehr klar bereits 1882 formuliert: »Didaktik soll angewandte Wissenschaft sein und Verzweigung in die Lehrpraxis haben, indem sie das Wissen ordnet.« Die allgemeine Didaktik liefert so etwas wie Kategorien, mit denen Handlungssituationen antizipiert und analysiert werden können. Wir begreifen damit die allgemeine Didaktik als *Reflexions- bzw. Strukturierungsinstrument*.

Zweitens: Didaktische Theoriebildung schafft eine Distanz zur gesellschaftlich verwirklichten Form von Schule und Unterricht. Diese Distanz beinhaltet zwei Aspekte: Didaktische Theorien ermöglichen, sich vorzustellen, dass alles ganz anders sein könnte und machen Schule und Unterricht als konstruiert – angesichts gesellschaftlicher Interessen – erfahrbar. Didaktische Theorien weisen weiterhin, wie Schüßler (2003) formuliert, eine legitimatorische Struktur auf. Was heißt das? Sobald Lehr-Lern-Prozesse pädagogisch und nicht ausschließlich soziologisch begründet werden, beinhalten sie eine normative Perspektive: Was soll weshalb gelernt werden bzw. wie ist das auf einen Menschen gerichtete Lehr-Lern-Geschehen zu legitimieren? Hier zeigt sich wiederum die Bedeutsamkeit einer Theorie, wie sie Wolfgang Klafki vorgelegt hat.

Drittens: Die Beschäftigung mit diesen strukturellen Zusammenhängen und ihrer Künstlichkeit leistet einen Beitrag zur Kompetenzerweiterung, sie hat Konsequenzen für die Berufspraxis. Deshalb wird von einer Planungs- bzw. Handlungstheorie im Zusammenhang mit didaktischen Theorien gesprochen. Für die Leistungsfähigkeit didaktischer Theorien sprechen folgende Argumente: Unterricht wird in der Professionsforschung mit Merkmalen beschrieben wie »mehrdimensional«, »simultan«, »unmittelbar«, »nicht voraussagbar«: eben komplex! Didaktische Theorien legen Strukturen über ein

Geschehen. Die Beschäftigung mit didaktischen Theorien könnte die Kompetenz stärken, mit Kontingenz umgehen zu lernen. Didaktische Theorien erzeugen eine überfachliche Reflexionsfähigkeit, wie Koch-Priewe (2007) betont, auch zu verstehen als Strukturierungsfähigkeit. Beschäftigt man sich mit didaktischer Theoriebildung, wird Distanz zum Gegebenen erzeugt, eine Art »theoretischer Raum«, der dazu führt, das Gegebene mit einem Fragezeichen zu versehen. Didaktische Theorien erzeugen diese Außensicht, sofern die gesellschaftlichen Bedingungen innerhalb der Theorie analysiert bzw. fokussiert werden. Nun ist die Theoriebildung selbst eingebettet in einen historisch-gesellschaftlichen Kontext. Die synoptische Beschäftigung mit allgemeiner Didaktik leitet dazu an, zu erkennen, dass der Fokus auch in einem bestimmten historisch-gesellschaftlichen Zusammenhang angelegt wird. Damit erscheinen die Entwicklungslinien als »erwachsen« aus einer historisch-gesellschaftlichen Situation.

Ich gehe davon aus, dass die Denkbewegung, über unterschiedliche didaktische Theoriebrillen Schule und Unterricht heute zu betrachten, zu einem distanzierten Blick führt. Der lässt erkennen: Schule ist eine Einrichtung, eine gemachte Einrichtung – wenn man so will: künstlich. Und damit geht einher: Man könnte auch alles ganz anders machen! Studierende, die sich synoptisch-vergleichend mit didaktischen Theorien beschäftigen, so die These, erkennen *Möglichkeitsräume*. Es könnte alles auch anders sein: Lehr-Lern-Situationen sind künstliche, gemachte, zweckgebundene Situationen, und so lassen sich beispielsweise die aktuellen Entwicklungen um Standardisierung und Qualitätssicherung als Entwicklungslinien begreifen, die auch wieder eine andere Richtung nehmen können und die vorübergehend in einer aktuell-gesellschaftlichen Situation als Fokus gewählt werden.

Hier liegt ein Zusammenhang mit der Schulentwicklung nahe, denn Veränderung braucht Fantasie, Utopie oder zumindest die Idee, dass etwas veränderbar ist und verändert werden sollte. Eine kritische Sicht auf Schule und Unterricht setzt dies voraus. Hier sehe ich auch das innovative Potenzial einer Beschäftigung mit didaktischen Theorien.

Schließlich ist es wichtig, die Theorien an die Praxis anzubinden. Experten bauen im Laufe der Zeit Handlungsskripts auf, sie identifizieren Situationen als typisch und ordnen diesen Situationen ein Handlungsrepertoire zu. Professionalisierung in der Berufspraxis heißt, diese Handlungsskripts im Laufe der Zeit zu verfeinern. Geht man davon aus, dass sich theoretisches und in Praxissituationen erworbenes Wissen ergänzen (Bohnsack 2000; Nölle 2002) dann können didaktische Theorien kognitive Muster bereitstellen, die sich als Strukturierungshilfe für Praxissituationen eignen. Das bedeutet, dass Sequenzen aus der Schulpraxis durch unterschiedliche didaktische Brillen analysiert werden. Es geht dann jedoch nicht um einen Wissenstransfer in dem Sinne, dass Anwendungswissen produziert wird, sondern darum, dass »professionelle Schemata« ausgebildet bzw. verfeinert werden (Tenorth 2006, S. 589).

Allgemeindidaktische Theoriebildung müsste in der Konsequenz fallrekonstruktiv und mit Praxisbezügen erarbeitet werden. Im folgenden Abschnitt betrachten wir einen Fall unter dem Fokus zweier eben vorgestellter Theorien.

16.5 Ein Fall unter der Perspektive didaktischer Theoriebildung

 Ein Fallbeispiel

Klasse 1; gesunde Ernährung
Die Lehrerin erklärt, dass Zucker ungesund sei. Mittels Würfelzucker, der in Gefäßen aufgetürmt ist, macht sie deutlich, wie viel Zucker in einem Glas Nutella, einer Flasche Ketchup und einem Brot enthalten ist. Sie fordert die Schülerinnen und Schüler auf, ihr Vesperbrot auszupacken und zu prüfen, ob sie ein gesundes Frühstück dabei hätten. Die Schülerinnen und Schüler werden zu verschiedenen Vermutungen angeregt.
Nach einer Pause spricht sie den Schüler Alan an:
L: »Alan, was hast du denn dabei?«
A: »Einen Amerikaner.«
L: »Aha. Und – ist der gesund?«
A: »Wahrscheinlich nicht. Schmeckt aber sehr gut.«
L: »Solltest du weniger essen.«
A: »Manchmal gibt mir meine Mama auch zwei mit.«
L: »Aha.«
Die Lehrerin wendet sich einem anderen Kind zu, um es nach dem Inhalt der Vesperdose zu fragen.

Betrachtet man die Situation unter *bildungstheoretischem Vorzeichen* und rückt die Frage nach dem Bildungsgehalt in den Blickpunkt, stellt sich die Frage, ob und wie die Lehrerin die Frage nach der gesunden Ernährung bildungstheoretisch wenden würde und ob sie eine Antwort wüsste auf die Frage, warum Kinder wissen sollen, dass Zucker ungesund ist, und wie sie ihr Verhalten danach ausrichten sollen. Die Sequenz zeigt auch, dass die Gegenwartsbedeutung des Kindes nicht durchdacht war, sonst hätte sie die Kinder ihre eigenen Vesperbrote nicht einstufen lassen.

Eine *konstruktivistische Perspektive* rückt die Frage in den Blickpunkt, wie sich das Lernersystem von Lehrersystem unterscheidet. Die kurze Sequenz ließe sich so lesen, dass die Lehrerin diesen Unterschied nicht erkennt. Alan scheint den Konstruktionen der Lehrerin nicht gefolgt zu sein, und es wäre zu überlegen, wie das methodisch-didaktisch gelingen könnte, sodass der Schüler seine Konstruktionen (»Süßes schmeckt sehr gut.«) verändert und eine Idee von Gesundheit und ihrer Bedeutung entwickelt (konstruiert).

Man kann das Geschehen auch unter *lehrtheoretischem Blickwinkel* betrachten und die Interdependenzen bedenken und fragen, ob der Unterricht Passungen aufweist oder an manchen Stellen brüchig ist. Beispielsweise wird im Unterricht nicht deutlich, was »ungesund« bedeutet. Es bleibt ein wertendes Etikett, das aber zunächst nicht spür- bzw. erfahrbar ist. Anders der süße Geschmack.

Unter *bildungsgangdidaktischer Perspektive* müsste ein Bild entwickelt werden, wie sich die Vorstellungen von Gesundheit und einer gesunden Lebensweise im Laufe der Lebensjahre entwickeln sollten und welche Anregungen und Informationen von der Erwachsenenwelt ausgehen müssten.

Aus *lernzielorientierter Perspektive* wäre die Lehrperson aufgefordert, ihre Zielperspektiven klar zu formulieren. Was sollen die Kinder wissen, können, erfahren haben? Hätte sie sich das klargemacht, wäre sie vermutlich nicht auf die Idee gekommen, das Vesper beurteilen zu lassen, denn das Ziel, dass Kinder sagen: »Meine Mama, mein Papa hat mir ein ungesundes Vesper mitgegeben!«, wäre auch fragwürdig und zeigt, dass an anderer Stelle angesetzt werden müsste.

16.6 Zum Nach- und Weiterdenken

1. → *Download:* Kersten Reich (2004): Wahrheits- und Begründungsprobleme konstruktivistischer Didaktik. In: SEMINAR Lehrerbildung und Schule, H. 1, S. 35–50. Leitfragen: Was ist »wahr«? Welche Antworten bietet dieser Ansatz? Wie wird »Lernen« beschrieben und gesehen? Worin liegt das Neue dieses Lernbegriffs? Wie schätzen Sie diesen Ansatz ein?

2. Arbeitsblatt/Tabelle (→ *Download*)

3. Ein Student bereitet seinen Unterricht zum Thema »Die Bundesländer« (Klasse 5) vor. Nehmen Sie die Fragen der didaktischen Analyse auf und beantworten Sie sie im Hinblick auf das Thema.

Vertiefung

Mehr zum Thema finden Sie im Download-Bereich.

17 Schatten- und Sonnenseiten von Schule und Unterricht: Gelungene Entwicklungslinien, unerwünschte Wirkungen, bleibende Herausforderungen

17.1 Schulkritik heute

Die Leistungsvergleichsuntersuchungen im ersten Jahrzehnt des 21. Jahrhunderts führten zu einer Schulkritik, die die Leistungen der Schülerinnen und Schüler ins Zentrum rückte. Begriffe wie »Kindgerechtheit« und »Schülerorientiertheit« sind Begriffen wie »Standards«, »Unterrichtsqualität«, »Kompetenzen« gewichen. Das Paradigma der Schülerorientierung ist durch Outputorientierung ersetzt. Die Währung für Schulqualität ist die messbare Schülerleistung. Wohlbefinden, Belastung, Freude am Lernen sind Aspekte schulischen Lernens, die nunmehr im Hinblick auf die Leistungssteigerung von Interesse sind. Die Bewertung von Schule und Unterricht geschieht unter dem Vorzeichen der Schulleistung; der Begriff »Schulkritik« wird kaum verwendet; möglicherweise weil damit ein historischer Bezug zum vergangenen Jahrhundert hergestellt ist, das Ellen Key (1902/1992) als »Jahrhundert des Kindes« proklamierte. Bis in die 1970er-Jahre bildete Schulkritik ein zentrales Element der Schulpädagogik. Heute fehlt interessanterweise das Stichwort »Schulkritik« in aktuellen pädagogischen Wörterbüchern (z. B. Schaub/Zenke 2007), und auch unter dem Stichwort »Schulpädagogik« wird nicht aufgeführt, dass dieser die Aufgabe zukommt, Missstände des Schulsystems aufzudecken. Hier wird die Parallele zu wissenschaftstheoretischen Positionen deutlich (vgl. Kap. 15.4), und es stellt sich die Frage, ob Evaluationen, die von Lehrer/innen, der Schule oder der Schulverwaltung angestoßen werden, hinreichend sind, um Mängel aufzudecken. Unterdrückung, sexueller Missbrauch, Gewalt an Schulen brauchen engagierte Intervention von allen Beteiligten: Lehrer/innen, Schulverwaltung, Politik, Eltern und auch der wissenschaftlichen Bezugsdisziplin für Lehrer/innen: der Schulpädagogik.

Verständlich ist, dass die Schulpädagogik sich vor allem darauf konzentriert, gute und gelungene Konzepte und Ansätze in Schule und Unterricht vorzustellen. Die Schattenseiten werden nur randständig thematisiert; selten werden Bücher mit Titeln wie »Der schlechte Lehrer« (Prange/Schwarz 1997) publiziert, und die Diskussion um die Abschaffung der Schule bzw. der Schulpflicht ist abgeebbt. Es liegt auf der Hand, dass es im Studium und in der Ausbildung künftiger Lehrer/innen darum gehen muss, Qualität zu generieren, und zwar möglichst über die Vermittlung von Schul- und Unterrichtsqualitätsmerkmalen. Die Schattenseiten werden zumeist als »Unterrichtsstörung« thematisiert, an den Stellen, an denen Unterricht nicht mehr »läuft«, unterbrochen oder verhindert wird. Hierbei geraten die fehlende Qualität der Institution sowie unprofessionelles Handeln aus dem Blick. Auch um die Schattenseiten der Institution Schule müssen sich die Bildungspolitik sowie die Schulpädagogik kümmern, wenn mit der Idee Ernst gemacht wird, das Kind bzw. den Jugendlichen im Blick zu haben. Weder Diagnostik noch Evaluation sind hinreichend, wenn es um die andere Seite der Reproduktionsfunktion von Schule und Unterricht geht: die Person des Kindes bzw. des Jugendlichen und seine Entwicklung und Entfaltung jenseits gesellschaftlicher Interessen. Hierbei richtet sich die Kritik

- auf die Institution Schule. Gefordert wird die Abschaffung der Schulpflicht.
- auf das Schulsystem bzw. seine äußeren Differenzierungsformen.
- auf die in den Bildungs- bzw. Lehrplänen vorgesehenen Intentionen von Schule und Unterricht.
- auf die Professionalität von Lehrerinnen und Lehrer.

Die Kritik richtet sich auf Formen von Schule und Unterricht, die zu wenig von dem hervorbringen, was erbracht werden soll (Wissen, Können, Fähigkeiten, Einstellungen, Haltungen), und die zu viel hervorbringen, was nicht beabsichtigt ist (Gewalt, Schulvermeidung, Schulangst, Schulversagen, Ablehnung, fehlende Anerkennung, Respektlosigkeit).

17.2 Schattenseiten von Schule und Unterricht

- Eine Schule für die Gesellschaft oder für das Kind?

Die Reproduktionsfunktion von Schule (vgl. Kap. 2) und die Bedürfnisse des Kindes bzw. Jugendlichen (z. B. nach Anerkennung, nach Bewegung, nach Entwicklung, nach Gemeinschaft und Solidarität, nach Erfüllung im Hier und Jetzt) stehen in einem Spannungsverhältnis, das sich nicht auflösen lässt. Die Herausforderung besteht darin, beide Seiten zu ihrem Recht kommen zu lassen.

Besonders in den 1970er-Jahren wiesen Schulkritiker wie Paolo Freire (1921–1997), Ivan Illich (1926–2002; Entschulung/*deschooling*), Heinrich Dauber und James Herndon, sowie Neil Postman auf die beschriebene Spannung eindringlich hin. James Herndon berichtet von seinen Erfahrungen als Lehrer.

Vertiefung

Mehr zum Thema finden
Sie im Download-Bereich.

Textarbeit (→ Download)

Lesen Sie den Text von James Herndon. Worin wird das Spannungsverhältnis zwischen gesellschaftlichen Ansprüchen und kindlichen Bedürfnissen deutlich?

Der Bundesverband »Aktion Humane Schule« greift dieses Spannungsverhältnis ebenfalls auf, indem er auf seiner Internet-Startseite als Kernsatz formuliert: »Kinder sind zuerst Kinder – und erst in zweiter Linie Schüler!« (www.aktion-humane-schule.de).

Das Schülersein gelingt einem großen Teil der Kinder und Jugendlichen nicht. Schuleschwänzen und Schulvermeidung bilden in Deutschland nicht die Ausnahme, sondern setzen bereits in der Primarstufe ein. Faktor für schulvermeidendes Verhalten sind Schulangst als Angst, den Leistungsanforderungen nicht zu genügen, aber auch die Angst vor den Mitschülerinnen und Mitschülern.

● Ungewollte Nebenwirkungen

Schülerinnen und Schüler lernen in der Schule Dinge, die nicht intendiert sind: Sie lernen, abzuschreiben, sie lernen, die Freude am Lernen zu verlieren, sie lernen im Wechsel von Aneignung und Vergessen; sie lernen, dass Noten wichtiger sind als die Sache; sie lernen, zu konkurrieren; sie lernen, dass Erwachsene ungerecht sind; sie lernen, Menschen auszuhalten, die sie nicht mögen. Diese Lernprozesse bilden ein Curriculum, das unbeabsichtigt und für Kinder und Jugendliche unzuträglich ist (vgl. Kap. 2).

Daneben beinhaltet die Institution Schule strukturelle Widersprüche. Mitbestimmung und Selbstbestimmung stellen Bildungsziele dar. Zugleich ist die Schule eine Pflicht für jedes Kind und jeden Jugendlichen (»strukturelle Gewalt«). Sie soll für das Leben öffnen, ist aber zugleich abgeschottet von der Alltagswelt. Sie soll Individualität stärken und den Einzelnen fördern, bietet aber Unterricht und Bewertungsmaßstäbe, die für alle gleich sind.

● Im Beruf richtig sein

Es gibt schlechte Ärzte, Anwälte, Pfarrer, Therapeuten, und es gibt schlechte Lehrerinnen und Lehrer. Von ihnen berichten zumeist Eltern, die das Leiden ihrer Kinder miterleben: die Lehrperson, die versehentlich einen Horrorfilm zeigt, die Lehrperson, die mit Papierkugeln ihre Grundschüler/innen bewirft, die Lehrperson, die Kinder, die im Sportunterricht keine erwarteten Leistungen erbringen, unter die Dusche oder Kinder mit dem Gesicht zur Wand in die Ecke stellt. All diese Verhaltensweisen belegen zum einen den Mangel einer förderorientierten Grundhaltung: Jedes Kind gilt es, möglichst gut und angemessen zu fördern. Sie sprechen aber auch von einer Interaktion, die problematisch ist, weil sie Kinder und Jugendliche schädigen kann. Katharina Rutschky (2001) hat 1977 hierfür den Begriff »schwarze Pädagogik« geprägt.

Auch Lehrer/innen, die fachlich nicht kompetent sind oder die von Kindern als ungerecht oder humorlos erlebt werden, mindern die Möglichkeit, dass in Schule und Unterricht über die und an der Sache gelernt wird. Die empirische Bildungsforschung hat zur Frage der Kompetenzen und Persönlichkeitseigenschaften von Lehrer/innen wichtige Beiträge geleistet, sodass Personen, die sich für ein Lehramtsstudium entscheiden, prüfen sollten, ob sie geeignete Voraussetzungen mitbringen.

Vertiefung

Mehr zum Thema finden Sie im Download-Bereich.

Bin ich im Lehrerberuf richtig?

→ Download: Prüfen Sie anhand eines Fragebogens, ob Sie die Voraussetzungen für den Beruf des Lehrers mitbringen.

Weiterführende Literatur

Schaarschmidt, U. (2001): Bewältigungsmuster im Beruf. Persönlichkeitsunterschiede in der Auseinandersetzung mit der Arbeitsbelastung. Göttingen: Vandenhoeck und Rupprecht.

Nach wie vor zählt der Lehrerberuf zu den Berufen mit einem hohen Belastungspotenzial (Schaarschmidt 2001). Lehrer/innen müssen sehr viele Entscheidungen in kurzen Zeitfenstern treffen, haben es synchron mit Planung und Unvorhersehbarkeit zu tun, müssen mit vielen unterschiedlichen Menschen gleichzeitig interagieren, sie arbeiten oftmals als Einzelkämpfer, ohne Bestätigung und ohne die Möglichkeit, ihre eigenen Wahrnehmungen und Schwierigkeiten zu problematisieren (z. B. über Supervision; Denner 2000). Die personellen (Deputat; Klassenteiler) und institutionellen (Ausstattung; Gebäude) Voraussetzungen sind unzureichend.

17.3   Gelungene Entwicklunglinien

Die Herausbildung von Schulen stellt weltweit eine Erfolgsgeschichte dar. Schule und Unterricht ermöglichen Kindern und Jugendlichen generell soziale Aufstiegsmöglichkeiten, unabhängig von der Bildungsnähe und dem Berufsstand der Elterngeneration. Dass die Hürde zur Qualifizierung für Kinder aus bildungsfernen Elternhäusern höher ist als für Kinder aus bildungsnahen Familien, ist seit Jahrzehnten ein kontinuierlicher Befund. Dennoch kann festgehalten werden, dass die Schule die Chance bietet, dass Kinder und Jugendliche ihre Potenziale gestalten und entfalten können.

Die Entwicklungen im vergangenen Jahrzehnt zeigen, dass gute Schulen sich entwickeln lassen und dass Lehrer/innen lernen, die Entwicklungsaufgabe anzunehmen und den Blick für ihre Schule als Ganzes zu schärfen. Die Schülerschaft wird in ihrer Vielfalt wahrgenommen und Formen der inneren Differenzierung nehmen zu.

17.4   Herausforderungen, die bleiben

● Allen Kindern gerecht werden

Nachdem in den 1980er-Jahren die Benachteiligung von Mädchen aufgezeigt wurde, zeichnet sich momentan deutlich ab, dass Jungen in der Schule im Vergleich zu den Mädchen weniger erfolgreich abschneiden. Deshalb stellt sich nach wie vor und immer wieder die Herausforderung, wahrzunehmen, dass Kinder keine »neutralen« Schülerinnen und Schüler sind, sondern Jungen und Mädchen. Die Kategorie »Geschlecht«, ihre Bedeutung für Schule und Unterricht, muss jeweils so thematisiert werden, dass alle Kinder zu ihrem Recht kommen können.

Wie die Schule generell mit Unterschiedlichkeit umgeht (Geschlecht, Nationalität, Sprache, Bildungsnähe, Behinderung) ist eine der zentralen aktuellen Herausforderungen: Stärkt gemeinsames Lernen und in welcher Form oder stärkt Differenzierung und in welcher Form?

● Didaktisch-methodische Herausforderungen

Die Schule ist eine künstliche Einrichtung. Lernen geschieht in der Regel nicht in Situationen, die Lernen provozieren und erforderlich machen, sondern fernab von Alltags- und Berufswelt. Lernen geschieht auf Vorrat (»Das brauchst du für später!«) oder jenseits von Ernstsituationen. Der Vorteil eines »simuliert-animierten« Arrangements besteht darin, dass ein pädagogischer Schonraum entsteht: Fehler dürfen gemacht werden und zeitigen keine Konsequenzen von großer Tragweite. Die Simulationssituation birgt den Nachteil, dass der Moment der Echtheit nur als Lernsituation besteht, jedoch nicht hinsichtlich der Lerninhalte. Diese Tatsache wurde immer wieder als »Sekundärerfahrung« oder als »Erfahrung aus zweiter Hand« kritisiert. Sie wird verstärkt durch die Bedeutung von Medien in Kindheit und Jugend heute, da primäre Erfahrungsräume immer seltener im Leben von Kindern und Jugendlichen vorkommen. Phänomene, dass Kinder nicht wissen, wie eine Kuh aussieht, oder nicht rückwärts laufen können, markieren diese Entwicklung. Es kommt hinzu, dass die Schule immer schon in der Gefahr stand, Wissensbestände zu vermitteln, die weder situativ noch emotional angebunden sind. Diese Verengung auf das kognitive Lernen ist plakativ im Bild des »Nürnberger Trichters« verdichtet.

Hier steht die Schule vor der Herausforderung, methodisch-didaktische Konzepte zu entwickeln, die das Leben in die Schule holen, die Echtsituationen schaffen. Hierzu zählen ganz besonders der Projektunterricht sowie die Kooperation mit außerschulischen Partnern (z. B. Theaterregisseuren, Dichtern, Medizinern).

● Wandel von Kindheit und Jugend – Schule muss diesen Wandel aufgreifen
Der Wandel der Kindheit und Jugend (Göppel 2007) lässt sich fassen als ein Wandel in der Eltern-Kind-Beziehung. Kinder werden als sinnstiftend erlebt und die Beziehung ist partnerschaftlicher geworden. Der Wandel betrifft die Nutzung von Medien; gelegentlich ist von »Medienkindheit« die Rede. Damit einher geht der Wandel der Freizeitgestaltung und die terminlichen Bindungen von Kindern und Jugendlichen heute. Weiterhin leben heute vermehrt Kinder in Armut – insbesondere Kinder von Alleinerziehenden. Kinder erleben die Instabilität von Familienbeziehungen und sind mit familiären und räumlichen Veränderungen konfrontiert.

● Die Schule – ein Raum zum Leben
Kinder und Jugendliche verbringen Tausende Stunden Lebenszeit in der Schule. Deshalb besteht eine Herausforderung darin, diesen Lernraum so zu gestalten, dass Kinder und Jugendliche sich wohlfühlen, Erfolgserlebnisse haben, in und mit ihrer Schule zufrieden sind. Diese Forderung ist längst nicht eingelöst. Alle empirischen Untersuchungen zeigen, dass die Freude an der Schule und die Zufriedenheit mit der Schule im Laufe der Schuljahre abnehmen. Die genannten Entwicklungslinien haben allesamt Sonnen- und Schattenseiten. Medienkompetenz steht die Abhängigkeit von Medien gegenüber; dem partnerschaftlichen Eltern-Kind-Verhältnis steht die Orientierungslosigkeit gegenüber, brüchige Familienkonstellationen bergen die Chance für Neuanfänge, die Lebensferne von Schule und Unterricht bietet einen Schonraum. Schule und Unterricht muss den Wandel aufgreifen, die Sonnen- wie auch die Schattenseiten diagnostizieren. Schule und Unterricht sind immer auf dem Weg und finden vorübergehende Lösungen angesichts aktueller Herausforderungen. Die tragenden Lösungen von gestern beizubehalten, die brüchigen abzulegen und konzeptionell neue Wege zu beschreiten bleibt eine Aufgabe von Lehrerinnen und Lehrern, von Schule und Unterricht. Die Schulpädagogik trägt durch empirische Forschung und Theoriebildung dazu bei, für diese Aufgaben zu professionalisieren.

17.5 Zum Nach- und Weiterdenken …

1. Seneca kritisiert einen Zustand, wenn er formuliert:
»Non vitae, sed scholae discimus« – »Nicht für das Leben, sondern für die Schule lernen wir!«
– Trifft diese Aussage aus Ihrer Sicht auf die heutige Schule zu? Begründen Sie.
– Wie müssten sich Schule und Unterricht ändern?
2. (→ Download) Dieses Bild zeigt eine Schule, die vor großen Herausforderungen steht. Welche Kritik wird geübt? Welche Entwicklungslinien erscheinen Ihnen wichtig, damit Schule und Unterricht gesellschaftliche Ansprüche einlösen und Kindern und Jugendlichen gerecht werden können?

 Vertiefung

Mehr zum Thema finden Sie im Download-Bereich.

Literatur

Altrichter, H. (2000): Handlung und Reflexion bei Donald Schön. In: Neuweg, G.H. (Hrsg.): Wissen, Können, Reflexion. Innsbruck: Studien, S. 201–222.

Altrichter, H./Brüsemeister, T./Wissinger, J. (2007): Educational Governance. Handlungskoordination und Steuerung im Bildungssystem. Wiesbaden: VS Verlag für Sozialwissenschaften.

Altrichter, H./Posch, P. (2007): Lehrer erforschen ihren Unterricht. Eine Einführung in die Methode der Aktionsforschung. Bad Heilbrunn: Klinkhardt.

Andresen, S./Hurrelmann, K. (2010): Kindheit. Weinheim und Basel: Beltz.

Apel, H. (2005): Allgemeine Didaktik im Wandel? In: Stadtfeld, P. (Hrsg.): Allgemeine Didaktik im Wandel. Bad Heilbrunn: Klinkhardt, S. 38-52.

Baacke, D. (⁶1999): Die 6–12jährigen. Einführung in die Probleme des Kindesalters. Weinheim und Basel: Beltz.

Baacke, D. (¹⁰2009): Die 13-18-Jährigen. Einführung in die Probleme des Jugendalters. Überarbeitung: Ralf Vollbrecht. Weinheim und Basel: Beltz.

Baacke, D. (1980): Der sozialökologische Ansatz zur Beschreibung und Erklärung des Verhaltens Jugendlicher. In: Deutsche Jugend, H.11, S. 493–505.

Bandura, A. (1976): Lernen am Modell. Stuttgart: Klett.

Bastian, J. (2006): Unterrichtsentwicklung. Fernstudium Schulmanagement. Studienbrief SEM 1010. Technische Universität Kaiserslautern. Zentrum für Fernstudien und Universitäre Weiterbildung.

Baumert, J./Klieme, E./Neubrand, M./Prenzel, M./Schiefele, U./Schneider, W./Stanat, P./Tillmann, K.-J./Weiß, M. (Hrsg.) (2001): PISA 2000. Basiskompetenzen von Schülerinnen und Schülern im internationalen Vergleich. Opladen: Leske + Budrich.

Baumert, J./Stanat, P./Watermann, R. (2006): Herkunftsbedingte Disparitäten im Bildungswesen. Differenzielle Bildungsprozesse und Probleme der Verteilungsgerechtigkeit: Vertiefende Analysen im Rahmen von PISA 2000, Wiesbaden, VS Verlag.

Beck, U. (1986): Risikogesellschaft. Auf dem Weg in eine andere Moderne. Frankfurt am Main: Suhrkamp.

Beller, S. (2004): Empirisch forschen lernen. Bern/Göttingen/Toronto/Seattle: Hans Huber.

Bennett, B./Rolheiser, C./Stevahn, L. (1991): Cooperative Learning. Where Heart Meets Mind. Educational Connections. Toronto, Ontario.

Bennett, B./Smilanich, P. (1994): Classroom management: a thinking and varing approach. Toronto, Ontario: Bookation; Edmonton, Perceptions.

Beutel, S.-I. (³2009): Leistung ermitteln und bewerten. Hamburg: Bergmann & Helbig.

Bildungskommission NRW (1995): Zukunft der Bildung – Schule der Zukunft. Denkschrift der Kommission »Zukunft der Bildung – Schule der Zukunft« beim Ministerpräsidenten des Landes Nordrhein-Westfalen. Neuewied/Kriftel/Berlin: Luchterhand.

Böhm-Kaper, O./Schuchart, C./Weishaupt, H. (2009): Quantitative Methoden in der Erziehungswissenschaft. Darmstadt: Wissenschaftliche Buchgesellschaft.

Böttcher, W./Terhart, E. (Hrsg.) (²1994): Organisationstheorie in pädagogischen Feldern. Wiesbaden: VS Verlag.

Black, P./Dylan, W. (1998): Inside the Black Box: Raising Standards Through Classroom Assessment. London: School of Education, Kings College.

Boekaerts, M. (1999): Self-regulated learning: Where we are today. International Journal of Educational Research. 31. Jg., H. 6, S. 445–475.

Boekaerts, M. (2009): Goal Directed Behavior in the Classroom. In: K. Wentzel/A. Wigfield (Eds.): Handbook of Motivation at School. New York and London: Routledge, S. 105–122.

Bohl, T. (⁴2010): Prüfen und Bewerten im offenen Unterricht. Weinheim und Basel: Beltz.

Bohl, T. (2000): Unterrichtsmethoden in der Realschule. Eine empirische Untersuchung zum Gebrauch ausgewählter Unterrichtsmethoden an staatlichen Realschulen in Baden-Württemberg. Ein Beitrag zur deskriptiven Unterrichtsforschung. Bad Heilbrunn: Klinkhardt.

Bohnenkamp, H. /Dirks, W./Knab, D. (1966): »Zu der Entschließung der Ministerpräsidenten vom 5. und 6.II.1954«. Empfehlungen und Gutachten des Deutschen Ausschusses für das Erziehungs- und Bildungswesen 1953–1965. Stuttgart, S. 52.

Bohnsack, F. (2000): Probleme und Kritik der universitären Lehrerausbildung. In: Bayer, M./Bohnsack, F./Koch-Priewe, B./Wildt, J. (Hrsg.): Lehrerin und Lehrer werden ohne Kompetenz? Professionalisierung durch eine andere Lehrerbildung. Bad Heilbrunn: Klinkhardt, S. 52–123.

Bollnow, O.-F. (⁶1984): Existenzphilosophie und Pädagogik. Stuttgart: Kohlhammer. (1. Auflage: 1959), S. 63 f.

Borz, J./Döring, N. (³2005): Forschungsmethoden und Evaluation für Sozialwissenschafter. Heidelberg: Springer.

Bourdieu, P. (1997): Ökonomisches Kapital – Kulturelles Kapital – Soziales Kapital. In: Baumert, F. (Hrsg.): Theorien der Sozialisation. Bad Heilbrunn: Klinkhardt, S. 217–231.

Brezinka, W. (1971): Von der Pädagogik zur Erziehungswissenschaft – Eine Einführung in die Metatheorie der Erziehung. Weinheim und Basel: Beltz.

Bronfenbrenner, U. (1981): Die Ökologie der menschlichen Entwicklung. Natürliche und geplante Experimente. Stuttgart: Klett-Cotta (Originalausgabe 1979).

Brüll, M./Preckel, F. (2008): Intelligenztests. Stuttgart: UTB.

Brüsemeister, T. (2000): Qualitative Forschung. Ein Überblick. Wiesbaden: Westdeutscher Verlag.

Buchmann, F. (2009): Schulentwicklung verstehen. Die soziale Konstruktion des Wandels. Münster: Waxmann.

Bundschuh, K. (⁶2010): Einführung in die sonderpädagogische Diagnostik. Stuttgart: UTB.

Carle, U. (2000): Was bewegt die Schule? Schneider: Hohengehren.

Carle, U. (2004): Zur Bedeutung von Bildungsübergängen für die kindliche Persönlichkeitsentwicklung – transdisziplinäre Überlegungen. In: Denner, Liselotte/Schumacher, Eva: Übergänge im Elementar- und Primarbereich reflektieren und gestalten. Bad Heilbrunn: Klinkhardt, S. 30–51.

Casale, R./Röhner, C./Schaarschuch, A./Sünker, H. (2010): Entkoppelung von Lehrerbildung und Erziehungswissenschaft: Von der Erziehungswissenschaft zur Bildungswissenschaft. In: Erziehungswissenschaft. Mitteilungen der DGfE, 21, H. 41, S. 43–66.

Czerwenka, K. (2005): Lehrerprofessionalität zwischen Theorie und Praxis. In: Büttner, G. /Sauter, F. /Schneider, W. (Hrsg.): Empirische Schul- und Unterrichtsforschung. Lengerich: Pabst, S. 17–32.

Collins, A., Brown, J., und Newman, S. (1989): Cognitive apprenticeship: Teaching the crafts of reading, writing, and mathematics. In: Lauren B. Resnick (Hrsg.) Knowing, learning, and instruction. Hillsdale, NJ: Erlbaum Associates.

Czerwenka, K./ Nölle, K. (2001): Was wird im Lehrerstudium gelernt und was lässt sich davon in die zweite Phase übertragen? In: Probleme der Lehrerbildung. Bad Heilbrunn: Klinkhardt, S.113–130.

Deci, E./Ryan, R. (1993): Die Selbstbestimmungstheorie der Motivation und ihre Bedeutung für die Pädagogik. Zeitschrift für Pädagogik, 39, S. 223–238.

Denner, L. (2000): Gruppenberatung für Lehrerinnen und Lehrer. Eine empirische Untersuchung zur Wirkung schulinterner Supervision und Fallbesprechung. Bad Heilbrunn: Klinkhardt.

Dewey, J. (1997): Experience and Education (Originalausgabe 1938). New York: Touchstone.

Diederich, J./Tenorth, H.-E. (1997): Theorie der Schule. Ein Studienbuch zu Geschichte, Funktion und Gestaltung. Berlin: Cornelsen Scriptor.

Diesterweg, F.A.W. (1962): Wegweiser zur Bildung für deutsche Lehrer und andere Didaktische Schriften. Berlin: Volk und Wissen.

Dietrich, T. (^{2}1965): Unterrichtsbeispiele von Herbart bis zur Gegenwart. Bad Heilbrunn: Klinkhardt.

Dolch, J. (1959): Der Lehrplan des Abendlandes. Ratingen: Henn.

Dörner, D. (^{2}1990): Die Logik des Misslingens. Strategisches Denken in komplexen Situationen. Reinbek bei Hamburg: Rowohlt.

DuFour, R./Eaker, R. (1998): Professional Learning Communities at Work. Alexandria, Virginia, Association for Supervision and Curriculum Development.

Duncker, L./Lieber, G./Neuss, N./Uhlig, B. (2010): Bildung in der Kindheit. Seelze: Kallmeyer in Verbindung mit Klett.

Esslinger-Hinz, I. (2010): Schlüsselkonzepte von Grundschulen. Bad Heilbrunn: Klinkhardt.

Evertson, S.M.: Classroom Management for Elementary Teachers.

Fauser, P. (2009): Was zeichnet gute Schule aus? Einsichten aus dem Deutschen Schulpreis. In: Lernende Schule. 12. Jg., H. 46/47, S. 22–26.

Fend, H. (1980): Theorie der Schule. München/Wien/Baltimore: Urban & Schwarzenberg.

Fend, H. (1986): »Gute Schulen – schlechte Schulen« – Die einzelne Schule als pädagogische Handlungseinheit. In: Die Deutsche Schule. 78. Jg., H. 3, S. 275–293.

Flick, U. (2004): Triangulation. Eine Einführung. Wiesbaden: VS Verlag für Sozialwissenschaften.

Flick, U./Kardorff, E. von/Keupp, H./Rosenstiel, L. von/Wolff, S. (^{2}1995): Handbuch Qualitative Sozialforschung. Grundlagen, Konzepte, Methoden und Anwendungen. Weinheim und Basel: Beltz.

Flitner, W. (1973/2005): Welche Bildungsinhalte soll die Schule vermitteln? In: Volksschule und Elementarbildung. Unter Mitwirkung von Knab, D./Grün, U. (Hrsg.). Paderborn: Schöningh, S. 479–493.

Friebertshäuser, B./Prengel, A. (Hrsg.) (1997): Handbuch Qualitative Forschungsmethoden in der Erziehungswissenschaft. Weinheim und München: Juventa.

Froschauer, U./Lueger, M. (2003): Das qualitative Interview. Zur Praxis interpretativer Analyse sozialer Systeme. Wien: Facultas.

Fullan, M. (1993): Change Forces. London: The Falmer Press.

Garlichs, A. (2008): Lehrjahre der Curriculumrevision. In: Glaser, E./Maurer, S./Schönig, W. (Hrsg.): Immer einen Schritt voraus! Doris Knab als Reformerin. Anliegen, Aufgaben, Wirkungsgeschichte. S. 45–53.

Gatto, J. T. (2005): Dumbing Us Down: The Hidden Curriculum of Compulsory Schooling. Gabriola Island: New Society Publishers.

Gibbs, G. (1988): Learning by Doing: A guide to teaching and learning methods. Oxford: Further Education Unit, Oxford Brookes University.

Gläser-Zikuda, M./Hascher, T. (Hrsg.), (2007): Lernprozesse dokumentieren, reflektieren und beurteilen. Lerntagebuch und Portfolio in Bildungsforschung und Bildungspraxis. Bad Heilbrunn: Klinkhardt.

Gomolla, M. (2003): Schulentwicklung in der Einwanderungsgesellschaft, Strategien gehen institutionelle Diskriminierung in Deutschland, England und der Schweiz. Münster: Waxmann.

Göppel, R. (2007): Aufwachsen heute. Veränderungen der Kindheit – Probleme des Jugendalters. Stuttgart: Kohlhammer.

Gruschka, A./Herrmann, U./Radtke, F.-O./Rauin, U./Ruhloff, J./ Rumpf, H./Winkler, M. (2005): Das Bildungswesen ist kein Wirtschafts-Betrieb! Fünf Einsprüche gegen die technokratische Umsteuerung des Bildungswesens. In: PÄD-Forum: Unterrichten erziehen, 33. Jg., H. 6, S. 361–362.

Gudjons, H./Winkel, R. (^{12}2006) (Hrsg.): Didaktische Theorien. Hamburg: Bergmann+Helbig.

Haan, G. de/Rülcker, T. (Hrsg.) (2002): Hermeneutik und Geisteswissenschaftliche Pädagogik. Ein Studienbuch. Frankfurt am Main: Peter Lang.

Häcker, T. (^{2}2007): Portfolio: ein Entwicklungsinstrument für selbstbestimmtes Lernen. Eine explorative Studie zur Arbeit mit Portfolios in der Sekundarstufe 1. Baltmannsweiler: Schneider Verlag Hohengehren.

Hascher, Tina (2005): Emotionen im Schulalltag. Wirkungen und Regulationsformen. In: Zeitschrift für Pädagogik, 51. Jg., H. 5, S. 610–625.

Heinze, T. (2001): Qualitative Sozialforschung. Einführung, Methodologie und Forschungspraxis. München: Oldenbourg.

Heinzel, F./Panagiotopoulou, A. (2010): Qualitative Bildungsforschung im Elementar- und Primarbereich. Baltmannsweiler: Schneider Hohengehren.

Helfferich, C. (2005): Die Qualität qualitativer Daten. Manual für die Durchführung qualitativer Interviews. Wiesbaden: VS Verlag.

Heller, K. (2000): Begabungsdiagnostik in der Schul- und Erziehungsberatung. Bern: Huber.

Helmke, A. (2006): Unterrichtsqualität – Erfassen, Bewerten, Verbessern. Seelze: Kallmeyer.

Helmke, A./Weinert, F.E. (1997): Bedingungsfaktoren schulischer Leistungen. In: Weinert, F.E. (Hrsg.): Psychologie des Unterrichts und der Schule. Enzyklopädie der Psychologie, Serie »Pädagogische Psychologie«, Bd. 3. Göttingen: Hogrefe, S. 71–176.

Hericks, U./Spörlein, E (2001): Entwicklungsaufgaben in Fachunterricht und Lehrerbildung. Eine Auseinandersetzung mit einem Zentralbegriff der Lehrerbildung. In: Hericks, U./Keuffer, J./Kräft, H.C./Kunze, I. (Hrsg.): Bildungsgangdidaktik. Perspektiven für Fachunterricht und Lehrerbildung. Opladen und Farmington Hills.

Herrlitz, H.-G./Hopf, W./Titze, H. (^{5}2008): Deutsche Schulgeschichte von 1800 bis zur Gegenwart. Weinheim und München: Juventa.

Hesse, I./Latzko, B. (2009): Diagnostik für Lehrkräfte. Stuttgart: UTB.

Honig, M.-S./Lange, A./Leu, H.-R. (Hrsg.) (1999): Aus der Perspektive von Kindern? Zur Methodologie der Kindheitsforschung. München: Juventa.

Hopmann, S. (1999): Wolfgang Klafki und die Tradition der Inhaltsorientierung in der deutschen Didaktik. In: Goodson, I. F. S./Hopmann, S./Riquarts, K. (Hrsg.): Das Schulfach als Handlungsrahmen. Köln/Weimar/Wien: Böhlau, S. 75–92.

Hopmann, S./Brinek, G./Retzl, M. (Hrsg.) (2007): PISA zufolge PISA – PISA According to PISA. Wien: LIT.

Hüther, (2006): Bedienungsanleitung für

Illich, I. (1972): Schulen helfen nicht. Hamburg: Rowohlt.

Ingenkamp, K.-H./Lissmann, U. (⁶2008): Lehrbuch der pädagogischen Diagnostik. Weinheim und Basel: Beltz.

Jäger, R. S. (2007): Beobachten, beurteilen und fördern! Lehrbuch für die Aus-, Fort- und Weiterbildung. Landau: Verlag Empirische Pädagogik.

Jäger, R. S./Petermann, F. (Hrsg.) (⁴1999): Psychologische Diagnostik – ein Lehrbuch. Weinheim und Basel: Beltz PVU.

Johnson D.W./Johnson, R.T. (1991): Kooperatives Lernen – Kooperative Schule. Mühlheim: Verlag an der Ruhr.

Joyce, B. R./Weil, M./Calhoun, E. (2008): Models of Teaching. Boston: Allyn & Bacon.

Jürgens, E. (2010): Was ist guter Unterricht aus »der« Perspektive der Reformpädagogik. Vom Akitivitätsparadigma zum »Schüleraktiven Unterricht«. In: Jürgens, E./ Standop, J. (Hrsg.): Was ist »guter« Unterricht? Bad Heilbrunn: Klinkhardt, S. 39-81.

Jürgens, E./ Standop, J. (Hrsg.): Was ist »guter« Unterricht? Bad Heilbrunn: Klinkhardt.

Jürgens, E. (1997): Offener Unterricht im Spiegel empirischer Forschung. In: Pädagogische Rundschau, 51. Jg., H. 6, S. 677–697.

Keck, R. W./Ritzi, C. (2000): Geschichte und Gegenwart des Lehrplans. Baltmannsweiler: Schneider Hohengehren.

Key, E. (1902/1992): Das Jahrhundert des Kindes. Weinheim und Basel: Beltz.

Klafki, W. (1985): Neue Studien zur Bildungstheorie und Didaktik. Weinheim: Beltz.

Klafki, W. (1975): Probleme der Leistung in ihrer Bedeutung für die Reform der Grundschule. In: Die Grundschule. H. 10, S. 527–532.

Klafki, W. (2002): Schultheorie, Schulforschung und Schulentwicklung im politisch-gesellschaftlichen Kontext. Ausgewählte Studien. Herausgegeben von Barbara Koch-Priewe, Heinz Stübig und Wilfried Hendricks. Weinheim und Basel: Beltz.

Klafki, W. (1958): Didaktische Analyse als Kern der Unterrichtsvorbereitung. In: Die deutsche Schule. Jg. 1958, H. 10, S. 450–471.

Koch-Priewe, B. (2007): Didaktik. Vermittlungswissenschaft oder (doch) bildungstheoretisches Konzept? In: Pädagogische Rundschau, 61. Jg., H.5, S. 545–558.

Koch-Priewe, B./Neuweg, G.. H./Schierz, M./Thile, J./Nölle, K. (2002): Grundlagenforschung in der LehrerInnenbildung. In: Zeitschrift für Pädagogik, H.1, S. 1–67.

Kotthoff, H. G.. (2003): Bessere Schulen durch Evaluation? Internationale Erfahrungen. New York/München/Berlin: Waxmann.

Kounin, J. S. (2006): Techniken der Klassenführung. In: Rost, D. H. (Hrsg.): Standardwerke aus Psychologie und Pädagogik. Bd. 3. Münster: Waxmann.

Krämer, W. (⁶2004): So lügt man mit Statistik. München: Piper.

Krapp, A. (1998): Entwicklung und Förderung von Interessen im Unterricht. Psychologie in Erziehung und Unterricht, 45, S. 186–203.

Krapp, A./Prenzel, M. (Hrsg.) (1992): Interesse, Lernen, Leistung. Münster: Aschendorff Verlag.

Krapp, A./Weidenmann, B. (Hrsg.) (⁴2001): Pädagogische Psychologie. Ein Lehrbuch. Weinheim: Beltz/PVU.

Kreienbaum, M.A./Urbaniak, T. (2006): Mädchen und Jungen in der Schule. Konzepte der Koedukation. Berlin: Cornelsen.

Kron, F. W. (²1999): Wissenschaftstheorie für Pädagogen. München: Ernst Reinhardt.

Kron, F. W. (⁵2008): Grundwissen Didaktik. Überarb. Aufl., Münche: Ernst Reinhardt.

Krüger, H.-H. (³1999): Einführung in Theorien und Methoden der Erziehungswissenschaft. Opladen: Leske + Budrich.

Kubinger, K. D. (²2009): Psychologische Diagnostik: Theorie und Praxis psychologischen Diagnostizierens. Göttingen: Hogrefe.

Lamnek, S. (³1995): Qualitative Sozialforschung. Bd. 1, Methodologie. Weinheim: Beltz PVU.

Lamnek, S. (³1995): Qualitative Sozialforschung. Bd. 2, Methoden und Techniken. Weinheim und Basel: Beltz.

Lankeo, Eva-Maria (Hrsg.) (2008): Pädagogische Professionalität als Gegenstand empirischer Forschung. Münster: Waxmann.

Lauth, G. W./Brunstein, J. (Hrsg.) (2004): Interventionen bei Lernstörungen. Göttingen: Hogrefe.

Lindgren, Astrid (1961): Kennst du Pippi Langstrumpf? Hamburg: Oetinger.

Lindgren, Astrid (1986): Pippi Langstrumpf. Hamburg: Oetinger.

Lortie, D. C. (1975): Schoolteacher. A social Study. Chicago: University of Chicago Press.

Lübke, S.-I. (1996): Schule ohne Noten. Lernberichte in der Praxis der Laborschule. Opladen: Leske + Budrich, S. 15–83.

Mager, R. F. (1973): Zielanalyse. Weinheim und Basel: Beltz.

Mayer, H. (2002): Interview und schriftliche Befragung. Entwicklung, Durchführung und Auswertung. München: Oldenbourg.

Mayring, P. (1995): Einführung in die qualitative Sozialforschung. Weinheim: Deutscher Studien Verlag.

Meyer, M. (1999): Bildungsgangdidaktik. Auf der Suche nach dem Kern der Allgemeinen Didaktik. In: Die Deutsche Schule. Zeitschrift für Erziehungswissenschaft, Bildungspolitik und Pädagogische Praxis. 91. Jg., 5. Beiheft, S. 123–140.

Meixner, J./Müller, K. (Hrsg.) (2001): Konstruktivistische Schulpraxis. Beispiele für den Unterricht. Neuwied: Luchterhand.

Mertens, D. (1974): Schlüsselqualifikationen. Thesen zur Schulung für eine moderne Gesellschaft. In: Mitteilungen aus der Arbeitsmarkt- und Berufsforschung, H.7, S. 36–43.

Meyer, H. (1997): Schulpädagogik. Band 1: Für Anfänger. Berlin: Cornelsen Scriptor.

Meyer, H. (2002): Schulentwicklung. In: Kiper, H./Meyer, H./Topsch, W. (Hrsg.): Einführung in die Schulpädagogik. Berlin, S. 183–192.

Meyer, H. (2005): Unterrichtsmethoden. Bd. 1 und 2. Frankfurt: Cornelsen Skriptor.

Meyer, M./Meyer, H. (2007): Wolfgang Klafki. Eine Didaktik für das 21. Jahrhundert? Weinheim und Basel: Beltz.

Ministerium für Kultus, Jugend und Sport Baden-Württemberg (1994) (Hrsg.): Bildungsplan für die Realschule. Villingen-Schwenningen: Neckar-Verlag.

Mummendey, H.-D. (²1995): Die Fragebogen-Methode. Grundlagen und Anwendung in Persönlichkeits- , Einstellungs- und Selbstkonzeptforschung. Göttingen: Hogrefe.

Neuweg, G. H. (2004): Figuren der Relationierung von Lehrerwissen und Lehrerkönnen. In: Hackl, B./Neuweg, G. H. (Hrsg.): Zur Professionalisierung pädagogischen Handelns. Arbeiten aus der Sektion Lehrerbildung und Lehrerbildungsforschung in der ÖFEB. Münster: LIT-Verlag, S. 1–26.

Neuweg, G. H. (2007): Ist das Technologie-Modell am Ende? Zu den Möglichkeiten und Grenzen der Förderung der Kompetenz von Lehrerinnen und Lehrern durch erziehungswissenschaftlich-technologisches Wissen. In: Kraler, C./Schratz, M. (Hrsg.): Ausbildungsqualität und Kompetenz im Lehrerberuf. Münster: LIT-Verlag, S. 227–245.

Neuweg, G.H. (2010): Das Wissen der Wissensvermittler. Problemstellungen, Befunde und Perspektiven der Forschung zum Lehrerwissen. In: Terhart, E./Bennewitz, H./Rothland, M. (Hrsg.): Handbuch der Forschung zum Lehrerberuf. Münster: Waxmann.

Nichols, S. L./Berliner, D. C. (2007): Collateral damage. How High-Stakes Testing Corrupts America's Schools. Cambridge, Mass.: Harvard Education Press.

Nölle, K. (2002): Probleme der Form und des Erwerbs unterrichtsrelevanten pädagogischen Wissens. In: Zeitschrift für Pädagogik; 48, H.1, S. 48–67.

Nyssen, E./Schön, B. (Hrsg.) (³2005): Perspektiven für pädagogisches Handeln. Eine Einführung in Erziehungswissenschaft und Schulpädagogik. Weinheim und München: Juventa.

Perrez, M./Huber, G. L./Geißler, K. A. (⁴2001): Psychologie der pädagogischen Interaktion. In: Krapp, A./Weidenmann, B. (Hrsg.): Pädagogische Psychologie. Ein Lehrbuch. Weinheim und Basel: Beltz/PVU. S. 357–413.

Piaget, J. (1992): Das Weltbild des Kindes. München: dtv.

Picht, G. (1964): Die deutsche Bildungskatastrophe. Analyse und Dokumentation, Freiburg i. Br., Walter-Verlag: Olten.

Plöger, W. (2003): Grundkurs Wissenschaftstheorie für Pädagogen. Paderborn: W. Fink.

Prange, K./Schwarz, B. (Hrsg.) (1997): Schlechte Lehrer/innen. Zu einem vernachlässigten Aspekt des Lehrberufs. Weinheim und Basel: Beltz.

Purkey, Stewart C./Smith, Marshall S. (1983): Effective schools: A Review. In: The Elementary School Journal. Vol. 83, No.4, S. 427–452.

Rasch, B./Friese, M./Hofmann, W./Naumann, E. (2010): Quantitative Methoden. 2 Bde, 3. überarb. Aufl., Heidelberg/Berlin: Springer.

Reich, K. (2005): Systemisch-konstruktivistische Pädagogik. Weinheim und Basel: Beltz.

Reich, K. (³2006): Konstruktivistische Didaktik. Lehr- und Studienbuch mit Methodenpool. Weinheim und Basel: Beltz.

Reinmann, G. (2005): Innovation ohne Forschung? Ein Plädoyer für den Design-Based Research-Ansatz in der Lehr-Lernforschung. In: Unterrichtswissenschaft, 33. Jg., H.1, S. 52–69.

Reinmann-Rothmeier, G./Mandl, H. (⁴2001): Unterrichten und Lernumgebungen gestalten. In: Krapp, A./Weidenmann, B. (Hrsg.): Pädagogische Psychologie. Ein Lehrbuch. Weinheim: Beltz/PVU. S. 601-646.

Renzulli, J. (2003): Das schulische Enrichment Modell SEM. Düsseldorf: Sauerländer.

Rheinberg, F. (1989): Zweck und Tätigkeit. Göttingen: Hogrefe.

Rheinberg, F./Bromme, R./Minsel, B./Winteler, A./Weidenmann, B. (⁴2001): Die Erziehenden und Lehrenden. In: Krapp, A./Weidenmann, B. (Hrsg.): Pädagogische Psychologie. Ein Lehrbuch. Weinheim: Beltz/PVU. S. 271–355.

Robinsohn, S. B. (⁵1975): Bildungsreform als Revision des Curriculum. Neuwied/Kriftel: Luchterhand.

Röbe, E. (2008): Die gesellschaftliche Funktion der Schule: Selegieren oder integrieren? In: Esslinger-Hinz, I./Fischer, H.-J. (Hrsg.): Spannungsfelder der Erziehung und Bildung. Baltmannsweiler: Schneider Hohengenren, S. 132–147.

Roth, H. (1963a): Die realistische Wendung in der pädagogischen Forschung. In: Die Deutsche Schule 55, S. 109-119.

Roth, H. (1963b): Pädagogische Psychologie des Lehrens und Lernens. Hannover: Hermann Schroedel Verlag.

Rutschky, K. (⁸2001) (Hrsg.): Schwarze Pädagogik. Quellen zur Naturgeschichte der bürgerlichen Erziehung. München (Erstausgabe: Frankfurt am Main 1977).

Sacher, W./Rademacher, S. (⁵2009): Leistungen entwickeln, überprüfen und beurteilen: Bewährte und neue Wege für die Primar- und Sekundarstufe. Bad Heilbrunn: Klinkhardt.

Schaub, H./Zenke, K. (2007): Wörterbuch Pädagogik. München: Deutscher Taschenbuch Verlag.

Sauer, J./Gamsjäger, E. (1996): Ist Schulerfolg vorhersagbar? Göttingen: Hogrefe.

Schaarschmidt, U. (2001): Bewältigungsmuster im Beruf. Persönlichkeitsunterschiede in der Auseinandersetzung mit der Arbeitsbelastung. Göttingen: Vandenhoeck und Rupprecht.

Scheithauer, H./Hayer, H./Niebank, K. (Hrsg.) (2010): (2010): Problemverhalten und Gewalt im Jugendalter. Erscheinungsformen, Entstehungsbedingungen, Prävention und Intervention. Stuttgart: Kohlhammer.

Schiefele, U./Pekrun, R. (1996). Psychologische Modelle des fremdgesteuerten und selbstgesteuerten Lernens. In: Weinert, F. E. (Hrsg.). Psychologie des Lernens und der Instruktion. Enzyklopädie der Psychologie, Themenbereich D, Serie I, Bd. 2. Göttingen: Hogrefe, S. 249–278.

Schleiermacher, F. (²1984): Pädagogische Schriften I. Die Vorlesungen aus dem Jahre 1826. Herausg. von Erich Weniger unter Mitwirkung von Theodor Schulze. Düsseldorf, Küpper.

Schneewind, K. A. (Hrsg.) (1994): Psychologie der Erziehung und Sozialisation. Enzyklopädie der Psychologie. Themenbereich D, Serie I, Bd. I. Göttingen: Hogrefe.

Schneider, B./Keesler, V./Morlock, L. (2009): The Role of Family in Learning. In: Centre for Educational Research and Innovation (CERI) (Hrsg.): Innovative Learning Environments. Noch nicht veröffentlichtes Manuskript. Paris: CERI/OECD. S. 59–73.

Schön, D.A. (1983): The Reflective Turn: Case Studies In and On Educational Practice. New York: Teachers Press, Columbia University.

Schrader, F.-W./Helmke, A. (2004). Von der Evaluation zur Innovation? Die Rezeptionsstudie WALZER. Empirische Pädagogik, 18. Jg. H. 1, S. 140–161.

Schrader, F.-W./Helmke, A. (2004). MARKUS und die Folgen: Zentrale Ergebnisse der Rezeptionsstudie WALZER und ihre Bedeutung für die Evaluationsforschung und das Qualitätsmanagement. In: Jäger, R. S./Frey, A./Wosnitza, A. (Hrsg.): Lernprozesse, Lernumgebungen und Lerndiagnostik. Wissenschaftliche Beiträge zum Lernen im 21. Jahrhundert. Landau: Verlag Empirische Pädagogik, S. 413–427.

Schüßler, I./Arnold, R. (2003): Ermöglichungsdidaktik. Erwachsenenpädagogische Grundlagen und Erfahrungen. Baltmannsweiler, Schneider: Verlag Hohengehren.

Schulz, W. (¹²2006): Die lehrtheoretische Didaktik. In: Gudjons, H./Winkel, R. (Hrsg.): Didaktische Theorien. Hamburg: Bergmann und Helbig.

Schwippert, K. (2004): Dealing with heterogeneity in the classroom. In: Döbert, H./Klieme, E./Sroka, W. (Hrsg.): Conditions of school performance in seven countries. Münster: Waxmann, S. 351–355.

Schwippert, K. (2004). Leistungsrückmeldungen an Grundschulen im Rahmen der Internationalen Grundschul-Lese-Untersuchung (IGLU). Empirische Pädagogik, 18. Jg., H. 1, S.62–81.

Simmel, G. (1922): Schulpädagogik. Vorlesungen, gehalten an der Universität Straßburg. Osterwieck-Harz: Verlag A. W. Zickfeldt.

Sliwka, A. (2008): Bürgerbildung. Demokratie beginnt in der Schule. Weinheim und Basel: Beltz.

Sliwka, A. (2010): From Homogeneity to Diversity in German Education. In: OECD. (Hrsg.). Educating Teachers for Diversity: Meeting the Challenge. Paris, OECD, S.205-217.

Stachowiak, H. (1973): Allgemeine Modelltheorie. Heidelberg: Springer Verlag.

Steiner, G. (42001): Lernen und Wissenserwerb. In: Krapp, A./Weidenmann, B. (Hrsg.): Pädagogische Psychologie. En Lehrbuch. Weinheim: Beltz/PVU. S. 137–205.

Tenorth, H.-E. (2006): Professionalität im Lehrerberuf. In: Zeitschrift für Erziehungswissenschaft, H. 4, 582–595.

Terhart, E. (1999): Konstruktivismus und Unterricht: Gibt es einen neuen Ansatz in der Allgemeinen Didaktik? In: Zeitschrift für Pädagogik, H. 45, S. 629–647.

Terhart, E. (2002): Fremde Schwestern – Zum Verhältnis von Allgemeiner Didaktik und empirischer Lehr-Lern-Forschung. In: Zeitschrift für Pädagogische Psychologie, 16. Jg., H.2, S. 77–86.

Terhart, E. (2004): Mögliche Wege aus der Stagnation. Notizen zur Allgemeinen Didaktik. ph/ akzente 01/2004, S. 3–6.

Terhart, E. (2005): Über Tradition und Innovation oder: Wie geht es weiter mit der Allgemeinen Didaktik? In. Zeitschrift für Pädagogik, 51. Jg., H.1, S. 1–13.

Tillmann, K.-J. (2006): Lehren und Lernen in heterogenen Schülergruppen: Forschungsstand und Perspektiven. www.gsv-berlin.de/doc/fundgrube/2006_ heterogenitaet_tillmann.pdf [11.11.10]

Tschamler, H. (31996): Wissenschaftstheorie. Eine Einführung für Pädagogen. Bad Heilbrunn: Klinkhardt.

Vester, F. (81993): Neuland des Denkens. Vom technokratischen zum kybernetischen Zeitalter. München.

Vollstädt, W./Tillmann, K.-J./Rauin, U./Höhmann, K./Tebrügge, A. (1999): Lehrpläne im Schulalltag. Eine Studie zur Akzeptanz und Wirkung von Lehrplänen in der Sekundarstufe I. Opladen: Leske + Budrich.

Vygotzky, L. S. (1987). The collected works of L. S. Vygotzky. Problems of general psychology. New York City: Plenum Press.

Walper, S./Pekrun, R. (Hrsg.) (2001): Familie und Entwicklung. Perspektiven der Familienpsychologie. Göttingen: Hogrefe.

Weick, K. E. (1976): Educational Organizations as Loosely Coupled Systems. In: Administrative Science Quarterly, Heft 21, S. 1–19.

Weinert, F. E. (Hrsg.) (1997): Psychologie des Unterrichts und der Schule. Enzyklopädie der Psychologie, Serie Pädagogische Psychologie, Bd. 3. Göttingen: Hogrefe.

Weinert, F. E. (Hrsg.) (22001): Leistungsmessung in der Schule. Weinheim uns Basel: Beltz.

Wellenreuther, M. (2009): Forschungsbasierte Schulpädagogik. Anleitungen zur Nutzung empirischer Forschung für die Schulpraxis. Baltmannsweiler: Schneider Verlag Hohengehren.

Wenger, E. (1999): Communities of Practice: Learning, Meaning, and Identity. Cambridge: Cambridge University Press.

Wernet, A. (32009): Einführung in die Interpretationstechnik der Objektiven Hermeneutik. Wiesbaden: VS Verlag für Sozialwissenschaften.

Wiechmann, J. (2006): 12 Unterrichtsmethoden. Vielfalt für die Praxis. Weinheim und Basel: Beltz.

Wild, E./Hofer, M./Pekrun, R. (42001): Psychologie des Lernens. In: Krapp, A./Weidenmann, B. (Hrsg.): Pädagogische Psychologie. Ein Lehrbuch. Weinheim: Beltz/PVU. S. 207–270.

Wild, E./Rammert, M./Siegmund, A. (2006): Die Förderung selbstbestimmter Formen der Lernmotivation in Elternhaus und Schule. In: Prenzel, M./Allolio-Näcke, L. (Hrsg.): Untersuchungen zur Bildungsqualität von Schule. Abschlussbericht des DFGSchwerpunktprogramms. Münster: Waxmann. S. 370–397.

Wild, E./Wild, K.-P. (1997): Familiale Sozialisation und schulische Lernmotivation. Zeitschrift für Pädagogik, V. 43 N. 1. S. 55–77.

Willmann, O. (1882/71923): Didaktik als Bildungslehre nach ihren Beziehungen zur Sozialforschung und zur Geschichte der Bildung. Braunschweig: Vieweg.

Winter, F. (42010): Leistungsbewertung: Eine neue Lernkultur braucht einen anderen Umgang mit den Schülerleistungen. Baltmannsweiler: Schneider Verlag Hohengehren.

Winterhager-Schmidt, L. (2008): Lehrerprofessionalität zwischen Lehrkunst und Selbstreflexivität. In: Esslinger-Hinz, I./Fischer, H.-J.: Spannungsfelder der Erziehung und Bildung. Baltmannsweiler: Schneider Hohengehren, S. 28–40.

Wittrock, M. C. (1977): Learning and instruction. Berkeley: McCutchan.

Wood, D./Brunner, J. S./Ross, G. (1976): The role of tutoring in problem solving. Journal of Child Psychology and Psychiatry, 17, S. 89–100.

Wößmann, L. (2003): Familiärer Hintergrund, Schulsystem und Schülerleistungen im internationalen Vergleich. Aus Politik und Zeitgeschichte B21–22/2003. S. 33–38.

Zeiher, H. (1983): Die vielen Räume der Kinder. Zum Wandel räumlicher Lebensbedingungen seit 1945. In: Preuss-Laussitz, Ulf et al.(Hrsg.): Kriegskinder, Konsumkinder, Krisenkinder. Zur Sozialisationsgeschichte seit dem Zweiten Weltkrieg. Weinheim und Basel: Beltz, S. 176–194.

Zeiher, H. (1983): Organisation des Lebensraumes bei Großstadtkindern – Einheitlichkeit oder Verinselung? Weinheim und Basel: Beltz.

Zenke, K. (2008): Die Schule zwischen Autonomie und Bindung. In: Esslinger-Hinz, I./ Fischer, H.-J. (Hrsg.): Spannungsfelder der Erziehung und Bildung. Baltmannsweiler: Schneider Hohengehren, S. 148–160.

Zigler, E./Lamb, M. E./Child, J. L. (1982): Socialization and personality development. New York: Oxford University Press.

Zimmermann, P./Spangler, G. (2001): Jenseits des Klassenzimmers. Der Einfluss der Familie auf Intelligenz, Motivation, Emotion und Leistung im Kontext der Schule. Zeitschrift für Pädagogik, 47. Jg., H. 4, S. 461–479.

Zinnecker, J. (1975): Der heimliche Lehrplan. Weinheim: Beltz.

Bildnachweise »Pädagogenporträts«: Interfoto, München: Abb. 3, 6, 11, 13a, b, c, 30, 31, 41